개정판

나의 첫
**머신러닝/
딥러닝**

**파이썬으로
구현해보는
필수
머신러닝/딥러닝
알고리즘**

개정판

나의 첫 머신러닝/딥러닝
파이썬으로 구현해보는 필수 머신러닝/딥러닝 알고리즘

지은이 허민석

펴낸이 박찬규 엮은이 이대엽 디자인 북누리 표지디자인 Arowa & Arowana

펴낸곳 위키북스 전화 031-955-3658, 3659 팩스 031-955-3660

주소 경기도 파주시 문발로 115, 311호 (파주출판도시, 세종출판벤처타운)

가격 26,000 페이지 336 책규격 175 x 235mm

1쇄 발행 2020년 07월 30일
2쇄 발행 2021년 11월 10일
ISBN 979-11-5839-218-5 (93000)

등록번호 제406-2006-000036호 등록일자 2006년 05월 19일
홈페이지 wikibook.co.kr 전자우편 wikibook@wikibook.co.kr

이 도서의 국립중앙도서관 출판시도서목록(CIP)은
서지정보유통지원시스템 홈페이지(http://seoji.nl.go.kr)와
국가자료공동목록시스템(http://www.nl.go.kr/kolisnet)에서 이용하실 수 있습니다.
CIP제어번호 CIP2020030286

나의 첫
머신러닝/딥러닝

파이썬으로 구현해보는 필수 머신러닝/딥러닝 알고리즘

허민석 지음

위키북스

지금 이 순간, 이 페이지를 열어보는 여러분은 분명 머신러닝에 흥미를 가진 분일 것입니다. 먼저 축하드립니다. 단언컨대 머신러닝은 아주 재미있고 전망 좋은 분야입니다. 머신러닝 개발자로 살고 있는 저 역시, 제 직업이 너무나 만족스럽고, 일 외적으로도 취미활동으로 머신러닝/딥러닝 트렌드를 읽고 직접 논문을 실습하고, 유튜브와 깃허브를 통해 제 경험과 지식을 공유하며 살고 있습니다.

유튜브를 통해 소프트웨어 개발자님, 데이터 과학자님 그리고 학생 여러분들께 가장 많이 받는 질문은 "어디부터 시작해야 할지 모르겠어요"입니다. 제가 너무나 동감하는 질문이고, 만약 여러분도 이 질문에 동감하신다면 지금 여러분 손에 펼쳐진 이 책이 바로 그 질문에 답해줄 것입니다.

머신러닝의 진입 장벽이 높은 이유는 선형대수, 확률, 미분, 통계, 정보이론, 프로그래밍 등 다양한 분야의 지식을 요구하고, 많은 자료들이 충분한 시각화 없이 함축적인 수학 공식으로 머신러닝의 이론을 설명하기 때문입니다.

이 책은 머신러닝 개발자라면 필수적으로 알아야 할 기본적인 머신러닝/딥러닝 알고리즘과 그에 필요한 지식을 단계별로 학습하고 실습하는 것을 목적으로 두고 있습니다. 기본적으로 모든 알고리즘을 이론과 실습으로 학습하며, 이론은 다양한 그림과 충분한 설명으로, 실습은 간결한 코드와 시각화로 머신러닝/딥러닝을 이해하는 데 도움을 드릴 것입니다.

물론 머신러닝의 모든 것을 이 한 권에 담아내진 못하지만, 적어도 이 책이 '어디서 시작해야 할지 모르는 단계'에서 '기본을 아는 단계'로 이끌어드릴 안내서로서 도움이 될 수 있기를 희망합니다. 기본을 안다는 것은 응용을 시작할 수 있는 단계이고, 모르는 개념은 직접 찾아보면서 논문도 읽을 수 있는 단계이므로 사실 더 이상 책이 필요 없는 단계이기도 합니다.

온라인으로만 지식을 공유하고 소통하던 저에게, 책이라는 조금 더 따스하고 우리에게 실제로 더 가까운 매체로 소통할 기회를 주신 위키북스에 감사를 드립니다.

무엇보다 내게 가장 큰 힘이 되어주는 나의 영원한 단짝, 내가 제일 사랑하는 황정하, 누구보다도 사랑받을 이쁜 레아, 그리고 든든한 지원군 김영희, 허일두, 황제영, 임경자, 우리 가족 모두에게 사랑과 감사를 전하며, 언제나 좋은 길로 인도해주시는 하느님께 영광을 돌립니다.

【 예제 파일 안내 】

실습에 사용되는 코드 및 데이터는 모두 아래 깃허브 저장소에서 내려받으실 수 있습니다.

https://github.com/wikibook/machine-learning/tree/2.0

다음의 위키북스 홈페이지에서도 내려받을 수 있습니다.

https://wikibook.co.kr/mymlrev/

머신러닝에 대한 관심이 높은 만큼, 그 변화가 상당합니다. 이 책의 초판을 발행한 후 머신러닝 개발 방법과 언어, 도구에 상당한 변화가 있었으며, 이번 개정판은 초판에 담지 못했던 머신러닝 트렌드를 반영했습니다.

첫째, 초판에서는 주피터 노트북을 사용해 실습을 진행해서 독자분들이 개개인별로 실습 환경을 개인 PC에 구성하는 번거로움이 있었지만 개정판에서는 구글 코랩을 활용해 실습을 진행하므로 독자분들이 개발 환경을 구성하는 번거로움 없이 인터넷을 통해 손쉽게 실습할 수 있게 수정했습니다.

둘째, 초판의 실습 코드는 텐서플로 1로 작성됐지만 개정판의 실습 코드를 텐서플로 2로 수정했습니다. 텐서플로 1로 작성된 코드가 어렵고, 언제 지원이 끊길지 모르는 반면 개정판에서 텐서플로 2로 작성된 코드는 독자분들이 더욱 쉽고 트렌디하게 개발하도록 돕습니다.

셋째, 초판 발행 후 트렌드로 자리 잡은 단어 임베딩 및 전이 학습의 이론과 실습을 개정판에 추가해서 책의 내용을 더욱 풍성하고 최신 내용을 반영하도록 수정했습니다.

04

머신러닝
알고리즘 실습

## 01장

개발자가 처음 만난
머신러닝의 세계

머신러닝의 세계에 오신 것을 환영합니다! 머신러닝 개발자로 전환한 소프트웨어 개발자들이 하나같이 하는 말이 있습니다. "여긴 내가 알던 세계가 아니야..." 저 역시 동감입니다. 수년간 소프트웨어 프로젝트를 경험한 저 역시 처음 만난 머신러닝의 세계는 완전히 다른 세계로 느껴졌으며, 저로 하여금 머신러닝 프로젝트만의 프로젝트 관리법을 새롭게 배우고, 고등학교 이후 기억에서 삭제한 선형대수, 통계, 정보 이론, 확률을 다시 공부하게 만들고, 매년 쏟아지는 머신러닝 관련 논문을 읽고 또 그 논문을 이해하기 위해 참고자료인 논문을 읽게 만들었습니다.

머신러닝 개발자를 꿈꾸는 많은 분들이 하는 동일한 질문은 "어디서부터 시작해야 할지 모르겠어요."입니다. 저 역시 같은 고민을 했던 1인으로서 너무나 동감하는 질문입니다. 이 책은 머신러닝을 처음 접하는 분이 첫 페이지부터 마지막 페이지까지 순차적으로 읽으면서 머신러닝의 기초부터 응용까지 차근차근 습득하실 수 있게 구성돼 있습니다.

이 책은 머신러닝의 모든 지식을 담고 있지는 않습니다. 이 책의 목표는 함께 머신러닝의 기초 알고리즘을 이해하고 구현해봄으로써 머신러닝의 기초를 습득하고, 더 나아가 이 책에 수록되지 않은 다른 머신러닝 알고리즘도 스스로 이해할 수 있는 개발자로 성장할 수 있는 계기를 만드는 데 있습니다. 우리의 소소한 목표 달성을 희망하며 책을 시작해보겠습니다.

1.1 머신러닝이란?

우리가 쉽게 접하는 일반 소프트웨어는 언제나 똑같은 과정을 통해 똑같은 결과를 냅니다. 예를 들어, 계산기에 1+2를 입력하면 항상 3이 나옵니다. 이에 반해 머신러닝 기반 소프트웨어는 데이터와 사용된 알고리즘에 따라 때로는 다른 결과를 추론해냅니다. 추론이란 이미 알고 있는 것으로부터 논리적 결론을 도출하는 과정을 의미하죠. 머신러닝이란 데이터와 알고리즘을 기반으로 추론하는 프로그램이라고 정의할 수 있습니다.

그림 1.1에 일반 소프트웨어와 머신러닝 기반 소프트웨어의 차이점을 요약했습니다.

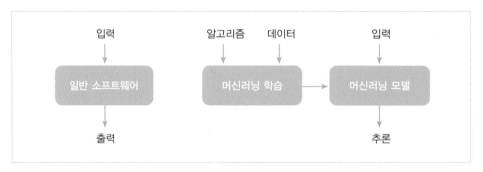

그림 1.1 일반 소프트웨어와 머신러닝 모델 기반 소프트웨어의 차이점

소프트웨어라면 항상 똑같은 결과를 내야 하지 않나?라고 생각하실 수 있습니다. 계산기라면 1+2는 항상 3이 나와야지 때로는 다른 결과를 내면 그건 버그일 것입니다. 이러한 소프트웨어를 결정론적 소프트웨어라고 분류해서 생각하면 머신러닝의 필요성을 쉽게 이해할 수 있습니다. 최근 들어 머신러닝의 발전과 함께 이미 비결정론적 소프트웨어가 많이 상용화됐습니다. 예를 들어, 스마트폰의 얼굴 인식 자동 잠금해제 같은 경우 항상 똑같은 입력에 따른 똑같은 결과를 낸다면 세상에서 오직 한 사람의 얼굴만 스마트폰의 잠금을 해제할 수 있을 것입니다. 물론 조건문을 여러 번 적용해서 여러 명의 얼굴을 지원할 수도 있지만 사용자만큼의 조건문을 만들게 될 경우 코드가 상당히 복잡해지고, 표정이 조금만 달라져도 다른 사람으로 인식하는 문제가 발생됩니다. 이처럼 결정론적 소프트웨어로 해결하기 어려운 문제는 비결정론적 소프트웨어를 사용하면 간소한 코드로 좋은 성능을 기대할 수 있습니다. 스마트폰의 음성 비서, 위조 지폐 판독기, 영화 관람 사이트의 사용자가 좋아할 만한 영화 추천 기능 등, 세상

에는 이미 비결정론적 소프트웨어가 많이 상용화돼 있고 이 서비스들의 기반이 바로 머신러닝입니다.

머신러닝의 추론은 어떤 데이터를 사용하느냐, 어떤 알고리즘을 사용하느냐에 따라 달라질 수 있습니다. 4장을 통해 다양한 머신러닝 알고리즘의 이론을 학습하고 구현해봄으로써 각 알고리즘이 데이터를 이해하는 방식과 그에 따라 어떻게 다른 추론이 결정되는지 알아보겠습니다. 또한 다양한 머신러닝 알고리즘을 배우는 것을 넘어서 상황에 따라 알맞은 알고리즘을 선택할 수 있는 능력을 키우는 데 집중하면 더욱 효과적으로 머신러닝을 공부할 수 있을 것입니다.

1.2 프로젝트 과정 미리보기

머신러닝 프로젝트는 크게 문제 정의, 데이터 획득, 모델 구현, 검증, 테스트 단계로 진행됩니다.

문제 정의

프로젝트의 목표를 정의하고 그에 따른 계획을 세우는 단계입니다. 대략적으로 어떤 데이터를 수집해서 어떤 머신러닝 알고리즘으로 문제를 해결할지 결정합니다.

데이터 획득

머신러닝 모델 학습에 필요한 데이터를 수집하는 단계입니다. 데이터는 데이터베이스 테이블, 엑셀 파일, 로그 파일 등 다양한 포맷으로 존재할 수 있으며, 가능하면 머신러닝 학습에 용이하도록 하나의 포맷으로 통일해서 데이터를 한곳에 수집합니다. 요리를 할 때 요리 실력보다 얼마나 좋은 원재료를 사용했느냐가 더 중요한 것처럼, 성공적인 머신러닝 프로젝트는 뛰어난 머신러닝 실력보다도 얼마나 충분히 데이터를 획득했느냐에 의해 결정되므로 절대 소홀히 해서는 안 되는 단계입니다. 획득된 데이터는 학습 데이터, 검증 데이터, 테스트 데이터로 구분되어 사용됩니다.

모델 구현

학습 데이터를 기반으로 한 개 이상의 머신러닝 모델을 구현합니다.

검증

검증 데이터를 사용해 구현된 머신러닝 모델들의 성능을 검증합니다. 검증 결과를 바탕으로 머신러닝 모델을 튜닝해서 더욱 최적화된 머신러닝 모델을 만들 수 있습니다. 최종적으로 검증 결과가 가장 높은 모델 하나를 선택합니다.

테스트

검증 결과를 통해 선택된 모델의 성능을 테스트 데이터로 측정합니다. 테스트 결과에 따라 프로젝트를 마무리할지, 아니면 이전 단계로 돌아가서 모델을 개선할지를 결정하게 됩니다.

1.3 실습의 중요성

머신러닝 개발자 역시 소프트웨어 개발자입니다. 소프트웨어 개발자에게 가장 필요한 능력은 바로 "문제를 해결하기 위한 코드를 구현하는 능력"이라고 생각합니다. 그럼 "머신러닝 문제를 해결하기 위한 코드를 구현하는 능력"은 어떻게 키울 수 있을까요? 이론만 한번 훑어보는 것으로 머신러닝 코드를 구현하는 능력이 생기지는 않습니다. 오로지 실습만이 코드를 구현하는 능력을 향상시켜줍니다.

"Talk is cheap, show me the code." — 리누즈 토발즈

다양한 실습을 통해 머신러닝 코드 구현 능력을 향상시키기 위해 제가 소개하는 모든 머신러닝 알고리즘에 그에 따른 실습 코드도 함께 구현해 놓았습니다. 실습 코드를 책으로 읽는 것보다 본인의 컴퓨터에서 직접 코드를 실행할 것을 적극 권장합니다.

## 02장

실습 준비

이 책에서는 이론과 함께 실습 코드를 항상 제공합니다. 실습만큼 머신러닝을 공부하는 데 가장 효과적인 방법은 없습니다. 이번 장에서는 실습 진행을 위한 기본적인 요령을 알아보겠습니다.

2.1 예제 코드

실습에 사용되는 코드 및 데이터는 모두 아래 깃허브 저장소에 공개돼 있습니다.

- https://github.com/wikibook/machine-learning/tree/2.0/jupyter_notebook

2.2 구글 코랩(Google Colaboratory)

모든 예제 코드는 구글 코랩(이하 코랩)에서 실습할 수 있게 구현됐습니다. 코랩을 활용한 실습은 개발환경을 설정할 필요가 없다는 큰 장점이 있습니다. 예제 코드의 맨 윗줄에 있는 'Open in Colab' 버튼을 클릭하면 코랩에서 바로 예제 코드를 실습할 수 있습니다. 코랩은 구글 계정만 있으면 누구나 사용 가능합니다.

그림 2.1 코랩 실습 바로가기 버튼

코드는 각 셀의 왼쪽에 있는 화살표 모양의 실행 버튼을 클릭해서 실행할 수 있습니다.

그림 2.2 코랩 실행 버튼

코랩을 처음으로 실행하면 다음과 같은 창이 열립니다. 이는 예제 코드가 깃허브에서 불러온 것이라 사용자에게 알리는 주의 사항입니다. 'RUN ANYWAY'를 클릭해 실습을 진행합니다.

Warning: This notebook was not authored by Google.

This notebook is being loaded from GitHub. It may request access to your data stored with
Google, or read data and credentials from other sessions. Please review the source code
before executing this notebook.

클릭

CANCEL   RUN ANYWAY

그림 2.3 주의 사항을 확인한 후 실습 진행하기

이제 실습을 위한 모든 준비가 끝났습니다. 지금부터 이론과 실습을 진행해 보겠습니다.

▾ 문제 정의

농구 선수의 경기 기록을 바탕으로, 그 선수의 포지션을 예측해보도록 하겠습니다.

▾ 데이터 수집

[2] # 데이터를 수집합니다
　　df = pd.read_csv("https://raw.githubusercontent.com/wikibook/machine-learning/2.0/data/csv/basketball_stat.csv")

[3] # 수집된 데이터 샘플을 확인합니다
　　df.head()

	Player	Pos	3P	2P	TRB	AST	STL	BLK
0	Alex Abrines	SG	1.4	0.6	1.3	0.6	0.5	0.1
1	Steven Adams	C	0.0	4.7	7.7	1.1	1.1	1.0
2	Alexis Ajinca	C	0.0	2.3	4.5	0.3	0.5	0.6
3	Chris Andersen	C	0.0	0.8	2.6	0.4	0.4	0.6
4	Will Barton	SG	1.5	3.5	4.3	3.4	0.8	0.5

그림 2.4 코랩 실행 화면

03장

자주 등장하는
머신러닝 필수 개념

머신러닝을 공부하다 보면 자주 등장하는 개념들이 있습니다. 한번 제대로 이해하고 나면 머신러닝 공부가 훨씬 재밌고 쏙쏙 이해되므로 이번 장에서 필수 개념들을 확실히 이해하고 넘어가겠습니다.

3.1 지도학습과 비지도학습

머신러닝을 공부할 때 학습이라는 개념을 항상 접하게 됩니다. 학습이란 데이터를 특별한 알고리즘에 적용해 머신러닝 모델을 정의된 문제에 최적화하는 과정을 의미합니다.

3.1.1 지도학습

지도학습(supervised learning)이란 정답을 알려주면서 진행되는 학습입니다. 따라서 학습 시 데이터와 함께 레이블(정답)이 항상 제공돼야 합니다. 지도학습을 공부하다 보면 정답, 실제값, 레이블, 타깃, 클래스, y값이라는 단어가 많이 혼용되지만 다 같은 의미입니다. 주로 주어진 데이터와 레이블을 이용해 새로운 데이터의 레이블을 예측해야 할 때 사용됩니다. 머신러닝 모델을 통해 예측된 값을 예측값, 분류값, y hat 등으로 많이 표현합니다. 테스트할 때는 데이터와 함께 레이블을 제공해서 손쉽게 모델의 성능을 평가할 수 있다는 장점이 있습니다. 하지만 데이터마다 레이블을 달기 위해 많은 시간을 투자해야 한다는 단점 또한 있습니다. 지도 학습의 예로는 분류와 회귀가 대표적입니다.

3.1.2 비지도학습

비지도학습(unsupervised learning)이란 레이블(정답)이 없이 진행되는 학습입니다. 따라서 학습할 때 레이블 없이 데이터만 필요합니다. 보통 데이터 자체에서 패턴을 찾아내야 할 때 사용됩니다. 레이블이 없기 때문에 모델 성능을 평가하는 데에는 다소 어려움이 있습니다. 하지만 따로 레이블을 제공할 필요가 없다는 장점이 있습니다. 비지도학습의 대표적인 예로는 군집화와 차원축소가 있습니다.

3.2 분류와 회귀

분류(classification)와 회귀(regression)의 가장 큰 차이점은 데이터가 입력됐을 때 분류는 분리된 값으로 예측하고, 회귀는 연속된 값으로 예측한다는 데 있습니다. 날씨로 예를 들자면, 분류는 덥다, 춥다와 같이 분리된 값으로 예측하는 반면 회귀는 30.5도, 3.5도와 같이 연속된 수치값으로 예측합니다.

3.2.1 분류

분류는 데이터가 입력됐을 때 지도학습을 통해 미리 학습된 레이블 중 하나 또는 여러 개의 레이블로 예측하는 것입니다.

이진분류

(예, 아니오), (남자, 여자)와 같이 둘 중 하나의 값으로 분류하는 경우 이진분류라고 부릅니다.

다중분류

(빨강, 녹색, 파랑) 중 하나의 색으로 분류하거나, 0부터 9까지의 손글씨 숫자 중 하나의 숫자로 분류하기처럼 여러 개의 분류값 중에서 하나의 값으로 예측하는 문제를 다중분류라고 부릅니다.

다중 레이블 분류

데이터가 입력됐을 때 두 개 이상의 레이블로 분류할 경우 다중 레이블 분류라고 합니다. 예를 들어, 분류값으로 세모, 네모, 동그라미가 있을 경우 아래와 같은 그림이 입력값으로 들어오면 다중 레이블 분류 모델의 예측값은 (동그라미, 세모)가 되고, 다중 분류 모델일 경우 세모와 네모 중 더 높은 확률을 지닌 레이블로 예측하게 됩니다.

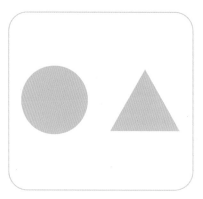

그림 3.1 다중 레이블 분류 테스트 데이터 예제

3.2.2 회귀

회귀는 입력된 데이터에 대해 연속된 값으로 예측합니다. 예를 들어, 날씨를 더움, 보통, 추움이라는 3가지로만 예측하는 분류와 달리, 회귀는 35도, 34.5도, 34도와 같이 정해진 레이블이 아닌 연속성을 가진 수치로 예측합니다.

3.3 과대적합과 과소적합

머신러닝 모델 학습에 가장 큰 영향을 주는 것은 데이터입니다. 데이터에서 충분히 특징을 찾아내지 못하고 머신러닝 모델을 학습할 경우 모델이 과소적합(underfitting)되기 쉽고, 필요 이상의 특징으로 학습할 경우 모델이 과대적합(overfitting)되기 쉽습니다.

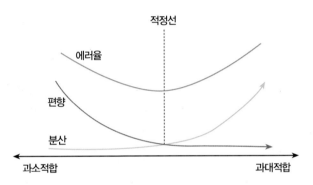

그림 3.2 과소적합과 과대적합의 관계

수학적으로 데이터에서 특징을 필요 이상으로 추출할 경우 분산(variance)이 높아지고, 반대로 필요 이하로 추출할 경우 편향(bias)이 높아집니다. 그리고 분산과 편향을 기준으로 과대적합과 과소적합을 표현하면 위 그림과 같아집니다. 에러율이 가장 적은 모델, 즉 최적의 모델은 분산과 편향이 균형된 모델인 것을 확인할 수 있습니다.

3.3.1 과소적합

과소적합¹은 모델 학습 시 충분한 데이터의 특징을 활용하지 못할 경우 발생합니다. 아래의 학습 데이터 예제를 보겠습니다.

---

1 https://scikit-learn.org/stable/auto_examples/model_selection/plot_underfitting_overfitting.html

표 3.1 과소적합 학습 데이터의 예

사물	분류값	생김새
야구공	공	동그라미
농구공	공	동그라미
테니스공	공	동그라미
딸기	과일	세모
포도알	과일	동그라미

사물을 보고 공을 구분하는 머신러닝 모델을 만들 때 위 학습 데이터를 사용할 경우 어떤 문제가 발생할까요? 데이터의 특징으로는 생김새밖에 없으므로 생김새가 동그라미이면 공이라는 간단한 머신러닝 분류기를 만들 수 있습니다. 하지만 이 분류기는 학습 데이터에 대해서도 높은 정확도를 가지지 못합니다. 그 이유는 공을 구별할 수 있는 특징이 너무 적기 때문에 현재 가지고 있는 데이터에 대해서도 정확도가 낮게 측정되는 것이며, 앞으로 다가올 실제 데이터에 대해서도 높은 정확도를 예상하기 어렵습니다. 이처럼 충분하지 못한 특징만으로 학습되어 특정 특징에만 편향되게 학습된 모델을 과소적합된 모델이라고 부르며, 보통 테스트 데이터뿐만 아니라 학습 데이터에 대해서도 정확도가 낮게 나올 경우 과소적합된 모델일 가능성이 높습니다.

3.3.2 과대적합

학습 데이터에서 필요 이상으로 특징을 발견해서 학습 데이터에 대한 정확도는 상당히 높지만 테스트 데이터 또는 학습 데이터 외의 데이터에는 정확도가 낮게 나오는 모델을 과대적합[2]된 모델이라 부릅니다. 과대적합의 예제를 보겠습니다.

표 3.2 과대적합 학습 데이터의 예

사물	분류값	생김새	크기	줄무늬
야구공	공	원형	중간	있음
농구공	공	원형	큼	있음

---

2 https://scikit-learn.org/stable/auto_examples/model_selection/plot_underfitting_overfitting.html

사물	분류값	생김새	크기	줄무늬
테니스공	공	원형	중간	있음
딸기	과일	세모	중간	없음
포도알	과일	원형	작음	없음

위 특징 모두를 사용해서 머신러닝 모델을 학습할 경우 "생김새가 원형이고 크기가 작지 않으며, 줄무늬가 있으면 공이다"라는 명제를 가진 머신러닝 모델이 만들어질 수 있습니다. 이 머신러닝 모델은 현재 가지고 있는 학습 데이터에는 100%의 정확도를 보여주지만 학습 데이터에 포함되지 않은 아래의 테스트 데이터에는 0%의 정확도를 갖습니다.

표 3.3 테스트 데이터

사물	분류값	생김새	크기	줄무늬
골프공	공	원형	작음	없음
수박	과일	원형	큼	있음
당구공	공	원형	중간	없음
럭비공	공	타원형	큼	있음
볼링공	공	원형	큼	없음

이처럼 머신러닝 모델이 학습 데이터에는 높은 정확도를 가지나 테스트 데이터 또는 실제 데이터에 대해서는 낮은 정확도를 보일 경우 과대적합을 의심할 수 있습니다. 과대적합은 특징이 필요 이상으로 많을 경우(분산이 높을 경우) 일어납니다.

과대적합을 피하기 위한 가장 좋은 방법은 무엇일까요? 간단하면서도 확실한 답은 더 많은 데이터를 확보해서 부족한 학습 데이터를 충분히 채우는 것입니다. 하지만 데이터가 충분하지 않고 모델이 과대적합됐을 경우 학습에 사용된 특징을 줄여보는 것도 좋은 방법입니다. 또한 특징들의 수치값을 정규화함으로써 특정 특징에 의한 편향을 줄이는 것도 과대적합을 피하는 좋은 방법 중 하나입니다.

이 밖에도 딥러닝 같은 경우 조기 종료(early stopping) 및 드롭아웃(drop out)을 사용해 과대적합을 피할 수 있으며, 이 두 개념은 딥러닝 단원에서 직접 배우고 실습해 보겠습니다.

3.4 혼동 행렬

혼동 행렬[3](confusion matrix)은 모델의 성능을 평가할 때 사용되는 지표입니다. 아래 알파벳을 보여줬을 때 알파벳을 알아맞히는 머신러닝 모델의 혼동행렬을 보겠습니다. 종으로 나열된 A, B, C, D는 입력된 데이터의 실제값이고, 횡으로 나열된 A, B, C, D는 예측값입니다.

표 3.4 혼동행렬의 예

		예측값			
		A	B	C	D
실제값	A	9	1	0	0
	B	1	15	3	1
	C	5	0	24	1
	D	0	4	1	15

A: 10번 A를 보여줬을 경우, 9번은 A로 정확하게 맞췄으나, 1번은 B라고 대답함.

B: 20번 B를 보여줬을 경우, 15번은 B로 맞췄으나, 1번은 A, 3번은 C, 1번은 D라고 대답함.

C: 30번 C를 보여줬을 경우, 24번은 C로 맞췄으나, 5번은 A, 1번은 D라고 대답함.

D: 20번 D를 보여줬을 경우, 15번은 D로 맞췄으나, 4번은 B, 1번은 C라고 대답함.

혼동행렬을 통해 모델이 다소 B를 C로 혼동하는 것과, C를 A로 혼동한다는 것, D를 B로 혼동한다는 정보를 알아낼 수 있고 그에 따른 모델 개선을 생각해볼 수 있습니다. 또한 대략적인 모델의 성능도 눈으로 확인할 수 있습니다. 모델의 성능은 바로 이 혼동행렬을 기반으로 단 하나의 수치로 표현할 수 있습니다.

---

3   https://scikit-learn.org/stable/modules/generated/sklearn.metrics.confusion_matrix.html

3.5 머신러닝 모델의 성능 평가

모델을 성능을 평가하기 위해 혼동행렬과 함께 필요한 네 가지 개념이 있습니다.

3.5.1 TP(true positive) - 맞는 것을 올바르게 예측한 것

데이터를 입력했을 때 데이터의 실제값을 올바르게 예측한 케이스를 TP라고 합니다. 아래 혼동 행렬의 대각선 부분이 TP입니다.

표 3.5 혼동행렬에서 TP 찾기

		예측값			
		A	B	C	D
실제값	A	9	1	0	0
	B	1	15	3	1
	C	5	0	24	1
	D	0	4	1	15

3.5.2 TN(true negative) - 틀린 것을 올바르게 예측한 것

틀린 것을 올바르게 예측한 것을 TN이라고 합니다. A 클래스의 TN은 A가 아닌 클래스들을 A가 아니라고 예측한 모든 값입니다. 아래 혼동행렬에 색깔로 표시한 셀들이 바로 A 클래스의 TN입니다.

표 3.6 혼동행렬에서 A 클래스의 TN 찾기

		예측값			
		A	B	C	D
실제값	A	9	1	0	0
	B	1	15	3	1
	C	5	0	24	1
	D	0	4	1	15

각 클래스별로 TN이 따로 존재합니다. 예를 들어, D 클래스의 TN은 아래의 혼동행렬에 색깔로 표시한 셀들입니다.

표 3.7 혼동행렬에서 D 클래스의 TN 찾기

		예측값			
		A	B	C	D
실제값	A	9	1	0	0
	B	1	15	3	1
	C	5	0	24	1
	D	0	4	1	15

3.5.3 FP(false positive) – 틀린 것을 맞다고 잘못 예측한 것

틀린 것을 맞다고 잘못 예측한 것을 FP라고 합니다. A 클래스로 예를 들면, A가 아닌 B, C, D가 실제값인 데이터들을 입력했을 때, A라고 잘못 예측한 값들이 A 클래스의 FP입니다.

표 3.8 혼동행렬에서 A 클래스의 FP 찾기

		예측값			
		A	B	C	D
실제값	A	9	1	0	0
	B	1	15	3	1
	C	5	0	24	1
	D	0	4	1	15

B 클래스의 FP는 아래 혼동행렬의 예제로 확인할 수 있습니다.

표 3.9 혼동행렬에서 B 클래스의 FP 찾기

		예측값			
		A	B	C	D
실제값	A	9	1	0	0
	B	1	15	3	1
	C	5	0	24	1
	D	0	4	1	15

3.5.4 FN(false negative) – 맞는 것을 틀렸다고 잘못 예측한 것

맞는 것을 틀렸다고 잘못 예측한 것을 FN이라고 합니다. A 클래스로 예를 들면, A라는 실제 값인 데이터를 입력했을 때 A가 아니라고 예측한 모든 케이스를 FN이라고 합니다.

표 3.10 혼동행렬에서 A 클래스의 FN 찾기

		예측값			
		A	B	C	D
실제값	A	9	1	0	0
	B	1	15	3	1
	C	5	0	24	1
	D	0	4	1	15

3.5.5 정확도

정확도(Accuracy)는 가장 일반적인 모델 성능 평가 지표입니다. 모델이 입력된 데이터에 대해 얼마나 정확하게 예측하는지를 나타냅니다. 혼동 행렬 상에서는 대각선(TP)을 전체 셀로 나눈 값에 해당합니다.

표 3.11 혼동행렬에서 정확도 구하기

		예측값			
		A	B	C	D
실제값	A	9	1	0	0
	B	1	15	3	1
	C	5	0	24	1
	D	0	4	1	15

정확도 = 9 + 15 + 24 + 15 / 80 = 0.78

위 모델의 정확도는 0.78임을 확인할 수 있습니다.

3.5.6 정밀도

정밀도(precision)[4]는 모델의 예측값이 얼마나 정확하게 예측됐는가를 나타내는 지표입니다. 정밀도는 언제 정확도보다 더 자주 사용될까요? 가장 이해하기 쉬운 예로는 병원에서 암을 진찰하는 기계를 들 수 있습니다. 아래 표를 보겠습니다. 종으로 나열된 암환자, 일반환자는 입력된 데이터의 실제값이고, 횡으로 나열된 암환자, 일반환자는 예측값입니다.

표3.12 암 예측 모델 A의 혼동행렬

	암환자	일반환자
암환자	9	1
일반환자	30	60

표 3.13 암 예측 모델 B의 혼동행렬

	암환자	일반환자
암환자	1	9
일반환자	20	70

---

4   https://scikit-learn.org/stable/auto_examples/model_selection/plot_precision_recall.html

암 예측 모델 A, B 중 어떤 모델이 더 나은 모델일까요? 정확도를 비교하면 A 모델이 69%, B 모델이 71%이므로 B 모델이 더 나은 암 예측 모델이라고 할 수 있을까요? 제가 만약 암 증상이 있어서 병원을 방문할 경우 저라면 암이라는 진단(예측)을 받았을 때 진단이 더 정확한 병원에 방문할 것입니다. 이처럼 예측값이 얼마나 정확한가를 나타내는 지표가 바로 정밀도입니다.

정밀도 = TP / (TP + FP)

모델 A의 암환자 정밀도는 9/39 = 23%, 모델 B의 암환자 정밀도는 1 / 21 = 4.7%이므로 암환자 정밀도를 기준으로 더 나은 모델은 모델 A입니다.

3.5.7 재현율

재현율(Recall)[5]은 실제값 중에서 모델이 검출한 실제값의 비율을 나타내는 지표입니다.

재현율 = TP / (TP + FN)

다시 암환자를 예측하는 모델 A, B를 비교해 보겠습니다. 실제 암환자들이 병원에 갔을 때 암환자라고 예측될 확률을 구하는 것이 바로 재현율이고, 암환자를 조기에 정확하게 발견해서 신속하게 처방하는 것이 병원 입장에서도 올바른 모델 선택 방법일 것입니다.

모델 A의 암환자 재현율은 9/10 = 90%, 모델 B의 암환자 재현율은 1 / 10 = 10%이므로 암환자 재현율을 기준으로 더 나은 모델은 모델 A입니다.

3.5.8 F1 점수

정밀도도 중요하고 재현율도 중요한데 둘 중 무엇을 쓸지 고민될 수 있습니다. 이 두 값을 조화평균 내서 하나의 수치로 나타낸 지표를 F1 점수(F1 Score)[6]라고 합니다.

---

5 https://scikit-learn.org/stable/auto_examples/model_selection/plot_precision_recall.html

6 https://scikit-learn.org/stable/auto_examples/model_selection/plot_precision_recall.html

조화평균 = 2 * a * b / (a + b)

아래 그림의 h는 a와 b의 조화평균의 절반에 해당하는 값입니다.

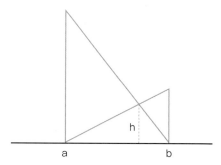

그림 3.3 a와 b의 조화 평균 시각화(h = 조화평균/2)

재현율과 정밀도의 조화 평균인 F1 점수를 수식화하면 아래와 같습니다.

F1 점수 = 2 * 재현율 * 정밀도 / (재현율 + 정밀도)

아래 그림과 같이 정밀도, 재현율의 값이 상이하게 차이나도 F1 점수는 두 값의 조화평균 값을 주므로 F1점수는 정확도와 함께 성능 평가에 많이 사용됩니다.

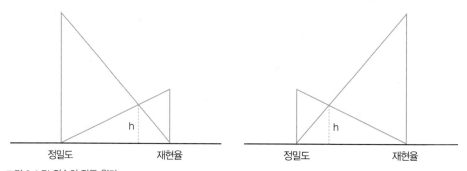

그림 3.4 F1 점수의 작동 원리

그렇다면 F1점수는 어떤 상황에서 성능을 평가하는 데 많이 사용될까요?

보통 테스트 데이터의 레이블이 균일하게 분포돼 있을 때는 주로 정확도를 사용합니다.

표 3.14 혼동행렬에서 정확도 구하기

		예측값			
		A	B	C	D
실제값	A	9	1	0	0
	B	1	8	1	0
	C	2	0	7	1
	D	0	0	1	9

정확도 = (9 + 8 + 7 + 9) / 40 = 82.5%

하지만 데이터의 레이블이 불균일하게 분포돼 있을 경우 정확도는 왜곡된 성능 평가로 이어질 수 있습니다. 아래의 모델 1은 A 레이블만 잘 맞추고 B, C, D 레이블에 대해 하나도 예측을 제대로 하지 못했음에도 A 레이블을 가진 데이터가 너무 많아서 정확도가 96.6%로 나타나게 되어 성능 평가가 상당히 높아지는 문제를 잘 보여줍니다.

표 3.15 모델 1의 정확도 구하기

		예측값			
		A	B	C	D
실제값	A	995	5	0	0
	B	8	0	1	1
	C	10	0	0	1
	D	0	1	9	0

정확도 = (995 + 0 + 0 + 0) / 1030 = 96.6%

심지어 아래의 모델 2는 A에 대한 예측율은 떨어지지만 보편적으로 예측을 상당히 잘하는 모델임에도 정확도는 위의 모델보다 낮게 평가됩니다.

표 3.16 모델 2의 정확도 구하기

		예측값			
		A	B	C	D
실제값	A	700	100	100	100
	B	0	9	1	0
	C	0	0	9	1
	D	0	1	0	9

정확도 = (700 + 9 + 9 + 9) / 1030 = 70.5%

위와 같이 레이블이 데이터 상에서 불균일하게 분포된 경우 F1 점수를 사용하면 정확도보다 나은 성능 평가 비교가 가능합니다.

아래의 모델 1의 F1 점수는 0.246으로 계산됩니다.

표 3.17 모델 1의 F1 점수 계산

	A	B	C	D	재현율
A	995	5	0	0	0.99
B	8	0	1	1	0
C	10	0	0	1	0
D	0	1	9	0	0
정밀도	0.98	0	0	0	

평균 정밀도 = (0.98 + 0 + 0 + 0) / 4 = 0.245
평균 재현율 = (0.99 + 0 + 0 + 0) / 4 = 0.2475
    F1 점수 = 2 * 0.245 * 0.2475 / (0.245 + 0.2475)

        = 0.121275 / 0.4925

        = **0.246**

아래의 모델 2의 F1 점수는 0.454로 계산됩니다.

표 3.18 모델 2의 F1 점수 계산

	A	B	C	D	재현율
A	700	100	100	100	0.7
B	0	9	1	0	0.9
C	0	0	9	1	0.9
D	0	1	0	9	0.9
정밀도	1	0.08	0.08	0.08	

평균 정밀도 = (1 + 0.08 + 0.08 + 0.08) / 4 = 0.31
평균 재현율 = (0.7 + 0.9 + 0.9 + 0.9) / 4 = 0.85
 F1 점수 = 2 * 0.31 * 0.85 / (0.31 + 0.85)
         = 0.527 / 1.16
         = **0.454**

모델 2가 F1 점수를 기준으로 성능 평가 시 더 나은 점수를 얻는 것을 확인할 수 있습니다. 이처럼 테스트에 사용되는 데이터가 불행하게도 레이블이 불균일하게 분포된 경우 F1 점수는 한쪽 레이블에 치우치지 않는 레이블의 전체적인 성능에 대해 올바르게 평가하는 것을 확인할 수 있습니다.

3.6 k-폴드 교차 검증

머신러닝 모델을 테스트하기 전에 검증 단계를 통해 대략적인 모델의 성능을 짐작해볼 수 있습니다. 보편적으로 하나의 데이터셋이 있을 경우 전체 데이터셋의 20%를 테스트 데이터로 활용하고, 나머지 데이터의 90%를 학습 데이터로, 그리고 10%를 검증 데이터로 많이 사용하며, 이 방법은 현재도 많이 쓰이고 있습니다. 하지만 데이터가 충분하지 않을 경우 10%의 데이터를 검증 데이터로 나누기도 아깝고, 또한 나눈다 할지라도 검증 정확도를 신뢰하기에는 너무 한쪽에 편중된 데이터라는 단점이 있습니다.

이러한 문제를 극복하고자 고안된 검증 방법이 바로 k–폴드(k–fold) 교차 검증[7]입니다. 테스트 데이터를 나눈 후의 데이터를 학습 데이터라고 한다면 학습 데이터의 일정 부분을 검증 데이터로 쓰되, n번의 검증 과정을 통해 학습 데이터의 모든 데이터를 한 번씩 검증 데이터로 사용해서 n개의 검증 결과를 평균낸 값을 검증 성능 평가 지표로 사용하는 방식입니다.

교차 검증의 장점은 첫 번째로 검증 결과가 일정 데이터에 치우치지 않고 모든 데이터에 대한 결과이므로 신빙성이 높고, 두 번째로 따로 검증 데이터를 분리하지 않아도 된다는 점입니다.

아래는 k를 10으로 설정한 10–폴드 교차검증의 예입니다.

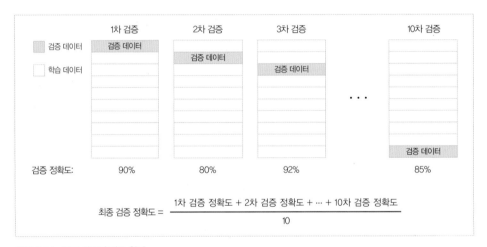

그림 3.5 k–폴드 검증의 작동 원리

위 그림에서처럼 k–폴드 교차 검증은 모든 학습 데이터를 한 번씩 검증 데이터로 활용해 검증 데이터가 한쪽 데이터에 편향돼 있지 않아 따로 검증 데이터를 분리하지 않고도 학습 데이터에 대한 전반적인 검증 정확도를 구할 수 있습니다.

---

7   https://scikit–learn.org/stable/modules/cross_validation.html

## 04장

머신러닝 알고리즘 실습

4.1 머신러닝 알고리즘 실습 개요

이번 장에서는 다양한 머신러닝 알고리즘을 언제 어떻게 적용해야 하는지에 대해 알아보겠습니다.

4.1.1 알고리즘 선정 이유

머신러닝은 수집된 데이터와 특정 알고리즘을 기반으로 최적의 추론을 구하는 컴퓨터 프로그램입니다. 최적의 추론을 구하기 위해 다양한 알고리즘들이 사용될 수 있으며 이 책에서도 다양한 알고리즘을 이해하고 실습할 수 있게 많은 예제를 준비했습니다.

'어떤 알고리즘을 선정할까?'라는 질문에 제가 '이 알고리즘을 쓰세요'라고 바로 답할 수 있는 최고의 알고리즘은 존재하지 않습니다. 수집된 데이터의 특징과 상황에 따라 가장 적합한 알고리즘을 선택하는 것이 중요합니다.

가령 수집된 데이터에 특징만 있고 분류값이 따로 설정돼 있지 않을 경우 지도학습 알고리즘은 사용할 수 없습니다. 이 경우 비지도학습 알고리즘인 k평균 군집화 알고리즘을 사용해 서로 유사한 데이터를 군집화할 수 있습니다.

수집된 데이터에 특징과 분류값이 모두 존재한다면 지도학습 알고리즘 중 가장 적합한 알고리즘을 찾아야 합니다. 가령 스마트폰 음성 비서 같은 경우 추론의 정확도도 중요하지만 추론을 내기까지 걸리는 알고리즘의 시간 복잡도 역시 고려해야 할 것입니다. 또한 머신러닝 모델의 추론의 도출 과정을 머신러닝 비전문가에게 설명할 때는 추론의 정확도만큼 추론 과정의 시각화가 중요할 것입니다.

앞으로 이 책에서 다룰 머신러닝 알고리즘의 장단점을 표 4.1에 간략히 요약했습니다. 하지만 이 표는 단순히 각 알고리즘의 장단점을 요약한 내용일 뿐이고 각 알고리즘의 특장점을 이해하는 것은 다음 장부터 실습과 함께 진행하겠습니다.

표 4.1.1 머신러닝 알고리즘의 장단점 비교

알고리즘	장점	단점
k-최근접 이웃	· 구현이 쉽다. · 알고리즘을 이해하기 쉽다. · 하이퍼파라미터[1]가 적다.	· 예측 속도가 느리다. · 메모리를 많이 쓴다. · 노이즈 데이터[2]에 예민하다.
서포트 벡터 머신	· 상대적으로 적은 데이터로도 높은 정확도를 낸다. · 예측 속도가 빠르다. · 고차원 데이터를 처리하기가 쉽다.	· 결정경계선이 많이 겹칠 때 정확도가 낮아진다. · 수학적 이해 없이는 모델의 분류 결과를 이해하기 어렵다. · 커널 트릭 오사용 시 과대적합되기 쉽다.
의사결정트리	· 모델의 추론 과정을 시각화하기 쉽다. · 데이터에서 중요한 특성이 무엇인지 쉽게 알아낼 수 있다. · 학습 및 예측 속도가 빠르다.	· 과대적합되기 쉽다. · 조정해야 할 하이퍼파라미터가 많다.
랜덤포레스트	· 앙상블 효과로 의사결정 트리의 과대적합 단점을 보완한다.	· 조정해야 할 하이퍼파라미터가 많다.
나이브베이즈	· 고차원 데이터를 처리하기가 쉽다. · 구현하기 쉽다. · 학습 및 추론 시간이 빠르다.	· 모든 변수가 독립변수라는 가설하에 작동함으로써 데이터가 가설과 다를 경우 정확도가 낮아진다.

---

1   머신러닝 개발자가 설정해야 하는 머신러닝 모델 변수

2   수집된 데이터가 참값만 가지고 있지 않을 경우

알고리즘	장점	단점
선형회귀	· 수집된 데이터를 통해 새롭게 관측된 데이터의 예측값(수치값)을 구할 수 있다.	· 데이터 특징들이 선형 관계에 있다는 가설하에 작동함으로써 데이터 특징이 가설과 다를 경우 정확도가 낮아진다.
로지스틱회귀	· 데이터를 분류할 때 확률을 제공한다.	· 데이터 특징이 많을 경우 학습이 어려워 과소적합되기 쉽다.
K 평균	· 데이터 크기에 상관 없이 군집화에 사용할 수 있다. · 구현하기 쉽다.	· 군집화 결과에 대한 확률을 제공하지 않는다. · 데이터의 분포가 균일하지 않을 경우 정확도가 떨어진다.
주성분 분석	· 고차원 데이터를 저차원 데이터로 축소할 때 사용된다. · 구현이 쉽다.	· 차원 축소 시 정보의 손실이 있다.

4.2 k-최근접 이웃(k-Nearest Neighbor, kNN)

k-최근접 이웃(kNN) 알고리즘은 데이터 분류에 사용되는 아주 간단한 지도학습 알고리즘입니다. 지도학습이나 데이터 분류라는 이 두 개념에 익숙지 않다면 이론을 시작하기에 앞서 두 개념의 정의를 다시 한번 살펴봅시다.

- **지도학습**: 머신러닝 학습 시 데이터와 함께 데이터에 대한 레이블(정답)을 함께 부여하는 학습 방식
- **데이터 분류**: 새로운 데이터를 기존 데이터의 레이블 중 하나로 분류하는 작업

지도학습 데이터 분류의 대표적인 예로 손글씨 숫자를 인식하는 머신러닝 모델이 있습니다. 숫자 인식 모델을 학습시킬 때 학습할 데이터와 함께 그 데이터가 무슨 숫자를 의미하는지 명시적인 레이블과 함께 학습을 시킵니다(지도학습). 학습이 완료된 모델은 입력된 손글씨 숫자에 대해 분류를 진행하는데, 이 분류값은 학습에 사용됐던 기존 데이터들의 레이블 중 하나에 해당합니다(데이터 분류). 이번 주제인 kNN 알고리즘은 모든 지도학습 데이터 분류 예제에 활용될 수 있는 기술이니 차근차근 알아보겠습니다.

kNN 알고리즘은 상대적으로 이해하기 쉽다는 장점이 있지만, 다른 알고리즘에 비해서 연산속도가 느리다는 단점이 있습니다. 이러한 장단점 및 특징은 아래 이론 부분에서 차근차근 알아보겠습니다.

4.2.1 [이론] k-최근접 이웃 알고리즘(kNN)

k-최근접 이웃 알고리즘의 이해

k-최근접 이웃 알고리즘은 이름에서 알 수 있듯이 핵심은 이웃입니다. 이웃이 나와 가까운 거리에 사는 사람들을 뜻하듯이 이 알고리즘에서 이웃이란 가까이 존재하는 데이터들을 의미합니다. 따라서 kNN 알고리즘이란 현재 데이터를 특정값으로 분류하기 위해 기존의 데이터 안에서 현재 데이터로부터 가까운 k개의 데이터를 찾아 k개의 레이블 중 가장 많이 분류된 값으로 현재의 데이터를 분류하는 알고리즘입니다.

실생활에서 kNN 알고리즘의 예를 찾아보겠습니다. 만약 여러분을 서울 어딘가에 데려다 놓고, '이곳이 강남일까요, 강북일까요?'라고 물어보면 어떻게 현재의 위치를 알 수 있을까요? 한 가지 방법은 주변에 보이는 가까운 사람들에게 똑같은 질문을 던져서 많은 답을 얻은 쪽으로 대답하는 것입니다. 가령 주변에 5명이 있다고 가정할 경우 4명이 강남이라고 대답했고 1명이 강북이라고 대답했다면 현재 위치가 강남이라고 예측할 수 있습니다. 바로 이 방법이 kNN 알고리즘입니다.

위의 사례에서는 5명의 주변 사람들에게 물어봤기 때문에 k = 5인 kNN 알고리즘을 사용한 것입니다. 즉, kNN 알고리즘의 k는 몇 개의 이웃을 살펴볼 것인지를 나타내는 변수이고, NN(Nearest Neighbor)이란 현재 알고자 하는 데이터로부터 근접한 데이터를 의미합니다.

kNN 알고리즘 관점으로 본다면 우린 방금 테스트 데이터(현재 자신의 위치)로부터 가까운 5개의 기존 (이웃) 데이터들을 찾아 3개 이상 대답된 레이블(강남)로 테스트 데이터를 분류했습니다. 참고로 강남/강북 문제와 같은 이진 분류를 할 때는 과반수의 대답을 얻기 위해 k를 홀수로 지정하는 것이 좋습니다.

방금 살펴본 강남, 강북 예제는 실제로 나와 주변 사람까지의 거리를 잴 수 있기 때문에 최근접 이웃을 찾는 과정이 어렵지 않았습니다. 하지만 위치(현실 공간) 데이터가 없는 예측/분류 문제에는 어떻게 kNN 알고리즘을 적용할 수 있을까요?

kNN 알고리즘을 포함한 대다수의 머신러닝 알고리즘에서 사용되는 공간이란 개념은 사실 벡터 공간을 의미합니다. 이 시점에서 우리가 사는 현실 공간과 벡터 공간을 확실히 구분하고 이해하는 것이 좋겠습니다.

- **현실 공간**: 평면 이동 및 수직 이동이 가능한 3차원 공간
- **벡터 공간**: 벡터 연산이 가능한 N차원 공간

사실 머신러닝에서의 공간은 벡터 공간이며, 우리가 살고 있는 공간보다 더 포괄적인 개념이기 때문에 특별히 현실 공간의 데이터(위도, 경도)가 없어도 데이터의 특성을 벡터 공간의 축으로 지정해서 데이터 간의 거리를 계산할 수 있습니다. 좀 더 쉽게 이해하기 위해 예제를 보겠습니다.

농구선수의 3점슛 성공 횟수와 블로킹 성공 횟수 정보를 이용해 임의의 농구선수의 포지션이 센터인지 슈팅가드인지 예측해 봅시다.

표 4.2.1 농구선수 데이터

선수 이름	3점슛 성공 횟수	블로킹 성공 횟수	선수 포지션
이정하	1	6	센터
유옥중	2	5	센터
오일두	2	7	센터
김제영	3	7	센터
황영희	4	1	슈팅가드
김윤석	4	4	센터
오현화	4	6	센터
박예은	5	2	슈팅가드
최예원	6	1	슈팅가드

선수 이름	3점슛 성공 횟수	블로킹 성공 횟수	선수 포지션
최경자	6	3	슈팅가드
최선옥	7	1	슈팅가드
오광희	7	2	슈팅가드
오광민	7	4	슈팅가드
홍길동	5	4	?

표 4.2.1은 농구선수들의 게임 기록 데이터이며, 이미 포지션을 알고 있는 선수 데이터는 이 웃 데이터로 활용하고, 포지션을 모르는 홍길동 선수에 대해 kNN 알고리즘을 활용해 포지션 을 예측해 보겠습니다.

선수 데이터 중에서 3점슛 성공 횟수를 벡터 공간의 x축으로, 블로킹 성공 횟수를 y축으로 나 타내어 각 선수들을 2차원 벡터 공간에 시각화하면 그림 4.2.1과 같습니다. 세모는 포지션이 센터인 농구선수를, 동그라미는 포지션이 슈팅가드인 농구선수를 의미하며, 별로 표시된 데 이터가 바로 우리가 포지션을 예측할 선수(홍길동)의 데이터입니다.

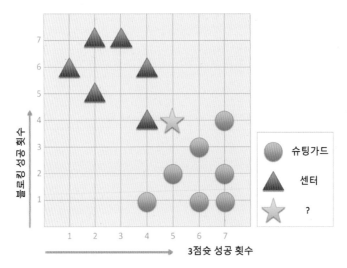

그림 4.2.1 공간(2차원)으로 나타낸 농구선수 데이터

이제 kNN 알고리즘을 사용해서 3점슛 성공 횟수와 블로킹 성공 횟수만을 사용해 홍길동 선수의 포지션이 슈팅가드인지 센터인지 예측해 보겠습니다. 이번 예제에서 이웃이란 이미 포지션을 알고 있는 선수들을 의미하며, k는 예측을 위해 몇 명의 선수 포지션을 참조할 것인지를 의미합니다.

이제 kNN 알고리즘의 k를 조정해가며 예측값을 비교해 보겠습니다. 제일 먼저 k가 1일 경우, 즉 홍길동 선수로부터 가장 가까운 농구선수 데이터 1개를 찾아 그와 동일한 선수 포지션으로 홍길동의 포지션을 예측해 보겠습니다. k가 1일 경우의 kNN 알고리즘은 홍길동의 선수 포지션을 무엇으로 분류할까요?

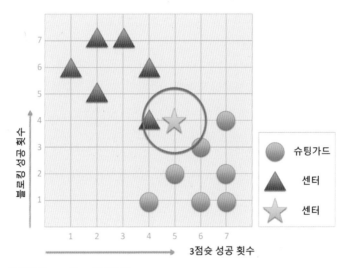

그림 4.2.2 k = 1인 경우의 kNN 알고리즘의 분류

그림에서 볼 수 있듯이 (5,4) 좌표에 위치한 홍길동 선수로부터 가장 가까운 이웃은 (4,4)에 위치한 센터 포지션의 김윤석 선수이므로 kNN 알고리즘은 홍길동 선수를 센터로 분류합니다.

k가 5일 경우의 kNN 알고리즘은 홍길동 선수를 무슨 포지션으로 분류할까요?

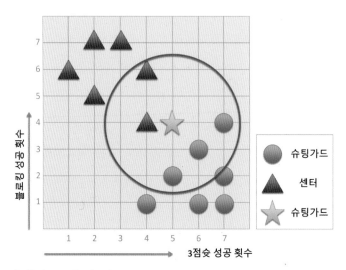

그림 4.2.3 k = 5인 경우의 kNN 알고리즘의 분류

그림에서 볼 수 있듯이 3점슛과 블로킹 횟수를 기준으로 홍길동 선수와 비슷한 패턴(이웃)을 보이는 5명의 농구선수 포지션 중 3개는 슈팅가드, 2개는 센터이므로 kNN 알고리즘은 홍길동 선수를 이웃이 더 많은 슈팅가드로 분류합니다.

그렇다면 k가 9일 경우의 kNN 알고리즘은 홍길동 선수의 포지션을 무엇으로 분류할까요?

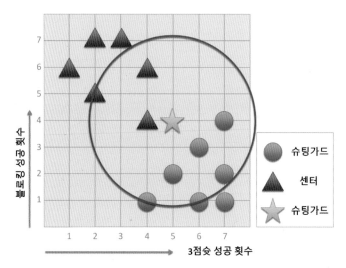

그림 4.2.4 k = 9인 경우의 kNN 알고리즘의 분류

그림에서 볼 수 있듯이 9개의 이웃 포지션 중 6개는 슈팅가드, 3개는 센터이므로 kNN 알고리즘은 홍길동 선수의 포지션을 슈팅가드로 분류합니다.

이처럼 kNN 알고리즘은 k(탐색할 이웃의 개수)에 따라 데이터를 다르게 예측할 수도 있습니다. 보통 k는 1로 설정하지 않는데, 그 이유는 하나의 이웃으로 현재의 데이터를 판단하기에는 정보가 너무 한쪽으로 편향돼 있기 때문입니다. 그리고 k는 보통 홀수로 설정하는데, 그 이유는 k가 짝수일 경우 과반수 이상의 이웃이 나오지 않을 수 있기 때문입니다. 예를 들면, k =4일 때 가까운 4개의 이웃이 2개의 슈팅가드와 2개의 센터일 경우 동률이기 때문에 어느 하나의 포지션이라고 예측하기 어려워집니다.

최적의 k를 찾기 위해서는 보통 검증 데이터를 통해 가장 정확도가 높은 k를 kNN 알고리즘의 k로 선정합니다. 최적의 k를 찾는 과정은 실습 과정에서 좀 더 구체적으로 다루겠습니다.

다중 분류

분류는 보통 이진 분류(binary classification)와 다중 분류(multiclass classification)로 나뉩니다. 위에서 다뤄본 예제처럼 두 가지 중 하나를 분류하는 경우를 이진 분류라고 합니다. 다중 분류는 여러 개의 가능한 레이블 중 하나로 분류하는 경우입니다.

표 4.2.2에서 이진 분류와 다중 분류 예제를 통해 두 분류의 차이점을 쉽게 확인할 수 있습니다.

표 4.2.2 이진 분류와 다중 분류 예제

이진 분류	다중 분류
악성 코드 분류(일반 파일 또는 악성 코드)	임의의 손글씨 숫자가 입력됐을 때 1에서 9 중 가장 가까운 숫자로 분류하는 모델
위조 지폐 분류(일반 지폐 또는 위조 지폐)	서울의 도시가 입력됐을 때 강동, 강서, 강남, 강북 중 한 곳으로 도시를 분류하는 모델
문장에서 사람의 감정을 분류할 때 행복 또는 슬픔으로만 분류하는 모델	문장에서 사람의 감정을 분류할 때 행복, 슬픔, 화남으로 분류하는 모델

kNN 알고리즘은 다중 분류에도 탁월한 성능을 보입니다. 예를 들어, 서울의 강동, 강서, 강남, 강북을 2차원 공간에 표시하면 그림 4.2.5와 같습니다.

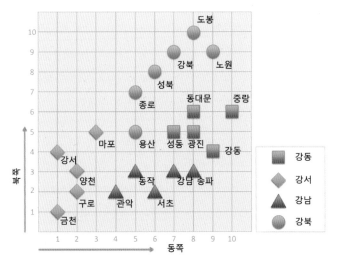

그림 4.2.5 서울시 행정구역에 대한 다중 분류 예

임의의 지점을 입력받아 그곳이 강동, 강서, 강남, 강북 중 한 곳으로 분류하는 문제를 kNN(k=7)인 모델로 분류할 경우 아래와 같이 나타낼 수 있습니다.

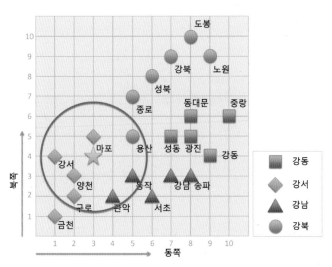

그림 4.2.6 입력 (3,4)가 들어왔을 때 kNN(k=7) 분류를 시각화한 결과

입력이 (3,4) 위치에 있을 때 총 7개의 이웃 중 강서가 4개의 이웃으로 과반수를 차지하므로 kNN은 입력된 위치가 강서라고 분류하게 됩니다. 이처럼 kNN은 이진 분류뿐 아니라 다중 분류에서도 활용 가능한 알고리즘입니다.

kNN 알고리즘의 수학적 이해

앞의 예제에서 볼 수 있듯이 kNN 알고리즘은 데이터의 속성으로 만들어진 벡터 공간 속에서 새로운 데이터와 기존 데이터와의 거리를 계산해서 가장 가까운 이웃부터 먼 이웃까지 판단한 후 가장 가까운 이웃부터 두 번째로 가까운 이웃, …, k번째로 가까운 이웃의 레이블을 측정해서 가장 많이 측정된 레이블로 새로운 데이터를 분류하는 알고리즘입니다.

앞서 다룬 농구선수 분류 예제에서 3점슛 성공 횟수와 블로킹이라는 두 가지 속성을 사용한 공간 속에서 최근접 이웃을 찾았습니다. 두 가지 속성이므로 벡터 공간에서 두 가지 속성은 2차원 공간에 나타낼 수 있습니다. 그럼 2차원 공간에서의 거리는 어떻게 구할 수 있을까요? 학교에서 배운 피타고라스의 정리를 여기에 적용할 수 있습니다.

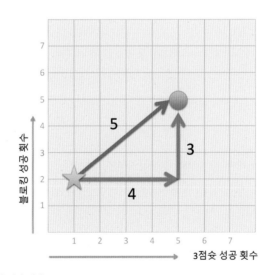

그림 4.2.7 벡터 공간의 거리 계산

그림 4.2.7에서 별과 동그라미 사이의 거리는 3점슛 성공 횟수의 차이를 제곱한 값과 블로킹 성공 횟수의 차이를 제곱한 값을 더한 값에 루트를 취한 값으로 구할 수 있습니다.

별 (1,2), 동그라미 (5,5)

$$\sqrt{(1-5)^2+(2-5)^2}=5$$

같은 방법으로 속성이 3개인 경우를 알아보겠습니다. 이번에는 농구선수 게임 데이터에서 3점슛 성공 횟수, 블로킹 성공 횟수, 리바운드 성공 횟수의 데이터를 찾아 각 속성을 좌표 축으로 두고 데이터를 위치시켜 봅시다. 거리를 비교하려는 두 데이터가 있을 때 3점슛 성공 횟수의 차이를 $x1$, 블로킹 성공 횟수 차이를 $x2$, 리바운드 성공 횟수 차이를 $x3$이라고 할 경우 두 데이터의 거리 y는 다음과 같은 공식으로 계산할 수 있습니다.

$$\sqrt{(x_1)^2+(x_2)^2+(x_3)^2}=y$$

속성이 3개가 넘는 경우에도 마찬가지입니다. 단 속성이 3개가 넘을 때부터는 사람의 눈이 3차원 이상을 볼 수 없다는 한계로 시각화가 불가능할 뿐입니다. 하지만 3차원이 넘는 벡터 공간을 시각화할 수 없을 뿐이지 거리 계산은 여전히 가능합니다. 머신러닝에서 사용되는 벡터 공간에서는 3차원을 넘는 N차원(N개의 속성) 공간에서도 거리를 계산하는 방법은 동일합니다.

예를 들어, 농구선수 데이터에 총 5개의 속성이 있다고 가정해 보겠습니다(3점슛 성공 횟수, 블로킹 횟수, 리바운드 횟수, 2점슛 횟수, 스틸 횟수). 시각화할 수는 없지만 이 5차원 벡터 공간에서의 두 데이터의 거리는 다음과 같이 구할 수 있습니다.

$$\sqrt{(x_1)^2+(x_2)^2+(x_3)^2+(x_4)^2+(x_5)^2}=y$$

kNN 알고리즘의 장점과 단점

지금까지 kNN 알고리즘에 대해 알아봤습니다. 실습하기에 앞서 마지막으로 이 알고리즘의 장점과 단점을 간략히 정리해보겠습니다.

먼저 장점은 다음과 같습니다.

첫째, kNN 알고리즘은 다른 머신러닝 알고리즘보다 이해하기가 상당히 쉽습니다. 다른 알고리즘은 미적분, 확률 및 정보 이론 등의 기본 지식이 필요한 데 비해 kNN 알고리즘은 수학적으로 거리를 계산하는 방법만 알면 이해하기가 쉽습니다.

둘째, 숫자로 구분된 속성에 우수한 성능을 보입니다. 거리, 횟수, 점수와 같이 수치화된 데이터에 대해서는 거리 기반 머신러닝 알고리즘인 kNN 알고리즘을 사용하면 높은 정확도를 기대할 수 있습니다.

셋째, 별도의 모델 학습이 필요 없습니다. kNN 알고리즘은 예측을 하는 시점에서 모든 기존 데이터와의 거리를 계산하기 때문에 예측 전에 모델을 따로 학습시킬 필요가 없습니다. 이러한 특성을 게으른 학습(lazy learning)이라고도 합니다. 게으른 학습은 데이터베이스의 실시간 데이터를 사용해야 할 때 유용하게 쓰입니다.

반면 단점은 다음과 같습니다.

첫째, 예측 속도가 느립니다. 하나의 데이터를 예측할 때마다 전체 데이터와의 거리를 계산하기 때문에 연산 속도가 다른 알고리즘에 비해 느립니다. 비교할 속성이 많아질수록 연산 속도는 더 느려집니다.

둘째, 다른 머신러닝 알고리즘에 비해 예측값이 지역 정보에 많이 편향될 수 있습니다. 이는 다른 머신러닝 알고리즘은 예측값이 기존의 전체 데이터에서 학습된 모델에서 나오는 반면 kNN 알고리즘은 오직 가까운 이웃을 통해 예측하기 때문입니다. 아무리 양적으로나 질적으로나 좋은 데이터를 가지고 있더라도 kNN 알고리즘에서는 k의 개수가 적거나 몇 개의 예외적인 데이터가 이웃으로 존재할 경우 예측값이 틀릴 가능성이 높아집니다.

4.2.2 [실습] 농구선수의 게임 데이터를 활용한 포지션 예측

문제 정의

이번 실습에서 NBA 농구선수들의 게임 기록을 데이터로 사용해서 특정 농구선수의 포지션
을 예측해 보겠습니다.

데이터 획득

이번 실습을 위해 2017 NBA 농구선수의 실제 데이터를 사용해 보겠습니다. 데이터는 2017
년도 NBA 선수 게임 통계[3]에서 수집했습니다. 실습용 코드와 데이터는 모두 실습 깃허브 저
장소[4]에서 내려받을 수 있습니다.

수집된 데이터를 분석하기 위해 먼저 pandas를 아래와 같이 임포트합니다.

```
import pandas as pd
```

이제 pandas를 활용해 csv 포맷으로 수집된 데이터(basketball_stat.csv)를 데이터프레임
으로 불러온 후, df라는 변수에 저장합니다.

```
# 데이터를 수집합니다
df = pd.read_csv("https://raw.githubusercontent.com/wikibook/machine-learning/2.0/data/
csv/basketball_stat.csv")
```

이제 df.head() 명령어를 사용해 농구선수 데이터를 한번 살펴보겠습니다.

```
# 수집된 데이터 샘플을 확인합니다
df.head()
```

---

3   https://www.basketball-reference.com/leagues/NBA_2017_per_game.html

4   https://github.com/wikibook/machine-learning/blob/2.0/jupyter_notebook

앞 코드를 실행한 결과는 다음과 같습니다.

표 4.2.3 농구선수 데이터를 조회한 결과

Player	Pos	3P	2P	TRB	AST	STL	BLK
Alex Abrines	SG	1.4	0.6	1.3	0.6	0.5	0.1
Steven Adams	C	0	4.7	7.7	1.1	1.1	1
Alexis Ajinca	C	0	2.3	4.5	0.3	0.5	0.6
Chris Andersen	C	0	0.8	2.6	0.4	0.4	0.6
Will Barton	SG	1.5	3.5	4.3	3.4	0.8	0.5

데이터를 이해하기 위해 아래의 약어표를 참조합니다.

표 4.2.4 농구선수 데이터의 약어 설명

약어	설명
Player	선수 이름
Pos	포지션
3P	한 경기 평균 3 점슛 성공 횟수
2P	한 경기 평균 2점슛 성공 횟수
TRB	한 경기 평균 리바운드 성공 횟수
AST	한 경기 평균 어시스트 성공 횟수
STL	한 경기 평균 스틸 성공 횟수
BLK	한 경기 평균 블로킹 성공 횟수

이번 실습의 목표는 이 데이터를 활용해 임의의 농구선수의 포지션을 예측하는 것입니다. 먼
저 예측될 포지션이 무엇인지 기존 데이터에서 알아보겠습니다. 포지션 정보는 Pos이므로 아
래의 명령어를 실행해 분류할 농구선수의 포지션이 무엇인지, 그리고 각 포지션별로 몇 개의
기존 데이터가 있는지 알아보겠습니다.

```
# 현재 데이터에서 포지션의 개수를 확인한다
df.Pos.value_counts()
```

위 코드를 실행한 출력 결과는 다음과 같습니다.

```
C    50
SG   50
```

보다시피 데이터가 C 50개와 SG 50개로 구성돼 있음을 확인할 수 있습니다. C는 센터 포지션을 뜻하며, SG는 슈팅가드 포지션을 의미합니다. 각 포지션의 역할을 이해하는 것은 앞으로 데이터를 다듬을 때 필요한 데이터와 불필요한 데이터를 구분하는 데 상당히 중요하므로 아래에 각 포지션별 역할을 간략히 정리했습니다.

표 4.2.5 농구선수의 포지션별 약자 설명

약어	설명
C	센터(Center)는 골대, 포스트 근처에서 슛을 블로킹하고, 리바운드하며, 공을 바깥으로 빼줘서 공격 찬스를 만들기도 하며, 골대 근처에서 2점슛으로 득점을 하기도 한다.
SG	슈팅가드(Shooting Guard)는 코트 내에서 3점슛 등 장거리에서 슛을 해서 점수를 얻는 역할을 한다.

이제 현재 데이터에서 필요한 데이터와 불필요한 데이터를 가릴 단계입니다. 다음과 같이 센터와 슈팅가드의 역할을 바탕으로 필요한 속성과 불필요한 속성을 구분했습니다.

표 4.6 속성별 필요/불필요 여부 구분

약어	필요/불필요	이유
3P	필요	슈팅가드의 주요 역할은 3점슛 득점을 하는 것이며, 센터의 역할은 3점슛 득점이 아니다.
2P	불필요	슈팅가드와 센터 모두 2점 득점을 많이 한다. 분별력이 없는 속성임.
TRB	필요	센터는 슈팅가드보다 리바운드의 개수가 많을 것이기에 분별력 있는 속성임.
AST	불필요	슈팅가드와 센터 모두 어시스트를 많이 한다. 포지션과 상관 없는 속성
STL	불필요	슈팅가드와 센터 모두 스틸을 많이 한다. 분별력이 없는 속성.
BLK	필요	센터는 슈팅가드에 비해 블로킹의 횟수가 많을 것이기에 분별력 있는 속성임.

하지만 위의 분석은 단순히 역할을 바탕으로 세운 가설일 뿐 이 가설이 사실임을 입증할 근거는 아직 불충분합니다. 가설의 사실성을 입증하기 위해 좋은 방법 중 하나가 바로 데이터 시각화입니다.

데이터 시각화

데이터를 시각화함으로써 속성을 우리가 눈으로 볼 수 있는 2차원 또는 3차원 공간에 나타내서 데이터들이 선택된 속성으로 분류가 명확히 될 것인지 아닌지를 쉽게 알아낼 수 있습니다.

표 4.2.6에서는 2점슛, 어시스트, 스틸 속성은 센터와 슈팅가드를 구분 짓기에 불필요하다는 가설을 세웠는데, 데이터를 시각화해서 그 가설이 맞는지 틀렸는지 확인해 보겠습니다.

먼저 데이터 시각화에 필요한 라이브러리를 임포트하겠습니다.

```
import matplotlib.pyplot as plt
import seaborn as sns
%matplotlib inline
```

아래 코드를 실행해 씨본의 2차원 그래프를 사용해 데이터를 시각화합니다.

```
# 스틸, 2점슛 데이터 시각화
sns.lmplot('STL', '2P', data=df, fit_reg=False,  # x 축, y 축, 데이터, 노 라인
           scatter_kws={"s": 150}, # 좌표 상의 점의 크기
           markers=["o", "x"],
           hue="Pos") # 예측값
# 타이틀
plt.title('STL and 2P in 2d plane')
```

그림 4.2.9는 스틸을 x축, 2점슛을 y축에 표현한 그래프 상에서의 슈팅가드와 센터 데이터의 분포도입니다. 그림 4.2.10은 어시스트를 x축, 2점슛을 y축에 표현한 그래프 상의 슈팅가드와 센터 데이터의 분포도입니다. 동그라미는 슈팅가드, X는 센터를 의미합니다.

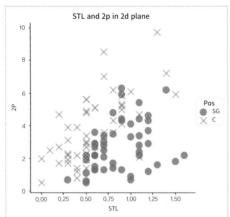

그림 4.2.9 스틸과 2점슛 공간의 데이터 시각화

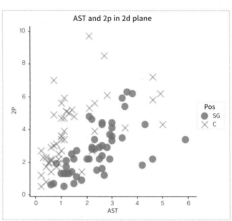

그림 4.2.10 어시스트와 2점슛 공간의 데이터 시각화

우리의 가설과 마찬가지로 2점슛, 어시스트, 스틸의 속성으로 데이터를 분포시킬 경우 슈팅 가드와 센터의 경계가 너무 근접해서 분류하기에 모호하다는 점을 쉽게 판단할 수 있습니다.

그럼 이번에는 아래의 코드를 실행해 블로킹과 3점슛 속성으로 데이터를 시각화해봅니다.

```python
# 블로킹, 3점슛 데이터 시각화
sns.lmplot('BLK', '3P', data=df, fit_reg=False, # x 축, y 축, 데이터, 노 라인
        scatter_kws={"s": 150}, # 좌표 상의 점의 크기
        markers=["o", "x"],
        hue="Pos") # 예측값
# 타이틀
plt.title('BLK and 3P in 2d plane')
```

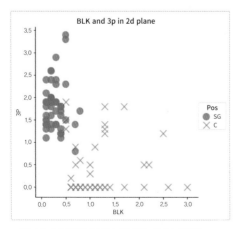

그림 4.2.11 블로킹과 3점슛 공간의 데이터 시각화

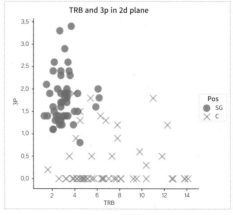

그림 4.2.12 리바운드와 3점슛 공간의 데이터 시각화

그림 4.2.11은 블로킹과 3점슛, 그림 4.2.12는 리바운드와 3점슛의 속성으로 슈팅가드와 센터를 도식화한 그래프입니다. 보다시피 같은 분류끼리는 서로 근접해 있고, 다른 분류와는 멀리 떨어져 있는 것을 한눈에 볼 수 있습니다. 이처럼 시각화한 결과에서 데이터의 구분이 확실할 경우 선택된 속성들이 머신러닝 정확도에 큰 도움을 줄 것임을 확신할 수 있습니다.

데이터 다듬기

앞의 분석을 통해 2점슛, 어시스트, 스틸 속성이 슈팅가드와 센터를 분류하는 데 크게 도움이 되지 않는다는 점을 파악했습니다. 따라서 아래 코드를 실행해 분별력이 없는 2점슛과 어시스트, 스틸 속성을 데이터에서 제거합니다.

```
# 분별력이 없는 특징(feature)을 데이터에서 제거합니다
df.drop(['2P', 'AST', 'STL'], axis=1, inplace = True)
```

분별력이 없는 속성을 제거한 후 아래 코드를 실행해 데이터프레임을 조회해 봅니다.

```
df.head()
```

실행 결과는 다음과 같습니다.

표 4.2.7 다듬어진 데이터를 조회한 결과

Player	Pos	3P	TRB	BLK
Alex Abrines	SG	1.4	1.3	0.1
Steven Adams	C	0	7.7	1
Alexis Ajinca	C	0	4.5	0.6
Chris Andersen	C	0	2.6	0.6
Will Barton	SG	1.5	4.3	0.5

데이터 나누기

이제 머신러닝으로 농구선수의 포지션을 분류하기 위한 데이터가 준비됐습니다. 이번에는 머신러닝 모델을 학습할 데이터와 테스트할 데이터로 현재의 데이터를 나누겠습니다.

사이킷런의 train_test_split[5]을 사용하면 간단하게 학습 데이터와 테스트 데이터로 데이터를 분리할 수 있습니다.

먼저 train_test_split을 임포트합니다.

```
# 사이킷런의 train_test_split을 사용하면 코드 한 줄로 손쉽게 데이터를 나눌 수 있습니다
from sklearn.model_selection import train_test_split
```

그리고 아래 명령어를 실행합니다. 실행 결과, 데이터프레임의 80%는 학습 데이터(train), 20%는 테스트 데이터(test)로 분류됩니다.

```
# 다듬어진 데이터에서 20%를 테스트 데이터로 분류합니다
train, test = train_test_split(df, test_size=0.2)
```

학습 데이터와 테스트 데이터의 개수는 아래 명령어로 알 수 있습니다.

```
train.shape[0]
test.shape[0]
```

실행 결과는 다음과 같습니다.

```
80
20
```

이제 80개의 학습 데이터 속성을 사용해 20개의 테스트 데이터의 포지션을 예측할 준비가 끝났습니다.

---

5   https://scikit-learn.org/stable/modules/generated/sklearn.model_selection.train_test_split.html

최적의 kNN 파라미터 찾기

kNN의 조절 가능한 변수는 오직 하나, 바로 살펴볼 이웃의 개수(k)입니다. 이론에서 살펴봤듯이 k의 개수에 따라 모델의 예측값도 달라지므로 예측값이 가장 높은 최적의 k를 찾는 것은 kNN 알고리즘에서 상당히 중요한 단계이기도 합니다.

그럼 어떻게 하면 최적의 k를 찾을 수 있을까요? 가장 많이 사용되는 방법은 바로 검증 데이터를 사용해 가장 예측율이 높은 k를 찾는 것입니다.

사이킷런의 train_test_split을 사용해 train을 학습 데이터와 검증 데이터로 나눈 후, 검증 데이터의 레이블과 kNN 알고리즘 모델의 예측값을 비교해서 최적의 k를 찾는 것도 괜찮은 방법입니다. 하지만 이번 예제에서는 사이킷런의 cross_val_score를 사용해 더 간단하면서도 견고한 방법으로 최적의 k를 찾겠습니다.

사이킷런의 cross_val_score[6]를 사용하면 손쉽게 kNN 모델의 교차 검증[7](cross validation)을 수행할 수 있습니다. 이번 예제에 사용되는 교차 검증은 k-fold 교차 검증이며, k-fold 교차 검증이란 기존 데이터를 k개로 나눠서 k번 정확도를 검증하는 방법입니다(3.6절 '교차 검증' 참조).

다음 코드를 실행하면 학습 데이터를 10조각으로 나눠 1조각을 검증 데이터로 사용하고 나머지 9조각을 학습 데이터로 사용하게 됩니다. 첫 번째 조각부터 10번째 조각까지 한 번씩 검증하게 되어 결과적으로 10개의 검증 결과를 10으로 나눈 평균을 검증 결과 점수로 간주합니다. 이때 똑같은 검증 과정을, k=3부터 학습 데이터 절반의 크기까지 수행해서 cross_validation_scores에 각 k의 검증 결과 점수를 저장합니다.

```
# kNN 라이브러리 추가
from sklearn.neighbors import KNeighborsClassifier
from sklearn.model_selection import cross_val_score
```

---

6 https://scikit-learn.org/stable/modules/generated/sklearn.model_selection.cross_val_score.html
7 https://scikit-learn.org/stable/modules/generated/sklearn.model_selection.KFold.html

```python
# 최적의 k를 찾기 위해 교차 검증을 수행할 k의 범위를 3부터 학습 데이터 절반까지 지정
max_k_range = train.shape[0] // 2
k_list = []
for i in range(3, max_k_range, 2):
    k_list.append(i)

cross_validation_scores = []
x_train = train[['3P', 'BLK' , 'TRB']]
y_train = train[['Pos']]

# 교차 검증(10-fold)을 각 k를 대상으로 수행해 검증 결과를 저장
for k in k_list:
    knn = KNeighborsClassifier(n_neighbors=k)
    scores = cross_val_score(knn, x_train, y_train.values.ravel(), cv=10,
                                        scoring='accuracy')
    cross_validation_scores.append(scores.mean())

cross_validation_scores
```

실행 결과는 다음과 같습니다.

```
[0.93888888888888888,   0.9263888888888893,   0.9263888888888893,   0.91210317460317469,
 0.91210317460317469,   0.9263888888888893,   0.9263888888888893,   0.9263888888888893,
 0.9263888888888893,   0.91210317460317469,   0.89960317460317474,   0.91210317460317469,
 0.86210317460317465,   0.87460317460317472,   0.87460317460317472,   0.86210317460317465,
 0.85099206349206347,   0.85099206349206347,   0.82599206349206344]
```

각 k별로 정확도가 출력됐지만 한눈에 쉽게 이해되지 않습니다. 데이터를 시각화해서 최적의 k를 알아보겠습니다.

```python
# k에 따른 정확도를 시각화
plt.plot(k_list, cross_validation_scores)
plt.xlabel('the number of k')
plt.ylabel('Accuracy')
plt.show()
```

실행 결과, 다음과 같은 차트를 볼 수 있습니다.

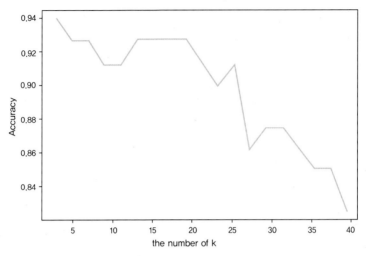

그림 4.2.13 k에 따른 정확도 시각화

시각화를 통해 최적의 k가 3인 것을 쉽게 알 수 있습니다. 또한 k가 25개를 넘어서면서 정확도가 많이 떨어진다는 점도 확인할 수 있습니다.

아래의 코드를 실행해 최적의 k를 k라는 변수에 저장합니다.

```
# 가장 예측율이 높은 k를 선정
k = k_list[cross_validation_scores.index(max(cross_validation_scores))]
print("The best number of k : " + str(k) )
```

출력 결과는 다음과 같습니다.

```
The best number of k : 3
```

모델 테스트

이제 대망의 테스트만이 남았습니다. 여기서는 분별력이 있다고 판단된 3점슛, 블로킹, 리바운드라는 총 3개의 속성으로 kNN 모델을 학습해서 테스트를 진행해 보겠습니다.

```python
# 라이브러리 임포트
from sklearn.neighbors import KNeighborsClassifier
from sklearn.metrics import accuracy_score

knn = KNeighborsClassifier(n_neighbors=k)

# 학습에 사용될 속성을 지정
x_train = train[['3P', 'BLK', 'TRB']]
# 선수 포지션을 예측할 값으로 지정
y_train = train[['Pos']]

# kNN 모델 학습
knn.fit(x_train, y_train.values.ravel())

# 테스트 데이터에서 분류를 위해 사용될 속성을 지정
x_test = test[['3P', 'BLK', 'TRB']]

# 선수 포지션에 대한 정답을 지정
y_test = test[['Pos']]

# 테스트 시작
pred = knn.predict(x_test)

# 모델 예측 정확도(accuracy) 출력
print("accuracy : " + str( accuracy_score(y_test.values.ravel(), pred)) )
```

코드를 실행한 결과는 다음과 같습니다.

```
accuracy : 0.85
```

실행 결과, 위와 같은 테스트 결과 정확도(accuracy)를 얻을 수 있습니다. 학습 데이터와 테스트 데이터가 무작위로 분리됐기 때문에 제 코드의 실행 결과가 여러분의 실행 결과와 다를 수 있습니다. 참고로 저는 최저 0.82에서 최대 1.0까지의 모델 정확도를 확인했습니다.

실제값과 예측된 값을 직접 눈으로 비교하고 싶다면 다음 코드를 실행합니다.

```python
comparison = pd.DataFrame({'prediction':pred, 'ground_truth':y_test.values.ravel()})
comparison
```

실행 결과는 다음과 같습니다. ground_truth는 실제값, prediction은 예측값을 의미합니다.

표 4.2.8 실제값과 예측값 비교

	ground_truth	prediction
0	C	SG
1	SG	SG
2	SG	SG
3	SG	SG
4	SG	SG
5	C	C
6	C	C
7	SG	SG
8	SG	SG
9	SG	SG
10	C	C
11	C	C
12	C	SG
13	C	C
14	SG	SG
15	C	C
16	C	SG
17	C	C
18	SG	SG
19	C	C

kNN 모델의 결과를 직접 시각화해 보니 농구선수 20명의 포지션을 성공적으로 예측했다는 것을 한눈에 볼 수 있습니다.

이로써 kNN 알고리즘 실습을 마칩니다. 실습에 사용된 전체 코드 및 실행 결과는 깃허브 저장소[8]에서 직접 확인할 수 있습니다.

4.3 서포트 벡터 머신(SVM)

사용하기 편하면서 높은 정확도를 보이는 지도학습 머신러닝 알고리즘을 찾는다면 여기에 그 답이 있습니다. 제가 처음으로 서포트 벡터 머신(SVM)을 접했을 때 이름이 난해해서 접근하기 어려웠던 기억이 납니다. 하지만 이름만 난해할 뿐 이 알고리즘은 상당히 간단하게 이해할 수 있습니다. 또한 간단한 알고리즘에 비해 성능이 너무나 우수해서 꾸준히 사랑받는 알고리즘이기도 합니다. 지금부터 차근차근 설명해 드리겠습니다.

4.3.1 [이론] 서포트 벡터 머신

이전 단원에서 다룬 예제를 기억하시나요? 만약 누군가가 여러분을 서울 어딘가에 데려다 놓고 '여기가 강남일까요, 강북일까요?'라고 물어본다면 여러분은 어떻게 이곳의 위치를 예측하시겠습니까? kNN 알고리즘은 주변의 가까운 사람들에게 물어봐서 대다수의 답변과 동일하게 답변하는 방법이었고, 나름 괜찮은 결과를 볼 수 있었습니다. 하지만 주변의 이웃 3명한테 물어봤는데, 2명이 거짓말(noise)로 강남인데 강북이라고 속였다면 여러분의 예측은 틀리게 됩니다.

이번에는 다른 방법으로 위치를 예측해 보겠습니다. 내게 예측을 요구한 사람에게 이렇게 질문합니다. "지금 현재 이곳이 한강의 북쪽인가요, 남쪽인가요?" 만약 이곳이 한강의 북쪽이면 여러분은 강북이라고 대답할 것이고, 한강의 남쪽이면 강남이라고 대답할 것입니다. 바로 이 같은 문제 해결법이 서포트 벡터 머신(SVM)입니다.

---

8   https://github.com/wikibook/machine-learning/tree/2.0/jupyter_notebook/4.2_농구선수_데이터분석.ipynb
https://github.com/wikibook/machine-learning/tree/2.0/jupyter_notebook/4.2_knn_농구선수_포지션_예측_실습.ipynb

상당히 쉽죠? 그렇습니다. 왜 이름을 서포트 벡터 머신으로 지어서 괜히 어려운 알고리즘처럼 보이게 했는지 저도 처음에는 도무지 이해되지 않았습니다. 사실 이 서포트 벡터라는 개념을 앞의 예제에 빗대어 설명하자면 한강의 위치를 찾는 데 사용되는 개념입니다. 한강은 도시가 강북인지, 강남인지를 구분하는 결정 경계선(decision boundary)이고, 한강 위는 강북, 아래는 강남이 됩니다.

그림 4.3.1을 통해 간략화된 서울의 강남과 강북 도시 데이터를 확인해 보겠습니다.

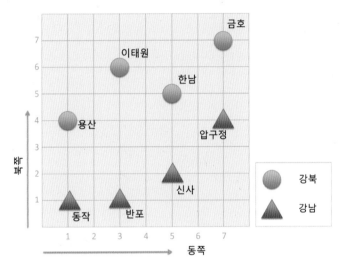

그림 4.3.1 강남과 강북 도시를 표시한 데이터 차트

도시의 위치 데이터만으로 이뤄진 2차원 공간에서 당연히 한강의 위치는 표시돼 있지 않습니다(한강은 도시가 아니니까요). 하지만 현재 강북과 강남으로 구분된 도시의 위치 데이터를 가지고 대략적으로 한강의 위치를 2차원 공간에 선으로 예측할 수 있습니다. 아래 두 개의 한강 위치 후보를 보겠습니다.

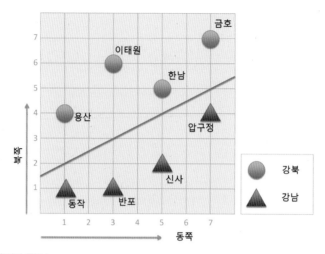

그림 4.3.2 한강의 위치 후보 1

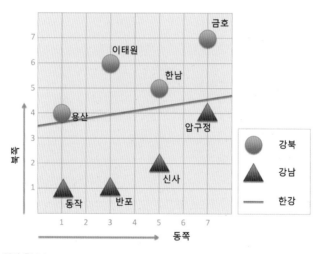

그림 4.3.3 한강의 위치 후보 2

한강 후보 1과 후보 2 모두 강남과 강북 도시의 위치 데이터 기반으로 예측 가능한 한강의 위치입니다. 단, 후보 1이 후보 2보다 강남과 강북을 구분하는 결정 경계선으로 더 나아 보입니다. 왜일까요? 후보 2는 결정 경계선과 데이터 포인트가 상당히 가깝습니다. 결정 경계선이 데이터 포인트(도시 지점)에 가까이 위치할수록 조금의 속성 차이에도 분류값이 달라질 수 있기 때문에 예측의 정확도가 불안정해집니다.

서포트 벡터

앞서 서포트 벡터(support vector)는 바로 이 결정 경계선을 찾는 데 사용되는 개념이라고 설명했는데, 먼저 서포트 벡터라는 단어에서 벡터는 바로 2차원 공간 상에 나타난 데이터 포인트를 의미합니다. 벡터는 보통 방향과 크기를 갖는 선인데, 어떻게 점이 벡터냐고 궁금한 분도 계실 것입니다. 하지만 벡터 공간에서 점은 벡터로 표현되기도 합니다. 단순히 (0,0) 위치에서 특정 지점까지의 벡터를 점으로 형상화했을 뿐이라고 생각하면 됩니다.

서포트 벡터라는 단어에서 벡터는 데이터 포인트를 의미한다는 것을 알았으니, 이제 서포트 벡터의 의미를 알아봐야겠네요. 서포트 벡터는 결정 경계선과 가장 가까이 맞닿은 데이터 포인트를 의미합니다. 그림 4.3.4에서 점선 위에 있는 데이터 포인트, 즉, 한남, 동작, 압구정이 바로 서포트 벡터입니다.

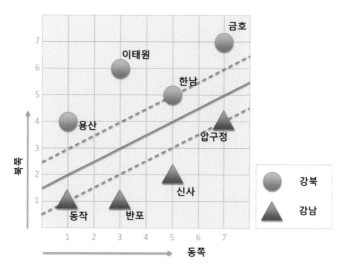

그림 4.3.4 서포트 벡터의 위치

마진

서포트 벡터와 결정 경계 사이의 거리를 마진(margin)이라고 합니다. SVM의 목표는 바로 이 마진을 최대로 하는 결정 경계를 찾는 것입니다. 앞서 설명한 대로 마진이 클수록 우리가 현재 알지 못하는 새로운 데이터에 대해 안정적으로 분류할 가능성이 높기 때문입니다.

마진을 최대로 하는 결정 경계를 학습 단계를 통해 찾아낸 후, 테스트 단계에서 입력되는 새로운 데이터가 결정 경계의 위쪽이냐, 아래쪽이냐에 따라 분류값이 달라집니다(예: 결정 경계선 위쪽일 경우: 강북, 아래쪽일 경우: 강남).

지금까지 설명한 개념들을 간략하게 정리해 봅시다.

- **결정 경계**: 서로 다른 분류값을 결정하는 경계(예: 경계 위는 강북, 아래는 강남)

- **서포트 벡터**: 결정 경계를 만드는 데 영향을 주는 최전방 데이터 포인트

- **마진**: 결정 경계와 서포트 벡터 사이의 거리

비용

사실 실전에서 다룰 데이터는 강남, 강북 예제만큼 간단하지 않습니다. 다음 예제를 보겠습니다.

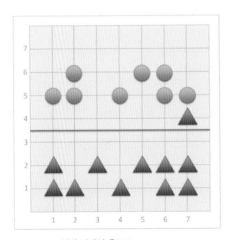

그림 4.3.5 결정 경계선 후보 1

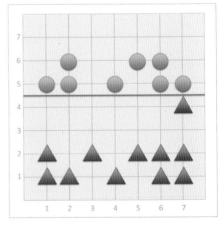

그림 4.3.6 결정 경계선 후보 2

후보 1과 후보 2 중에서 어떤 후보가 더 나은 결정 경계선을 가지고 있는 걸까요? 후보 1의 경우 학습 시 세모 한 개가 잘못 분류되지만 마진이 크기 때문에 실제 테스트 및 운용 시 새로운 데이터에 대한 분류가 안정적일 것으로 보입니다. 후보 2의 경우 학습 시 에러율이 0%로

아주 좋아보이지만 마진이 작아서 실제 테스트 및 운용 시 분류가 잘못 이뤄질 가능성이 높아 보입니다.

그런데 성능이 좋은 머신러닝 모델이란 학습 시 에러가 적은 모델이 아니라 테스트 및 운용 시 에러가 적은 모델이기 때문에 후보 1이 더 나은 모델이라고 할 수 있습니다.

후보 1과 같이 약간의 오류를 허용하기 위해 SVM에서는 비용(C)이라는 변수를 사용합니다. 비용(cost)이 낮을수록, 마진을 최대한 높이고, 학습 에러율을 증가시키는 방향으로 결정 경계선을 만듭니다. 비용이 높을수록, 마진은 낮아지고, 학습 에러율은 감소하는 방향으로 결정 경계선을 만듭니다. 비용이 너무 낮으면 과소적합의 위험이 있고, 너무 높으면 과대적합의 위험이 있으니 적절한 비용값을 찾는 과정이 상당히 중요합니다. 이 과정은 실습에서 더욱 자세히 다루겠습니다.

결정 경계

SVM에서 가장 중요한 개념은 결정 경계입니다. 결국 SVM 학습의 최종 목적은 주어진 데이터를 통해 결정 경계를 찾는 것이기 때문입니다. 앞의 예제에서 결정 경계라는 말보다 결정 경계선이라는 단어를 많이 썼는데, 그 이유는 강남/강북 구분하기의 데이터가 2차원 공간에 존재하고, 결정 경계는 언제나 선(1차원)으로 나타나기 때문입니다.

데이터의 벡터 공간을 N차원이라고 할 경우, 결정 경계는 다음과 같이 정해집니다.

> 결정 경계 = N -1 차원

그렇다면 데이터가 3차원 공간에 분포할 경우 결정 경계는 선일까요? 아니면 면일까요? 3 - 1 = 2차원이므로 3차원 공간의 결정 경계는 면으로 나타납니다.

이러한 이유로 결정 경계를 때로는 초평면(hyperplane)이라고 칭하기도 합니다.

커널 트릭

앞에서 SVM의 핵심은 주어진 데이터 분포 속에서 결정 경계를 찾아내는 것이라고 이야기했습니다. 2차원 공간에서는 두 개의 데이터 집합을 가로지르는 선을 찾는 것이고, 3차원 공간에서는 두 개의 데이터 집합을 가로지르는 초평면을 찾는 것이죠.

아래 그림을 보겠습니다. 세모와 동그라미 집단을 구분 짓는 결정 경계를 찾을 수 있나요?

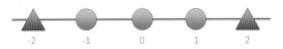

그림 4.3.7 1차원 데이터의 결정 경계 찾기

1차원의 결정 경계는 0차원으로 나타나니 점 하나로 세모 집단과 동그라미 집단을 구분해야 합니다.

하지만 점 하나로 완벽히 세모 집단과 동그라미 집단을 구분하는 방법은 동그라미들이 두 세모 사이에 위치하고 있기 때문에 아래의 그림에서 확인할 수 있듯이 존재하지 않습니다.

그림 4.3.8 세모(2,0)가 잘못 분류됨

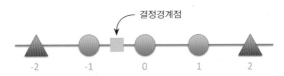

그림 4.3.9 동그라미(-1,0), 세모(2,0)가 잘못 분류됨

N−1차원의 초평면으로 두 데이터 집단을 구분해야 하는 SVM의 입장에서 이 문제는 상당히 흥미로운 문제였으며, 주어진 저차원 벡터 공간의 데이터(벡터)를 고차원 벡터 공간으로 옮겨줌으로써 결정 경계를 찾는 방법을 고안하게 됩니다.

1차원 데이터는 x축 위의 점들이지만 이 데이터들을 2차원으로 옮겨줄 경우 y축이 생기게 되겠죠. $y = x^2$라는 함수를 통해 1차원 데이터를 2차원으로 옮기면 아래의 표와 같은 결과를 얻을 수 있습니다.

표 4.3.1 농구선수 데이터

1차원 데이터(x)	2차원 데이터(x,y)
−2	(−2,4)
−1	(−1,1)
0	(0,0)
1	(1,1)
2	(2,4)

위의 데이터들을 2차원 공간에 시각화하면 다음 그림과 같습니다.

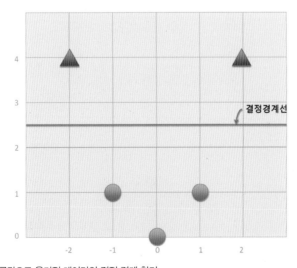

그림 4.3.10 2차원 공간으로 옮겨진 데이터의 결정 경계 찾기

2차원 공간으로 옮겨진 데이터들이 1차원의 결정 경계선으로 완벽히 분리된 것을 확인할 수 있습니다.

예제와 같이 저차원의 데이터를 고차원의 데이터로 옮겨주는 함수를 매핑 함수라고 합니다. 하지만 이 매핑 함수를 가지고 실제로 많은 양의 데이터를 저차원에서 고차원으로 옮기기에 는 계산량이 너무 많아서 현실적으로 사용하기가 어렵습니다. 그래서 실제로 데이터를 고차 원으로 보내진 않지만 보낸 것과 동일한 효과를 줘서 매우 빠른 속도로 결정 경계선을 찾는 방법이 고안됐으며, 그 방법이 바로 커널 트릭(kernel trick)입니다.

아래 그림은 2차원 벡터 공간의 데이터를 3차원 벡터 공간으로 옮겨서 결정 경계를 찾는 예 입니다.

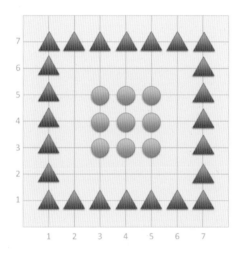

그림 4.3.11 2차원 공간에 표현된 데이터

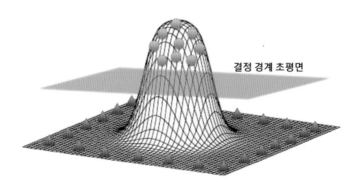

그림 4.3.12 3차원 공간으로 옮겨진 데이터의 결정 경계 찾기

예를 들어, 케익 위에 파란색 양초가 꽂혀 있고, 케익 주변에 빨간색 양초들이 나열돼 있는데, 누군가가 케익 위에서 사진을 찍었을 때 그 사진은 2차원 상의 데이터처럼 표현될 것입니다. 한칼에 파란색 양초들을 분리하는 것이 사진 상에서는 불가능해 보이지만 실제로 케익을 자를 경우에는 한칼로 파란색 양초들을 빨간색 양초들과 분리할 수 있습니다. 이처럼 저차원에서 결정 경계를 찾지 못할 때 고차원으로 데이터(벡터)를 옮겨서 결정 경계를 찾는 법이 커널 트릭입니다.

3차원 벡터 공간에서의 결정 경계는 2차원 공간에서 다음과 같이 표현될 수 있습니다.

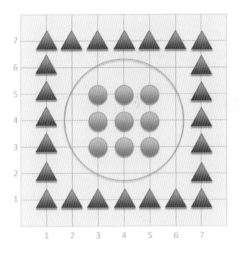

그림 4.3.13 2차원 공간에 표현된 결정 경계선

이처럼 SVM이 2차원 벡터 공간 상에서 직선이 아닌 결정 경계선으로 데이터를 분류한 예제를 보신다면 모두 커널 트릭의 결과라고 보시면 되겠습니다.

- **선형 SVM**: 커널을 사용하지 않고 데이터를 분류. 비용(C)을 조절해서 마진의 크기를 조절할 수 있다.

- **커널 트릭**: 선형 분리가 주어진 차원에서 불가능할 경우 고차원으로 데이터를 옮기는 효과를 통해 결정 경계를 찾음. 비용(C)과 gamma(RBF 커널에서 추가 설명)를 조절해서 마진을 조절할 수 있다.

커널 기법의 종류는 다양하지만 이번 장의 실습에서는 가장 일반적으로 많이 사용되는 가우시안 RBF 커널을 사용하겠습니다. 가우시안 RBF 커널은 데이터포인트에 적용되는 가우시안 함수의 표준편차를 조정함으로써 결정 경계의 곡률을 조정합니다. 이 표준편차 조정 변수를 감마(gamma)라고 부릅니다.

감마가 커지면 데이터포인트별로 허용하는 표준편차가 작아져서 결정 경계가 작아지면서 구부러집니다.

아래 그림에서 감마의 크기에 따른 결정 경계 곡률의 차이를 보실 수 있습니다.

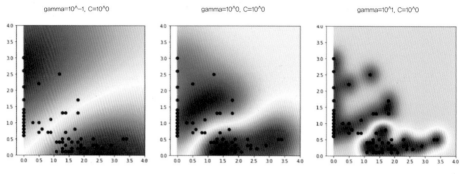

그림 4.3.14 감마의 크기에 따른 결정 경계의 곡률 차이

파라미터 튜닝

이번 SVM 실습을 할 때는 정확도를 높이기 위해 조절 가능한 파라미터로 딱 두 개만 기억하면 됩니다. 바로 비용(cost)과 감마(gamma)이며, 수치를 조정함으로써 정확도를 높일 수 있습니다.

- **비용**: 마진 너비 조절 변수. 클수록 마진 너비가 좁아지고, 작을수록 마진 너비가 넓어진다.
- **감마**: 커널의 표준 편차 조절 변수. 작을수록 데이터포인트의 영향이 커져서 경계가 완만해지고, 클수록 데이터포인트가 결정 경계에 영향을 적게 미쳐 경계가 구부러진다.

SVM 알고리즘의 장점과 단점

지금까지 SVM 알고리즘에 대해 알아봤습니다. 실습하기에 앞서 마지막으로 이 알고리즘의 장점과 단점을 간략히 정리해 보겠습니다.

먼저 장점은 다음과 같습니다.

첫째, 커널 트릭을 사용함으로써 특성이 다양한 데이터를 분류하는 데 강하다는 장점이 있습니다. N개의 특성을 가진 데이터는 N차원 공간의 데이터 포인트로 표현되고, N차원 공간 또는 그 이상의 공간에서 초평면을 찾아 데이터 분류가 가능하기 때문입니다.

둘째, 파라미터(C, gamma)를 조정해서 과대적합 및 과소적합에 대처할 수 있습니다.

셋째, 적은 학습 데이터로도 딥러닝만큼 정확도가 높은 분류를 기대할 수 있습니다.

단점은 다음과 같습니다.

첫째, 데이터 전처리 과정(data preprocessing)이 상당히 중요합니다. 특성이 비슷한 수치로 구성된 데이터, 예를 들면 앞에서 실습한, 농구선수의 3점숏 횟수, 블로킹 횟수로 농구선수 포지션 예측하기 같은 경우에는 SVM을 쉽게 활용할 수 있지만 특성이 다양하거나 혹은 확연히 다른 경우에는 데이터 전처리 과정을 통해 데이터 특성 그대로 벡터 공간에 표현해야 합니다.

둘째, 특성이 많을 경우 결정 경계 및 데이터의 시각화가 어렵습니다. 결정 경계를 시각화하기가 어렵다 보니 수학적 전문 지식이 없는 사람에게는 SVM의 분류 결과를 이해하기 힘듭니다.

4.3.2 [실습] 농구선수의 게임 기록을 학습해서 포지션을 예측해보자

이번 실습에서는 NBA 농구선수의 게임 데이터를 사용해 임의의 선수의 포지션을 예측해 보겠습니다. NBA 농구선수 게임 데이터 분석은 4.2장 실습을 참조해 주세요.

최적의 SVM 파라미터 찾기

이번 SVM 실습[9]에서는 RBF 커널을 사용하므로 총 2개의 파라미터가 있습니다. 첫 번째는

비용(C)입니다. 비용은 마진의 너비를 조정하는 파라미터입니다. 두 번째는 감마입니다. 감마는 결정 경계선의 곡률을 조정하는 파라미터입니다.

사이킷런의 그리드 서치(gridsearch)[10]를 사용하면 간편하게 최적의 비용과 감마를 알아낼 수 있습니다. 그리드 서치는 개발자가 부여한 비용과 감마 후보들을 모두 조합해서 최적의 비용과 감마 조합을 찾아냅니다. 다음은 최적의 비용과 감마를 알아내기 위한 코드입니다.

```python
from sklearn.model_selection import GridSearchCV
from sklearn.metrics import classification_report
from sklearn.metrics import accuracy_score
from sklearn.svm import SVC  import numpy as np

def svc_param_selection(X, y, nfolds):
    svm_parameters = [
                    {'kernel': ['rbf'],
                     'gamma': [0.00001,0.0001, 0.001, 0.01, 0.1, 1],
                     'C': [0.01, 0.1, 1, 10, 100, 1000]
                    }]
    # 사이킷런에서 제공하는 GridSearchCV를 사용해 최적의 파라미터를 구함
    clf = GridSearchCV(SVC(), svm_parameters, cv=10)
    clf.fit(X_train, y_train.values.ravel())
    print(clf.best_params_)

    return clf

# 3점슛과 블로킹 횟수를 학습 데이터로 사용
X_train = train[['3P', 'BLK']]

# 농구선수 포지션을 예측값으로 선정
y_train = train[['Pos']]

# 최적의 파라미터로 학습된 모델을 clf로 저장
clf = svc_param_selection(X_train, y_train.values.ravel(), 10)
```

---

10 https://scikit-learn.org/stable/modules/generated/sklearn.model_selection.GridSearchCV.html

실행 결과는 다음과 같습니다.

```
{'C': 1, 'gamma': 0.1, 'kernel': 'rbf'}
```

이로써 실습을 위한 SVM의 최적의 비용(C)은 1, 감마는 0.1임을 알 수 있습니다.

결정 경계선 시각화

이제 최적의 파라미터로 학습된 SVM 모델을 시각화[11] 해보겠습니다. 다른 파라미터로 학습된 SVM 모델들과 함께 시각화함으로써 그리드 서치로 선택된 파라미터들이 최적의 파라미터인지 아닌지 눈으로 확인할 수 있습니다.

```
# 시각화할 비용 후보들을 저장
C_canditates = []
C_canditates.append(clf.best_params_['C'] * 0.01)
C_canditates.append(clf.best_params_['C'])
C_canditates.append(clf.best_params_['C'] * 100)

# 시각화할 감마 후보들을 저장
gamma_candidates = []
gamma_candidates.append(clf.best_params_['gamma'] * 0.01)
gamma_candidates.append(clf.best_params_['gamma'])
gamma_candidates.append(clf.best_params_['gamma'] * 100)

# 3점슛과 블로킹 횟수로 학습
X = train[['3P', 'BLK']]
# 농구선수 포지션을 학습 모델의 분류값으로 사용
Y = train['Pos'].tolist()

# 시각화를 위해 센터(C)와 슈팅가드(SG)를 숫자로 표현
position = []
for gt in Y:
  if gt == 'C':
    position.append(0)
```

---

11 https://scikit-learn.org/stable/auto_examples/svm/plot_rbf_parameters.html

```python
        else:
            position.append(1)

classifiers = []

# 파라미터 후보들을 조합해서 학습된 모델들을 저장
for C in C_canditates:
    for gamma in gamma_candidates:
        clf = SVC(C=C, gamma=gamma)
        clf.fit(X, Y)
        classifiers.append((C, gamma, clf))

# 각 모델을 시각화
plt.figure(figsize=(18, 18))
xx, yy = np.meshgrid(np.linspace(0, 4, 100), np.linspace(0, 4, 100))

for (k, (C, gamma, clf)) in enumerate(classifiers):
    Z = clf.decision_function(np.c_[xx.ravel(), yy.ravel()])
    Z = Z.reshape(xx.shape)

    plt.subplot(len(C_canditates), len(gamma_candidates), k + 1)
    plt.title("gamma=10^%d, C=10^%d" % (np.log10(gamma), np.log10(C)),
                size='medium')

    plt.pcolormesh(xx, yy, -Z, cmap=plt.cm.RdBu)
    plt.scatter(X['3P.'], X['BLK'], c=position, cmap=plt.cm.RdBu_r,
        edgecolors='k')
```

실행 결과 다음과 같은 차트를 볼 수 있습니다.

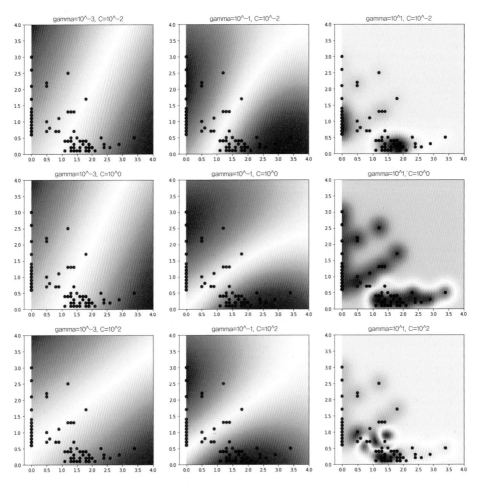

그림 4.3.15 파라미터에 따른 결정 경계선의 차이

먼저 9개의 결과 중 가장 가운데에 있는 차트를 보겠습니다. 가장 가운데에 있는 차트가 바로 gridsearch를 통해 얻은 C와 감마를 사용해 학습한 SVM 모델이며, 균등하게 두 그룹이 분류된 것을 확인할 수 있습니다.

결과 차트들을 좌에서 우로 비교해 보면 감마의 크기에 따른 결정 경계의 곡률 변화를 눈으로 확인할 수 있습니다.

결과 차트들의 위에서 아래로 비교하면 C의 크기에 따른 결정 경계선의 위치 변환을 눈으로 확인할 수 있습니다.

모델 테스트

이제 gridsearch를 통해 얻은 C와 감마를 사용해 학습된 모델을 테스트해 보겠습니다. 테스트 코드는 다음과 같습니다.

```python
X_test = test[['3P', 'BLK']]
y_test = test[['Pos']]

# 최적의 파라미터로 학습된 모델로 테스트를 진행
y_true, y_pred = y_test, clf.predict(X_test)

print(classification_report(y_true, y_pred))
print()
print("accuracy : "+ str(accuracy_score(y_true, y_pred)) )
```

실행 결과는 다음과 같습니다.

```
              precision    recall   f1-score    support
         C        0.88       0.88      0.88          8
        SG        0.92       0.92      0.92         12
avg / total        0.90       0.90      0.90         20

accuracy : 0.9
```

코드를 실행하면 위와 같은 테스트 결과 정확도(accuracy)를 얻을 수 있습니다. 학습 데이터와 테스트 데이터가 무작위로 분리됐기 때문에 제 코드의 실행 결과는 여러분의 실행 결과와다를 수 있습니다. 참고로 저는 최저 0.75에서 최대 1.0까지의 모델 정확도를 확인했습니다.

실제값과 예측된 값을 직접 눈으로 비교하고 싶다면 다음 코드를 실행합니다.

```python
comparison = pd.DataFrame({'prediction': y_pred,
                           'ground_truth': y_true.values.ravel()})
comparison
```

실행 결과는 다음과 같습니다. ground_truth는 실제값, prediction은 예측값을 의미합니다.

표 4.3.2 실제값과 SVM의 예측값 비교

	ground_truth	prediction
0	C	C
1	C	C
2	SG	C
3	SG	SG
4	C	C
5	SG	SG
6	SG	SG
7	SG	SG
8	SG	C
9	C	C
10	SG	SG
11	C	C
12	C	C
13	SG	SG
14	C	C
15	SG	SG
16	C	C
17	SG	SG
18	SG	SG
19	C	C

SVM 결과를 직접 시각화해보니 농구선수 20명의 포지션을 성공적으로 예측했음을 한눈에 볼 수 있습니다.

이로써 SVM 실습을 마칩니다. 실습에 사용된 전체 코드 및 실행 결과는 깃허브 저장소[12]에서 확인할 수 있습니다.

---

12 https://github.com/wikibook/machine-learning/blob/2.0/jupyter_notebook/4.2_농구선수_데이터분석.ipynb
https://github.com/wikibook/machine-learning/blob/2.0/jupyter_notebook/4.3_svm_농구선수_포지션_예측_실습.ipynb

4.4 의사결정 트리

의사결정 트리(decision tree)는 데이터 분류 및 회귀에 사용되는 지도학습 알고리즘입니다. 이번 장에서는 의사결정 트리를 이용한 데이터 분류에 대해 알아보겠습니다.

의사결정 트리의 가장 큰 장점은 다른 알고리즘에 비해 결괏값이 왜, 어떻게 나왔는지 이해하기가 상당히 쉽다는 것입니다. 또한 높은 정확도 역시 상당히 큰 장점 중 하나입니다. 하지만 과대적합되기 쉬운 알고리즘이라는 단점도 있습니다. 이번 장에서는 의사결정 트리의 특징과 장단점에 대해 차근차근 알아보겠습니다.

4.4.1 [이론] 의사결정 트리

의사결정 트리 알고리즘의 이해

스무고개라는 놀이가 있습니다. 기본적인 놀이 방법은 술래 한 명을 정하고, 나머지 사람들은 최대 20번까지 술래에게 질문해서 술래가 생각하는 물건을 맞추는 것입니다. 예를 들어, 술래가 머릿속에서 "아이스크림"을 생각합니다. 질문자 중 한 명이 술래에게 "생각한 물건이 먹을 수 있는 건가요?"라고 질문하면 술래가 "네"라고 대답합니다. 다음 질문자가 "그 물건은 차가운 건가요?"라고 질문하면 술래가 "네"라고 대답합니다. 다음 질문자가 "액체인가요?"라고 질문하면, 술래가 "아니요"라고 대답합니다. 다음 질문자가 "단맛인가요?"라고 질문하면, 술래가 "네"라고 대답합니다. 이때쯤 질문자 중 한명이 "아이스크림"이라고 정답을 외치게 됩니다.

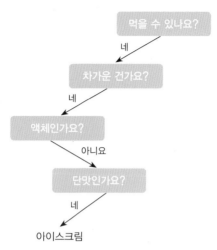

그림 4.4.1 스무고개 놀이의 시각화

의사결정 트리 알고리즘은 방금 설명한 스무고개의 알고리즘과 상당히 비슷합니다. 데이터의 특징을 바탕으로 데이터를 연속적으로 분리하다 보면 결국 하나의 정답으로 데이터를 분류할 수 있습니다.

스무고개 놀이에서 적은 질문으로 정답을 맞추기 위해서는 의미 있는 질문을 먼저 하는 것이 중요하듯이 의사결정 트리에서도 의미 있는 질문을 먼저 하는 것이 상당히 중요합니다. 데이터의 특징 속에서 분류에 큰 영향을 끼치는 특징을 발견하고, 상위 노드로 선택하는 알고리즘이 바로 의사결정 트리 알고리즘의 핵심이라고 할 수 있습니다.

그럼 다음과 같은 데이터가 있을 때 어떤 질문을 먼저 하는 것이 그 사람이 남자인지 여자인지 구분하기에 더 효율적일까요?

표 4.4.1 남자와 여자를 구분하기 위한 데이터

이름	군대를 다녀왔는가?	긴 생머리인가?	성별
김덕수	네	아니요	남자
이쁜이	아니요	아니요	여자
박장군	네	아니요	남자
최빛나	아니요	네	여자

이름	군대를 다녀왔는가?	긴 생머리인가?	성별
최강민	네	아니요	남자
지화자	아니요	아니요	여자

군대를 다녀왔는지를 먼저 물어보는 경우 아래와 같이 한 번에 남자와 여자가 분류됩니다.

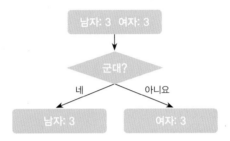

그림 4.4.2 군대를 다녀왔는지를 먼저 물어보는 경우

긴 생머리인지 먼저 물어보는 경우 다음과 같이 군대를 다녀왔는지를 한번 더 물어봐야만 남자와 여자가 모두 분류됩니다.

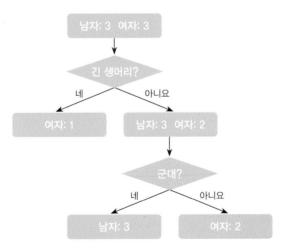

그림 4.4.3 긴 생머리인지를 먼저 물어보는 경우

보다시피 군대를 다녀왔는지를 먼저 물어볼 경우 다음 질문을 할 필요 없이 바로 남자와 여자가 구분됩니다. 하지만 긴 생머리인지를 먼저 물어볼 경우 군대를 다녀왔는지 한 번 더 질문해야 모든 사람을 남자와 여자로 구분할 수 있습니다.

즉, 이 같은 데이터가 있을 때 군대를 다녀왔는지를 먼저 물어보는 것이 더 효율적이라고 할 수 있습니다.

머신러닝에서 의미 있는 질문이란 데이터의 특징 중 의미 있는 특징에 해당하며, 의사결정 트리의 핵심은 바로 영향력이 큰 특징을 상위 노드로, 영향력이 작은 특징은 하위 노드로 선택하는 것입니다. 이렇게 해서 트리가 완성된 후, 단순히 입력된 데이터의 특징에 맞게 트리를 순회해서 해당 레이블을 찾게 됩니다.

그럼 데이터가 주어졌을 때 의사결정 트리는 어떻게 특징별 영향력의 크고 작음을 비교할 수 있을까요? 크고 작음을 비교하기 위해 수치적인 결과가 필요하며, 의사결정 트리는 대표적으로 다음과 같은 두 가지 방법 중 하나를 사용합니다.

의사결정 트리 알고리즘과 정보 엔트로피의 관계

스무고개를 할 때 질문자는 질문을 하나 던질 때마다 약간씩의 정보를 획득합니다. 약간씩의 정보를 획득하는 과정은 정답에 대한 불확실성이 조금씩 줄어든다는 것과 같은 개념입니다. 정보 이론(Information Theory)에서는 이 불확실성을 수치적으로 표현한 값을 엔트로피(entropy)라고 표현하며, 정보 이득(information gain)은 질문 이전의 엔트로피에서 질문 후의 엔트로피를 뺀 값입니다. 즉, 불확실성이 줄어 든 정도를 정보 이득이라고 합니다.

그러므로 다음과 같은 식을 세울 수 있습니다.

질문 후의 정보 이득 = 질문 전의 엔트로피 - 질문 후의 엔트로피

이 식을 간단히 나타내면 다음과 같이 표현할 수도 있을 겁니다.

$$Gain(T,X) = Entropy(T) - Entropy(T,X)$$

확률을 바탕으로 정보 엔트로피를 구하는 공식

엔트로피를 구하는 공식은 다음과 같습니다.

$$\text{Entropy} = \sum_{i=1}^{m} -p_i \log_2 p_i$$

의사결정 트리 사례로 정보 엔트로피를 구해 보자

앞서 살펴본 남자와 여자를 구분하는 예제를 위의 공식에 대입해보면 다음과 같습니다.

```
엔트로피 = -p(남자)*log(p(남자))  -  p(여자)*log(p(여자))
```

의사결정 트리의 최초 엔트로피는 1이며, 계산 방법은 다음과 같습니다.

```
-(3/6) * log (3/6)  -  (3/6)*log (3/6) = 1
```

한 가지 특징에 대한 엔트로피 계산

데이터는 여러 특징(feature, 특성 또는 자질 또는 속성)으로 분리해 볼 수 있습니다. 예를 들어, 표 4.4.1에서 각 열(column)은 데이터의 특징을 나타냅니다. 예를 들어, 남자는 군대를 갔다 왔다는 특징이 있습니다.

이처럼 특징을 가지고 데이터를 분류할 수 있으므로 특징이 한 가지일 때의 엔트로피를 계산할 수 있다면 해당 특징을 활용했을 때의 정보 이득도 알아낼 수 있을 것입니다.

특징에 대한 엔트로피를 계산하는 공식

하나의 특징으로 데이터를 분리했을 때의 엔트로피는 다음과 같이 계산할 수 있습니다.

$$\text{Entropy} = \sum_{c \in X} P(c)E(c)$$

- *X*: 선택된 특징

- *c*: 선택된 특징에 의해 생성되는 하위 노드

- *P(c)*: 선택된 특징에 의해 생성된 하위 노드에 데이터가 속할 확률

- *E(c)*: 선택된 특징에 의해 생성된 하위 노드의 엔트로피

군대라는 특징으로 데이터를 분리했을 때의 엔트로피는 0이며, 계산 방법은 다음과 같습니다.

```
3/6 * E[3,0] + 3/6 * E[0,3] = 0
3/6 * (-(3/3)*log(3/3) - (0/3)*log(0/3)) + 3/6 * (-(0/3)*log0 - (3/3)*log(3/3))
```

긴생머리라는 특징으로 데이터를 분리했을 때의 엔트로피는 0.81이며, 계산 방법은 다음과 같습니다.

```
1/6 * E[0,1] + 5/6 * E[3,2]
1/6 * (-(0/1)*log(0/1) - (1/1)* log(1/1)) + 5/6 * (-(3/5)*log(3/5)-(2/5)*log(2/5))
```

- "군대"로 데이터를 분리할 때의 정보 이득 : 1

- "긴 생머리"로 데이터를 분리할 때의 정보 획득: 0.19

정보 이득이 높은 "군대"를 상위 노드로 선택할 경우 그림 4.4.2처럼 효율적인 의사결정 트리를 구성할 수 있고, 정보 이득이 상대적으로 적은 "긴 생머리"로 상위 노드를 선택할 경우 그림 4.4.3처럼 조금은 비효율적인 의사결정 트리가 구성되는 것을 확인할 수 있습니다.

지니 계수

특징에 의한 분리가 이진 분류로 나타날 경우 지니 계수(Gini coefficient)를 사용할 수 있습니다. 사이킷런의 의사결정 트리[13]는 CART(classification and regression tree) 타입의 의사결정 트리이며, CART는 트리의 노드마다 특징을 이진 분류하는 특징이 있기에 사이킷런은 트리를 구성할 때 기본적으로 지니 계수를 사용합니다.

지니 계수의 특징은 다음과 같습니다.

1. 특징이 항상 이진 분류로 나뉠 때 사용됨
2. 지니 계수가 높을수록 순도가 높음

여기서 순도가 높다는 뜻은 한 그룹에 모여있는 데이터들의 속성들이 많이 일치한다는 뜻입니다. 반대로 불순도가 높다는 뜻은 한 그룹에 여러 속성의 데이터가 많이 섞여 있다는 뜻입니다. 지니 계수가 높을수록 순도가 높으므로 의사결정 트리 알고리즘은 지니 계수가 높은 특징으로 의사결정 트리의 노드를 결정하게 됩니다.

지니 계수를 통해 의사결정 트리의 노드를 결정하는 순서는 다음과 같습니다.

1. 특징으로 분리된 두 노드의 지니 계수를 구함(P^2 + Q^2)
2. 특징에 대한 지니 계수를 구함

군대라는 특징으로 "군대를 다녀옴", "다녀오지 않음"으로 구분할 경우에는 다음과 같이 지니 계수를 구합니다.

군대를 다녀옴: (0/3)^2 + (3/3)^2 = 1

군대를 다녀오지 않음: (3/3)^2 + (0/3)^2 = 1

군대 특징의 지니 계수: 3/6 * 1 + 3/6 * 1 = 1

---

13 https://scikit-learn.org/stable/modules/tree.html

긴 생머리를 특징으로 "긴 생머리", "긴 생머리가 아님"으로 구분할 경우에는 다음과 같이 지니 계수를 구합니다.

> **긴생머리**: $(0/1)^2 + (1/1)^2 = 1$
>
> **긴생머리 아님**: $(3/5)^2 + (2/5)^2 = 13/25$
>
> **긴생머리 특징의 지니 계수**: $1/6 * 1 + 5/6 * 13/25 = 0.6$

군대의 지니 계수가 1로, 긴생머리의 지니 계수보다 높으므로 군대를 상위 노드로 선택하게 됩니다.

사이킷런을 이용하면 특별히 엔트로피나 지니 계수를 이해하지 않고도 손쉽게 의사결정 트리를 만들고 테스트할 수 있습니다. 하지만 의사결정 트리의 핵심인 트리 구성 알고리즘을 이해하지 않고서는 의사결정 트리를 만들 수는 있어도 최적화하는 데 한계가 있습니다. 실제로 의사결정 트리는 오버피팅되기 아주 쉬운 모델입니다. 트리 구성 알고리즘을 이해함으로써 ID3를 사용할지, 지니 계수를 사용할지, 트리의 깊이를 어느 정도까지 허용할지 등등을 고려해서 상황에 따라 최적의 의사결정 트리 모델을 만들 수 있습니다.

다중 분류

의사결정 트리는 다중 분류에도 탁월한 성능을 보입니다. 예를 들어, 서울의 강동, 강서, 강남, 강북을 2차원 공간에 표시하면 다음 그림과 같습니다.

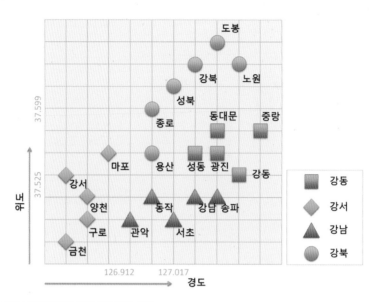

그림 4.4.4 서울시 행정구역에 대한 다중 분류 예제

의사결정 트리로 분류한 강동, 강서, 강남, 강북을 시각화하면 다음과 같습니다.

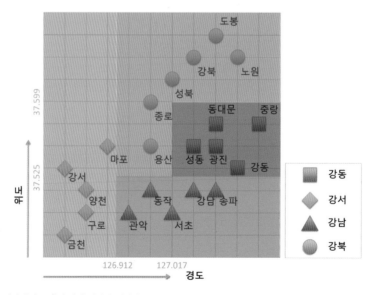

그림 4.4.5 의사결정 트리의 결정 경계면 시각화

위의 결과는 실제 사이킷런의 의사결정 트리로 학습한 결과이며, 각 지역의 경계는 다음과 같습니다.

> **강서**: 경도 126.912 이하 지점
>
> **강남**: 경도 126.912 이상, 위도 37.525 이하 지점
>
> **강동**: 경도 127.017 이상, 위도 37.525 이상 37.599 이하 지점
>
> **강북**: 경도 126.912 이상, 경도 127.017 이하, 위도 37.525 이상 위도 37.599 이하 지점 및
>
> 경도 126.912 이상 위도 37.599 이상 지점

위의 경계를 트리로 시각화하면 더욱 이해하기 쉬우며, 다음과 같이 표현할 수 있습니다.

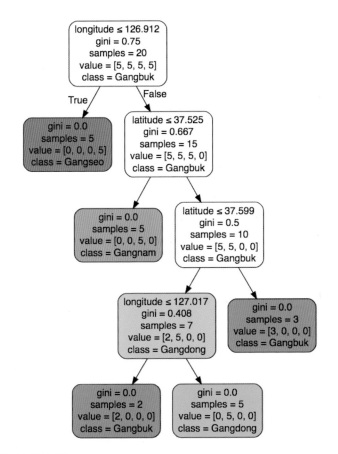

그림 4.4.6 의사결정 트리 시각화

의사결정 트리의 장점과 단점

지금까지 의사결정 트리 알고리즘에 대해 알아봤습니다. 실습하기에 앞서 마지막으로 이 알고리즘의 장점과 단점을 간략히 정리해보겠습니다.

먼저 장점은 다음과 같습니다.

   첫째, 수학적인 지식이 없어도 결과를 해석하고 이해하기 쉽습니다.

   둘째, 수치 데이터 및 범주 데이터에 모두 사용 가능합니다.

의사결정 트리의 가장 큰 단점은 과대적합의 위험이 높다는 점입니다. 의사결정 트리 학습 시 적절한 리프 노드의 샘플 개수와 트리의 깊이에 제한을 둬서 학습 데이터에 너무 모델이 치우치지 않게 주의해야 합니다. 사이킷런의 의사결정 트리를 사용하면 과대적합을 피하기 위한 리프 노드의 샘플 개수 및 트리의 깊이 제한을 손쉽게 설정할 수 있으며, 실습에서 직접 다뤄 보겠습니다.

4.4.2 [실습] 서울 지역(강동, 강서, 강남 ,강북) 다중 분류하기

이번 실습에서는 서울의 지역 정보를 활용해 서울 지역을 강동, 강서, 강남, 강북으로 분류해 보겠습니다.

문제 정의

서울 지역(구)의 경도와 위도 정보를 학습해서 임의로 입력된 지역(동)을 강동, 강서, 강남, 강북으로 분류하는 모델을 구현해 보겠습니다. 즉, 특정 지역이 강동구인지, 강서구인지, 아니면 강남구나 강북구인지를 알아내는 모델을 구현해 보려고 합니다.

데이터 획득

리스트 데이터에 붙인 레이블의 의미는 다음과 같습니다.

district: 행정 구역(서초구, 송파구 등, 서울의 단위 지역 분류)

dong: 구(district)보다 작은 행정구역(대치동, 도곡동 등)

latitude: 위도

longitude: 경도

label: 한강 기준으로 동, 서, 남, 북으로 구분한 지역 명칭(강동, 강서, 강남, 강북)

```
district_dict_list = [
 {'district': 'Gangseo-gu', 'latitude': 37.551000,
  'longitude': 126.849500, 'label':'Gangseo'},
 {'district': 'Yangcheon-gu', 'latitude': 37.52424,
  'longitude': 126.855396, 'label':'Gangseo'},
 {'district': 'Guro-gu', 'latitude': 37.4954,
  'longitude': 126.8874, 'label':'Gangseo'},
 {'district': 'Geumcheon-gu', 'latitude': 37.4519,
  'longitude': 126.9020, 'label':'Gangseo'},
 {'district': 'Mapo-gu', 'latitude': 37.560229,
  'longitude': 126.908728, 'label':'Gangseo'},
 {'district': 'Gwanak-gu', 'latitude': 37.487517,
  'longitude': 126.915065, 'label':'Gangnam'},
 {'district': 'Dongjak-gu', 'latitude': 37.5124,
  'longitude': 126.9393, 'label':'Gangnam'},
 {'district': 'Seocho-gu', 'latitude': 37.4837,
  'longitude': 127.0324, 'label':'Gangnam'},
 {'district': 'Gangnam-gu', 'latitude': 37.5172,
  'longitude': 127.0473, 'label':'Gangnam'},
 {'district': 'Songpa-gu', 'latitude': 37.503510,
  'longitude': 127.117898, 'label':'Gangnam'},
 {'district': 'Yongsan-gu', 'latitude': 37.532561,
  'longitude': 127.008605, 'label':'Gangbuk'},
 {'district': 'Jongro-gu', 'latitude': 37.5730,
  'longitude': 126.9794, 'label':'Gangbuk'},
 {'district': 'Seongbuk-gu', 'latitude': 37.603979,
  'longitude': 127.056344, 'label':'Gangbuk'},
 {'district': 'Nowon-gu', 'latitude': 37.6542,
  'longitude': 127.0568, 'label':'Gangbuk'},
```

```python
    {'district': 'Dobong-gu', 'latitude': 37.6688,
     'longitude': 127.0471, 'label':'Gangbuk'},
    {'district': 'Seongdong-gu', 'latitude': 37.557340,
     'longitude': 127.041667, 'label':'Gangdong'},
    {'district': 'Dongdaemun-gu', 'latitude': 37.575759,
     'longitude': 127.025288, 'label':'Gangdong'},
    {'district': 'Gwangjin-gu', 'latitude': 37.557562,
     'longitude': 127.083467, 'label':'Gangdong'},
    {'district': 'Gangdong-gu', 'latitude': 37.554194,
     'longitude': 127.151405, 'label':'Gangdong'},
    {'district': 'Jungrang-gu', 'latitude': 37.593684,
     'longitude': 127.090384, 'label':'Gangdong'}
]

train_df = pd.DataFrame(district_dict_list)
train_df = train_df[['district', 'longitude', 'latitude', 'label']]
```

다음은 서울의 대표적인 동 위치 데이터입니다. 동 정보는 테스트 시 사용하겠습니다.

```python
dong_dict_list = [
    {'dong': 'Gaebong-dong', 'latitude': 37.489853,
     'longitude': 126.854547, 'label':'Gangseo'},
    {'dong': 'Gochuk-dong', 'latitude': 37.501394,
     'longitude': 126.859245, 'label':'Gangseo'},
    {'dong': 'Hwagok-dong', 'latitude': 37.537759,
     'longitude': 126.847951, 'label':'Gangseo'},
    {'dong': 'Banghwa-dong', 'latitude': 37.575817,
     'longitude': 126.815719, 'label':'Gangseo'},
    {'dong': 'Sangam-dong', 'latitude': 37.577039,
     'longitude': 126.891620, 'label':'Gangseo'},
    {'dong': 'Nonhyun-dong', 'latitude': 37.508838,
     'longitude': 127.030720, 'label':'Gangnam'},
    {'dong': 'Daechi-dong', 'latitude': 37.501163,
     'longitude': 127.057193, 'label':'Gangnam'},
    {'dong': 'Seocho-dong', 'latitude': 37.486401,
     'longitude': 127.018281, 'label':'Gangnam'},
    {'dong': 'Bangbae-dong', 'latitude': 37.483279,
     'longitude': 126.988194, 'label':'Gangnam'},
```

```
{'dong': 'Dogok-dong', 'latitude': 37.492896,
 'longitude': 127.043159, 'label':'Gangnam'},
{'dong': 'Pyoungchang-dong', 'latitude': 37.612129,
 'longitude': 126.975724, 'label':'Gangbuk'},
{'dong': 'Sungbuk-dong', 'latitude': 37.597916,
 'longitude': 126.998067, 'label':'Gangbuk'},
{'dong': 'Ssangmoon-dong', 'latitude': 37.648094,
 'longitude': 127.030421, 'label':'Gangbuk'},
{'dong': 'Ui-dong', 'latitude': 37.648446,
 'longitude': 127.011396, 'label':'Gangbuk'},
{'dong': 'Samcheong-dong', 'latitude': 37.591109,
 'longitude': 126.980488, 'label':'Gangbuk'},
{'dong': 'Hwayang-dong', 'latitude': 37.544234,
 'longitude': 127.071648, 'label':'Gangdong'},
{'dong': 'Gui-dong', 'latitude': 37.543757,
 'longitude': 127.086803, 'label':'Gangdong'},
{'dong': 'Neung-dong', 'latitude': 37.553102,
 'longitude': 127.080248, 'label':'Gangdong'},
{'dong': 'Amsa-dong', 'latitude': 37.552370,
 'longitude': 127.127124, 'label':'Gangdong'},
{'dong': 'Chunho-dong', 'latitude': 37.547436,
 'longitude': 127.137382, 'label':'Gangdong'}
]

test_df = pd.DataFrame(dong_dict_list)
test_df = test_df[['dong', 'longitude', 'latitude', 'label']]
```

학습 데이터의 레이블 분포

학습 데이터의 레이블 분포는 다음과 같이 확인할 수 있습니다.

```
train_df.label.value_counts()
```

```
Gangseo    5
Gangbuk    5
Gangdong   5
Gangnam    5
```

학습 데이터의 레이블은 강서, 강북, 강동, 강남으로 총 4개의 값으로 5개씩 일정한 양으로 분포돼 있음을 확인할 수 있습니다.

테스트 데이터의 레이블 분포

테스트 데이터의 레이블 분포 역시 다음과 같이 확인할 수 있습니다.

```
test_df.label.value_counts()
```

```
Gangseo   5
Gangbuk   5
Gangdong  5
Gangnam   5
```

테스트 데이터의 레이블 역시 강서, 강북, 강동, 강남으로 총 4개의 값으로 5개씩 일정한 양으로 분포돼 있음을 확인할 수 있습니다.

데이터 시각화

데이터를 시각화하기 전에 먼저 학습 데이터를 조회해 보겠습니다. 주피터 노트북에 다음과 같은 명령어를 입력합니다.

```
train_df.head()
```

district	longitude	latitude	label
Gangseo-gu	126.849500	37.551000	Gangseo
Yangcheon-gu	126.855396	37.524240	Gangseo
Guro-gu	126.887400	37.495400	Gangseo
Geumcheon-gu	126.902000	37.451900	Gangseo
Mapo-gu	126.908728	37.560229	Gangseo

보다시피 각 데이터는 서울시의 각 구(district)의 이름과 경도(longitude), 위도(latitude) 정보, 그리고 해당 지역이 강동, 강서, 강남, 강북 중 어느 구역에 속하는지에 대한 정보를 담고 있습니다. 경도와 위도 정보를 활용해 이차원 차트에 데이터를 시각화해 보겠습니다.

```
import matplotlib.pyplot as plt
import seaborn as sns %matplotlib inline

sns.lmplot('longitude', 'latitude', data=train_df, fit_reg=False,
scatter_kws={"s": 150},
markers=["o", "x", "+", "*"],
hue="label")
# title
plt.title('district visualization in 2d plane')
```

코드를 실행하면 아래와 같은 차트를 보실 수 있습니다.

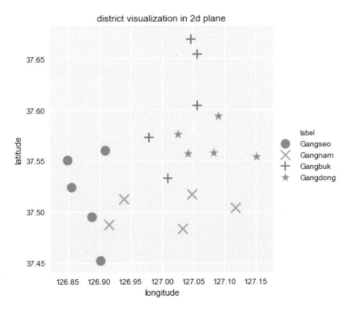

그림 4.4.7 데이터포인트 시각화

강서는 동그라미, 강북은 +, 강남은 X, 강동은 별 모양으로 표시했습니다.

시각화를 통해 강서는 중심으로부터 서쪽에, 강동은 중심으로부터 동쪽에, 강북은 중심으로부터 북쪽에, 강남은 중심으로부터 남쪽에 위치하는 패턴을 쉽게 눈으로 파악할 수 있습니다.

데이터 다듬기

앞서 시각화를 통해 구 이름과 동 이름이 학습이나 테스트에 별 영향을 미치지 않는다는 점을 알 수 있었습니다. 그러므로 학습 및 테스트에 필요 없는 특징을 데이터에서 제거합니다. 구 이름과 동 이름은 학습과 테스트에 필요하지 않으므로 제거하겠습니다.

```
train_df.drop(['district'], axis=1, inplace = True)
test_df.drop(['dong'], axis=1, inplace = True)

X_train = train_df[['longitude', 'latitude']]
y_train = train_df[['label']]

X_test = test_df[['longitude', 'latitude']]
y_test = test_df[['label']]
```

모델 학습

이번 실습에서는 의사결정 트리 모델을 학습해 보겠습니다. 사이킷런의 의사결정 트리를 로드해서 학습해 보겠습니다.

```
from sklearn import tree
import numpy as np
import matplotlib.pyplot as plt
from sklearn import preprocessing

le = preprocessing.LabelEncoder()
y_encoded = le.fit_transform(y_train)
clf = tree.DecisionTreeClassifier(random_state=35).fit(X_train, y_encoded)
```

학습된 의사결정 트리를 시각화[14]해볼까요? 다음 코드는 의사결정 트리를 시각화하는 함수입니다.

```python
def display_decision_surface(clf,X, y):
    x_min = X.longitude.min() - 0.01
    x_max = X.longitude.max() + 0.01
    y_min = X.latitude.min() - 0.01
    y_max = X.latitude.max() + 0.01

    n_classes = len(le.classes_)
    plot_colors = "rywb"
    plot_step = 0.001

    xx, yy = np.meshgrid(np.arange(x_min, x_max, plot_step),
                        np.arange(y_min, y_max, plot_step))

    Z = clf.predict(np.c_[xx.ravel(), yy.ravel()])
    Z = Z.reshape(xx.shape)
    cs = plt.contourf(xx, yy, Z, cmap=plt.cm.RdYlBu)

    for i, color in zip(range(n_classes), plot_colors):
        idx = np.where(y == i)
        plt.scatter(X.loc[idx].longitude, X.loc[idx].latitude,
                    c=color, label=le.classes_[i],
                    cmap=plt.cm.RdYlBu, edgecolor='black', s=200)

    plt.title("Decision surface of a decision tree",fontsize=16)
    plt.legend(bbox_to_anchor=(1.05, 1),
            loc=2, borderaxespad=0., fontsize=14)
    plt.xlabel('longitude',fontsize=16)
    plt.ylabel('latitude',fontsize=16
    plt.rcParams["figure.figsize"] = [7,5]
    plt.rcParams["font.size"] = 14
    plt.rcParams["xtick.labelsize"] = 14
```

---

14 https://scikit-learn.org/stable/auto_examples/tree/plot_iris.html

```
plt.rcParams["ytick.labelsize"] = 14
plt.show()
```

파라미터 없이 학습한 모델의 결정 표면 시각화

의사결정 트리는 과대적합되기가 상당히 쉬운 모델입니다. 사이킷런의 의사결정 트리는 과대
적합을 피할 수 있도록 별도의 파라미터를 제공하고 있지만 특별히 파라미터를 설정하지 않
을 경우 모델은 학습되지만 과대적합될 가능성이 높습니다. 여기서는 아무런 파라미터 설정
없이 학습 데이터를 학습한 의사결정 트리의 결정 표면을 시각화해 보겠습니다.

```
display_decision_surface(clf,X_train, y_encoded)
```

실행 결과를 다음 차트로 확인할 수 있습니다.

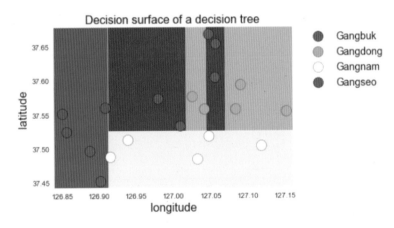

그림 4.4.8 과대적합된 의사결정 트리의 결정 경계면 시각화

위 차트의 공간을 서울이라고 가정할 경우 과연 이 의사결정 트리가 올바르게 학습됐다고 할
수 있을까요? 강북 사이에 강동에 해당하는 데이터들이 보이는 것으로 봐서는 학습 데이터에
만 너무 치우치게 학습됐다. 즉 과대적합됐다고 판단할 수 있습니다.

다음은 과대적합을 피하기 위해 다음과 같은 별도의 파라미터를 설정한 의사결정 트리의 예입니다.

- max_depth: 트리의 최대 한도 깊이

- min_samples_split: 자식 노드를 갖기 위한 최소한의 데이터 개수

- min_samples_leaf: 리프 노드의 최소 데이터 개수

- random_state: 동일한 정수를 입력했을 때 학습 결과를 항상 같게 만들어주는 파라미터

```
clf = tree.DecisionTreeClassifier(max_depth=4,
                                  min_samples_split=2,
                                  min_samples_leaf=2,
                                  random_state=70).fit(X_train, y_encoded.ravel())
display_decision_surface(clf,X_train, y_encoded)
```

코드를 실행하면 다음과 같이 의사결정 표면을 시각화한 차트를 보실 수 있습니다. 과대적합된 이전의 모델보다 우리가 목표로 설정한 강동, 강서, 강남, 강북을 구분하기에 더 적절한 의사결정 표면을 확인할 수 있습니다.

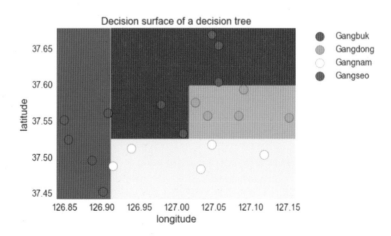

그림 4.4.9 최적화된 의사결정 트리의 결정 경계면 시각화

보다시피 이전 모델보다 확실히 강동, 강서, 강남, 강북을 구분하기가 더욱 명확해졌습니다.

의사결정 트리 시각화

의사결정 트리의 최대 장점은 예측이 이뤄진 과정을 쉽게 시각화해서 데이터 분석가들이 특별한 수학적 지식이 없어도 이해하기 쉽다는 것입니다. 다음 코드를 실행하면 학습된 의사결정 트리를 시각화할 수 있습니다.

```
import graphviz
dot_data = tree.export_graphviz(clf, out_file=None)
graph = graphviz.Source(dot_data)
graph.render("seoul")
dot_data = tree.export_graphviz(clf, out_file=None,
                feature_names=['longitude','latitude'],
                class_names=['Gangbuk', 'Gangdong', 'Gangnam', 'Gangseo'],
                filled=True, rounded=True,
                special_characters=True)

graph = graphviz.Source(dot_data)
graph
```

코드를 실행한 결과로 다음과 같은 트리를 볼 수 있습니다.

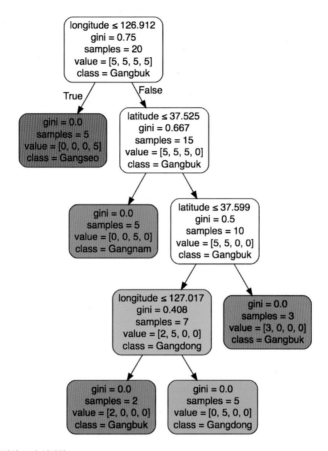

그림 4.4.10 의사결정 트리 시각화

- gini: 불순도 척도. 0일 경우 모든 샘플이 하나의 레이블을 가지며, 1에 가까울수록 여러 레이블이 한 노드에 존재함

- samples: 노드 안에 들어 있는 데이터의 개수

- value: 레이블별 데이터의 개수

- class: 레이블

모델 테스트

학습된 모델이 제대로 학습됐는지 테스트해 보겠습니다. 다음 코드를 실행해 테스트 데이터를 학습된 모델에 입력해서 예측값을 받아보겠습니다.

```python
from sklearn.metrics import accuracy_score
pred = clf.predict(X_test)
```

다음 코드를 실행해 모델 예측 정확도를 확인합니다.

```python
print("accuracy : " + str( accuracy_score(y_test.values.ravel(), le.classes_[pred])) )
```

```
accuracy: 1.0
```

정확도가 1.0이 나왔습니다. 다음 코드를 실행해 실제값과 예측값을 비교할 수 있습니다.

```python
comparison = pd.DataFrame({'prediction':le.classes_[pred],
                           'ground_truth':y_test.values.ravel()})
comparison
```

표 4.4.2 실제값과 예측값 비교

	ground_truth	prediction
0	Gangseo	Gangseo
1	Gangseo	Gangseo
2	Gangseo	Gangseo
3	Gangseo	Gangseo
4	Gangseo	Gangseo
5	Gangnam	Gangnam
6	Gangnam	Gangnam
7	Gangnam	Gangnam
8	Gangnam	Gangnam
9	Gangnam	Gangnam

	ground_truth	prediction
10	Gangbuk	Gangbuk
11	Gangbuk	Gangbuk
12	Gangbuk	Gangbuk
13	Gangbuk	Gangbuk
14	Gangbuk	Gangbuk
15	Gangdong	Gangdong
16	Gangdong	Gangdong
17	Gangdong	Gangdong
18	Gangdong	Gangdong
19	Gangdong	Gangdong

이로써 의사결정 트리 알고리즘 실습을 마칩니다. 실습에 사용된 전체 코드와 실행 결과는 깃
허브 저장소[15]에서 직접 확인할 수 있습니다.

4.5 나이브 베이즈

이번 장에서는 확률 기반 머신러닝 분류 알고리즘의 대표격인 나이브 베이즈(Na ve Bayes)
분류 알고리즘을 알아보겠습니다.

4.5.1 [이론] 나이브 베이즈

나이브 베이즈 알고리즘의 이해

나이브 베이즈 분류 알고리즘은 데이터를 **나이브**(단순)하게 독립적인 사건으로 가정하고, 이
독립 사건들을 **베이즈** 이론에 대입시켜 가장 높은 확률의 레이블로 분류를 실행하는 알고리
즘입니다.

---

15 https://github.com/wikibook/machine—learning/tree/2.0/jupyter_notebook/4.4_의사결정트리_서울지역분류_실습.ipynb

베이즈 이론은 다음과 같은 공식으로 표현됩니다.

$$P(A \mid B) = \frac{P(B \mid A)P(A)}{P(B)}$$

- $P(A|B)$: 어떤 사건 B가 일어났을 때 사건 A가 일어날 확률

- $P(B|A)$: 어떤 사건 A가 일어났을 때 사건 B가 일어날 확률

- $P(A)$: 어떤 사건 A가 일어날 확률

$P(A|B)$와 같이 어떤 사건 B가 일어났을 때 사건 A가 일어날 확률을 **조건부 확률**이라고 합니다. 조건부 확률은 다음과 같은 공식으로 구할 수 있습니다.

$$P(A \mid B) = \frac{P(A \cap B)}{P(B)}$$

다음 벤 다이어그램을 통해 확인해볼까요?

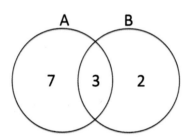

그림 4.5.1 조건부 확률을 이해하기 위한 벤 다이어그램

이 벤다이어그램을 보면 사건이 발생한 횟수는 12입니다. 그리고 A 사건이 발생한 횟수는 7 + 3 = 10이고, B 사건이 발생한 횟수는 3 + 2 = 5입니다. 그리고 A 사건과 B 사건이 동시에 일어난 횟수는 A 집합과 B 집합의 교집합의 횟수인 3입니다. 이를 바탕으로 각 사건이 일어날 확률을 계산해 보면 다음과 같습니다.

1. A 사건이 일어난 확률은 A 사건이 일어난 횟수를 전체 사건 횟수로 나누면 됩니다.

P(A) = 10 / 12

2. B 사건이 일어난 확률은 B 사건이 일어난 횟수를 전체 사건 횟수로 나누면 됩니다.

P(B) = 5 / 12

3. B 사건이 일어났을 때 A 사건이 일어날 확률은 어떻게 계산할 수 있을까요? B 사건이 일어난 횟수 3 + 2 = 5로 B 사건과 A 사건이 동시에 일어난 횟수 3을 나누면 될 것입니다. 그러므로 이를 식으로 표현하면 다음과 같습니다.

P(A|B) = 3 / (3+2) = 0.6

4. 마찬가지로 A 사건이 일어났을 때 B 사건이 일어날 확률은 다음과 같이 계산할 수 있습니다.

P(B|A) = 3 / (7+3) = 0.3

5. 마지막으로 B 사건이 일어났을 때 A 사건이 일어날 확률을 다른 방식으로 계산하는 방법을 알아봅시다.

P(B|A) * P(A) / P(B) = 0.3 * 10/12 / 5/12 = 0.6

보다시피 P(A|B)와 P(B|A) * P(A) / P(B)의 값이 일치하는 것을 확인할 수 있습니다.

나이브 베이즈 알고리즘을 머신러닝에 응용하기

A를 레이블, B를 데이터의 특징으로 대입해 보면 다음과 같은 공식이 유도됩니다.

P(레이블 | 데이터 특징) = P(데이터 특징 | 레이블) * P(레이블) / P(데이터 특징)

설명하자면 어떤 데이터가 있을 때 그에 해당하는 레이블은 기존 데이터의 특징 및 레이블의 확률을 사용해 구할 수 있다는 것입니다.

나이브 베이즈 알고리즘의 기초 응용 사례

베이즈 이론으로 간단한 예제를 풀어보겠습니다.

치킨집에서 손님이 주문을 할 때 맥주를 주문할지 안 할지 예측해 보겠습니다. 이때 다음과 같은 기존 손님들의 주문 내역이 있습니다.

표 4.5.1 시간에 따른 맥주 주문 현황

시간	맥주
오전	주문 안 함
오전	주문 안 함
점심	주문함
점심	주문 안 함
점심	주문 안 함
저녁	주문함
저녁	주문함
저녁	주문함
저녁	주문 안 함
저녁	주문 안 함

저녁에 손님이 한 명 와서 주문을 합니다. 이 경우 나이브 베이즈 공식에 따르면 손님이 맥주를 주문할 확률은 아래와 같습니다.

```
P(주문 | 저녁) = P(저녁 | 주문) * P(주문) / P(저녁)
             = 3/4 * 4/10 / 5/10
             = 0.6
```

저녁에 치킨을 주문할 확률은 60%이므로 치킨을 주문할 것으로 예측할 수 있습니다.

나이브 베이즈 알고리즘의 고급 응용 사례

예제의 난이도를 한 단계 올려볼까요? 데이터의 특징을 하나 더 추가해 보겠습니다.

표 4.5.2 시간과 성인 여부에 따른 맥주 주문 현황

시간	성인 여부	맥주
오전	성인	주문 안 함
오전	미성년자	주문 안 함
점심	성인	주문함
점심	미성년자	주문 안 함
점심	미성년자	주문 안 함
저녁	성인	주문함
저녁	성인	주문함
저녁	성인	주문함
저녁	성인	주문 안 함
저녁	미성년자	주문 안 함

이번 예제에서는 시간과 성인 여부라는 두 가지 특성을 가지고 나이브 베이즈 공식을 풀어보 겠습니다.

저녁에 **성인** 손님이 한 명 와서 주문을 합니다. 이 경우 나이브 베이즈 공식에 따르면 손님이 맥주를 주문할 확률은 다음과 같습니다.

```
P(주문 | 저녁, 성인) = P(저녁, 성인 | 주문) * P(주문) / P(저녁, 성인)
```

결합 확률

두 가지 이상의 사건이 동시에 발생하는 확률을 **결합확률**이라고 합니다. 결합 확률은 다음과 같은 공식으로 표현됩니다.

```
P(A,B) = P(A|B)P(B)
```

베이즈 알고리즘으로 위의 공식을 풀려고 하면 조건부 확률에 따른 많은 계산이 필요하기 때문에 나이브 베이즈 알고리즘에서는 나이브(단순)하게 모든 사건을 독립적인 사건으로 간주해 계산의 복잡성을 낮춥니다.

독립 사건일 경우의 조건부 확률

독립 사건일 경우의 조건부 확률은 다음과 같이 단순해집니다.

 P(A, B) = P(A) * P(B)

나이브 베이즈 알고리즘을 통해 "저녁에 성인이 치킨집에 와서 맥주를 주문할 확률"은 다음과 같이 계산됩니다.

 P(주문 | 저녁, 성인) = P(저녁|주문) * P(성인 | 주문) * P(주문) / P(저녁) * P(성인)

나이브 베이즈 알고리즘을 통해 "저녁에 성인이 치킨집에 와서 맥주를 주문하지 않을 확률"은 다음과 같이 계산됩니다.

 P(주문 안함 | 저녁, 성인) = P(저녁|주문 안 함) * P(성인 | 주문 안 함) * P(주문 안 함) /
 P(저녁) * P(성인)

여기서 실제로 필요한 것은 두 값의 대소를 비교해서 큰 값을 선택하는 것이므로 다음과 같이 공통 분모를 계산식에서 제거해서 계산량을 더 줄일 수 있습니다.

 P(주문 | 저녁, 성인) = P(저녁|주문) * P(성인 | 주문) * P(주문) = 0.3
 P(주문 안 함 | 저녁, 성인) = P(저녁|주문 안 함) * P(성인 | 주문 안 함) * P(주문 안 함) = 0.066

P(주문 | 저녁, 성인)이 더 크므로 저녁에 성인이 치킨집에 올 경우 맥주를 주문할 것으로 분류할 수 있습니다.

특징이 여러 개인 경우의 나이브 베이즈 공식

특징이 여러 개일 때의 나이브 베이즈 공식을 일반화하면 아래와 같습니다.

$$P(y \mid x_1, \cdots, x_n) = \frac{P(x_1 \mid y) P(x_2 \mid y) \cdots P(x_n \mid y) P(y)}{P(x_1) P(x_2) \cdots P(x_n)}$$

나이브 가정에 의해 모든 특징들을 독립적인 확률로 계산하는 것을 확인할 수 있습니다.

여러 확률의 곱을 나타내는 P(x1|y) * P(x2|y) * ⋯ * P(xn|y) 부분을 간단하게 공식화하면 다음과 같습니다.

$$P(y \mid x_1, \cdots, x_n) = \frac{P(y) \prod_{i=1}^{n} P(x_i \mid y)}{P(x_1) P(x_2) \cdots P(x_n)}$$

모든 레이블들은 모든 특징들의 곱이라는 공통 분모를 가지고 있습니다. 레이블 확률의 대소 비교만 필요한 나이브 베이즈에서는 공통 분모를 제거해서 계산량을 줄일 수 있습니다. 다음은 공통 분모를 제거한 공식입니다.

$$P(y \mid x_1, \cdots, x_n) \propto P(y) \prod_{i=1}^{n} P(x_i \mid y)$$

공통 분모를 제거한 후, 가장 높은 수치를 지닌 레이블로 데이터를 분류합니다.

$$y = argmax_y P(y) \prod_{i=1}^{n} P(x_i \mid y)$$

앞서 다룬 예제는 나이브 베이즈의 가장 간단한 예로, 데이터의 특징들이 이산적(discrete)입니다. 하지만 데이터의 특징들이 연속적일 경우에는, 즉 이산적이지 않을 경우에는 가우시안 나이브 베이즈 분류를 사용하는 것을 추천합니다.

가우시안 나이브 베이즈 분류

가우시안 나이브 베이즈 분류[16]는 특징들의 값들이 정규 분포(가우시안 분포)돼 있다는 가정 하에 조건부 확률을 계산하며, 연속적인 성질이 있는 특징이 있는 데이터를 분류하는 데 적합합니다. 다음은 사이킷런에서 제공하는 iris 데이터셋의 꽃받침 길이에 따른 iris(붓꽃) 분포도입니다.

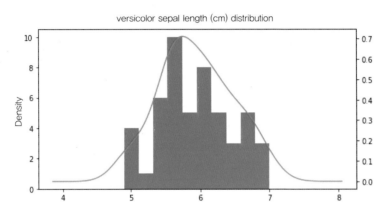

그림 4.5.2 정규분포 특성을 보이는 아이리스 데이터셋

이번 이론편 예제와 같이 이산적인 데이터의 경우 사이킷런의 아래 두 가지 나이브 베이즈 분류 모델(다항 분포 나이브 베이즈, 베르누이 나이브 베이즈) 중 하나를 상황에 맞게 사용하면 좋습니다.

다항 분포 나이브 베이즈(Multinomial Naïve Bayes)

데이터의 특징이 출현 횟수로 표현됐을 때 사용합니다. 예를 들어, 주사위를 10번 던졌을 때 1이 한 번, 2가 두 번, 3이 세 번, 4가 네 번 나왔을 경우, 주사위를 10번 던진 결과 데이터를 (1,2,3,4,0,0)과 같이 나타낼 수 있습니다. 각 인덱스는 주사위의 면을 뜻하며, 데이터의 숫자는 출현 횟수를 나타낸 것입니다. 이런 식으로 데이터의 출현 횟수에 따라 값을 달리한 데이터에는 다항 분포 나이브 베이즈[17] 모델을 사용합니다.

16 　 https://scikit-learn.org/stable/modules/naive_bayes.html#gaussian-naive-bayes

17 　 https://scikit-learn.org/stable/modules/naive_bayes.html#multinomial-naive-bayes

베르누이 나이브 베이즈 모델(Bernoulli Naïve Bayes)

데이터의 특징이 0 또는 1로 표현됐을 때 사용합니다. 예를 들어, 주사위를 10번 던졌을 때 1이 한 번, 2가 두 번, 3이 세 번, 4가 네 번 나왔을 경우, 주사위를 10번 던진 결과 데이터를 (1,1,1,1,0,0)과 같이 나타낼 수 있습니다. 각 인덱스는 주사위의 면을 뜻하며, 숫자가 출현했을 때는 1, 출현하지 않을 때는 0으로 나타낸 것입니다. 이런 식으로 데이터 출현 여부에 따라 1 또는 0으로 구분됐을 때 베르누이 나이브 베이즈[18] 모델을 사용합니다.

이번 장의 실습에서는 각 나이브 베이즈 모델을 실습해 보겠습니다.

- **가우시안 나이브 베이즈 분류**: 붓꽃(iris) 데이터셋 분류
- **베르누이 나이브 베이즈 분류**: 스팸 메일 분류
- **다항 분포 나이브 베이즈 분류**: 영화 감상평을 토대로 긍정적/부정적 리뷰 분류

실습에서는 사이킷런의 나이브 베이즈 라이브러리를 사용하므로 이론에서 배운 공식들을 직접 구현할 필요 없이 상당히 쉽게 구현할 수 있습니다. 물론 알고리즘을 이해하고 라이브러리를 사용하는 것과 이해하지 않고 사용하는 것에는 큰 차이가 있으니 이론을 먼저 이해한 상태에서 실습을 진행하시길 적극 권장합니다.

스무딩

이산적인 데이터의 경우 빈도수가 0인 경우가 발생합니다. 예를 들어, 나이브 베이즈 기반 스팸 메일 필터를 가동시키는데, 학습 데이터에 없던 단어가 실제 상황에서 나타나게 되면 확률이 0이 되어 스팸 분류가 어려워집니다. 이런 문제를 극복하기 위해 나온 기술이 스무딩(smoothing)입니다. 스무딩은 학습 데이터에 없던 데이터가 출현해도 빈도수에 1을 더해서 확률이 0이 되는 현상을 방지합니다.

---

18 https://scikit-learn.org/stable/modules/naive_bayes.html#bernoulli-naive-bayes

나이브 베이즈의 장점과 단점

지금까지 나이브 베이즈 알고리즘에 대해 알아봤습니다. 실습하기에 앞서 마지막으로 이 알고리즘의 장점과 단점을 간략히 정리하겠습니다.

장점은 다음과 같습니다.

첫째, 모든 데이터의 특징이 독립적인 사건이라는 나이브 가정에도 불구하고 실전에서 높은 정확도를 보이며, 특히 문서 분류 및 스팸 메일 분류에 강한 면모를 보입니다.

둘째, 나이브 가정에 의해 계산 속도가 다른 모델들에 비해 상당히 빠릅니다.

단점은 다음과 같습니다.

첫째, 모든 데이터의 특징을 독립적인 사건이라고 가정하는 것은 문서 분류에 적합할지는 모르나 다른 분류 모델에는 제약이 될 수 있습니다.

4.5.2 [실습] 가우시안 나이브 베이즈를 활용한 붓꽃 분류

이번 실습에서는 iris 데이터를 활용해 데이터의 특징에 따라 붓꽃의 종류를 분류하는 실습을 해보겠습니다.

문제 정의

iris 데이터를 활용해 데이터의 특징에 따라 붓꽃의 종류를 분류하는 실습을 해보겠습니다. 먼저 실습에 필요한 파이썬 라이브러리를 임포트합니다.

```python
# 시각화를 위해 pandas를 임포트합니다
import pandas as pd
# iris 데이터는 sklearn에서 직접 로드할 수 있습니다
from sklearn.datasets import load_iris
# train_test_split을 사용하면 손쉽게 데이터를 나눌 수 있습니다
from sklearn.model_selection import train_test_split
```

```
# 가우시안 나이브 베이즈로 iris 데이터를 분류하겠습니다
from sklearn.naive_bayes import GaussianNB
# 분류 성능을 측정하기 위해 metrics와 accuracy_score를 임포트합니다
from sklearn import metrics
from sklearn.metrics import accuracy_score
```

데이터 획득

사이킷런에서 제공하는 붓꽃(iris) 데이터셋을 사용하기 위해 다음 코드를 실행합니다.

```
# iris 데이터를 불러옴
dataset = load_iris()
# pandas의 데이터프레임으로 데이터를 저장
df = pd.DataFrame(dataset.data, columns=dataset.feature_names)
# 레이블(타깃)을 데이터프레임에 저장
df['target'] = dataset.target
# 숫자 형태의 레이블을 이해를 돕기 위해 문자로 변경
df.target = df.target.map({0:"setosa", 1:"versicolor", 2:"virginica"})
# 데이터 확인
df.head()
```

실행 결과, 다음과 같은 표를 볼 수 있습니다.

표 4.4.3 iris 데이터셋

	sepal length(cm)	sepal width(cm)	petal length(cm)	petal width(cm)	target
0	5.1	3.5	1.4	0.2	setosa
1	4.9	3.0	1.4	0.2	setosa
2	4.7	3.2	1.3	0.2	setosa
3	4.6	3.1	1.5	0.2	setosa
4	5.0	3.6	1.4	0.2	setosa

데이터셋을 구성하는 각 칼럼을 정리하면 다음과 같습니다.

- sepal length (cm): 꽃받침 길이

- sepal width (cm): 꽃받침 너비

- petal length (cm): 꽃잎 길이

- petal width (cm): 꽃잎 너비

- target: 붓꽃(iris)의 종류(setosa, versicolor, virginica)

데이터 시각화

이번에는 iris 데이터의 분포도를 시각화해보겠습니다. 붓꽃 종류에 따른 시각화를 위해 붓꽃 종류로 데이터프레임을 나눕니다.

```
setosa_df = df[df.target == "setosa"]
versicolor_df = df[df.target == "versicolor"]
virginica_df = df[df.target == "virginica"]
```

setosa 붓꽃의 꽃받침 길이에 따른 분포도는 다음 명령어로 시각화할 수 있습니다.

```
ax = setosa_df['sepal length (cm)'].plot(kind='hist')
setosa_df['sepal length (cm)'].plot(kind='kde', ax=ax,
        secondary_y=True,
        title="setosa sepal length (cm) distribution",
        figsize = (8,4))
```

붓꽃 꽃받침 길이에 따른 붓꽃 종류별 분포도는 아래 차트에서 볼 수 있듯이 정규분포와 상당히 유사합니다.

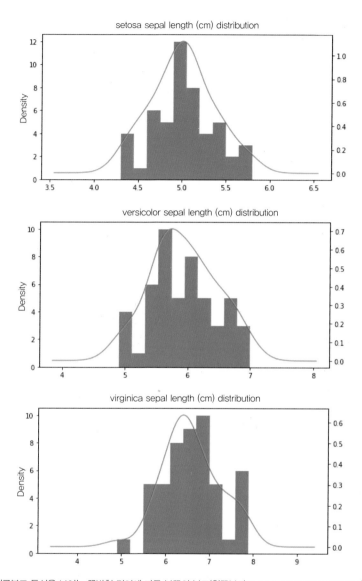

그림 4.5.3 정규분포 특성을 보이는 꽃받침 길이에 따른 붓꽃의 분포(윗쪽부터 setosa, versicolor, virginica)

같은 방법으로 붓꽃 꽃받침 너비에 따른 분포도, 붓꽃 꽃잎 길이 및 붓꽃 꽃잎 너비에 따른 분포도 역시 정규분포와 상당히 유사한 것을 아래 시각화를 통해 확인할 수 있습니다.

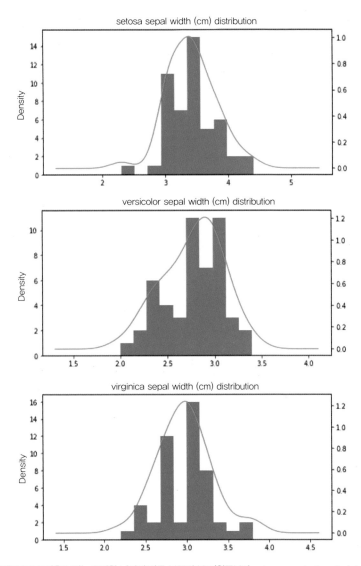

그림 4.5.4 정규분포 특성을 보이는 꽃받침 너비에 따른 붓꽃의 분포(윗쪽부터 setosa, versicolor, virginica)

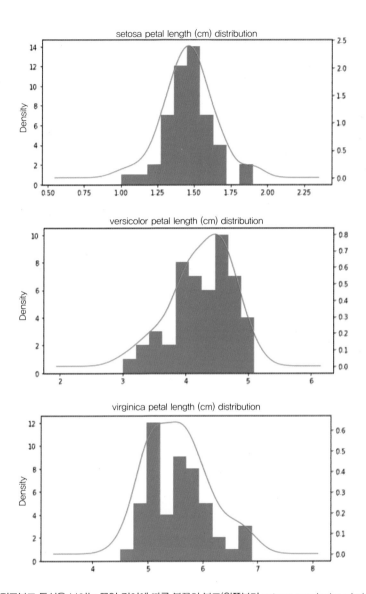

그림 4.5.5 정규분포 특성을 보이는 꽃잎 길이에 따른 붓꽃의 분포(윗쪽부터 setosa, versicolor, virginica)

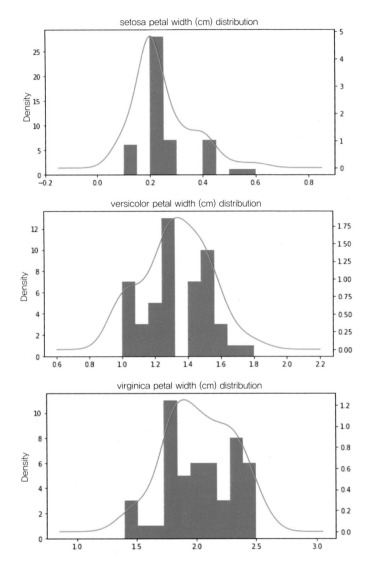

그림 4.5.6 정규분포 특성을 보이는 꽃잎 너비에 따른 붓꽃의 분포(윗쪽부터 setosa, versicolor, virginica)

데이터에서 사용할 모든 특징들이 정규분포에 가까운 분포도를 보이기 때문에 가우시안 나이브 베이즈 분류기로 분류하기에 적합한 데이터임을 알 수 있습니다.

데이터 다듬기

여기서는 전체 데이터 중에서 20%를 테스트 데이터로 분리하고, 나머지 80%를 학습에 사용하겠습니다.

```
# 전체 데이터의 20%를 테스트 데이터로 분리합니다
X_train,X_test,y_train,y_test=
    train_test_split(dataset.data,dataset.target,test_size=0.2)
```

가우시안 나이브 베이즈 모델 학습

다음 코드를 실행해 가우시안 나이브 베이즈[19] 모델을 학습합니다.

```
model = GaussianNB()
model.fit(X_train, y_train)
```

테스트

다음 코드를 실행해 모델의 분류 성능을 테스트합니다.

```
expected = y_test
predicted = model.predict(X_test)
print(metrics.classification_report(y_test, predicted))
```

출력 결과는 다음과 같습니다.

```
              precision    recall   f1-score    support
          0        1.00      1.00       1.00          6
          1        0.91      1.00       0.95         10
          2        1.00      0.93       0.96         14

avg / total        0.97      0.97       0.97         30
```

---

19 https://scikit-learn.org/stable/modules/generated/sklearn.naive_bayes.GaussianNB.html

전반적으로 97%의 모델 성능을 볼 수 있습니다.

이번에는 정확도를 확인하기 위해 다음 코드를 실행합니다.

```
accuracy_score(y_test, predicted)
```

```
0.966
```

정확도가 0.966임을 확인할 수 있습니다.

이로써 가우시안 나이브 베이즈 알고리즘 실습을 마칩니다. 실습에 사용된 전체 코드와 실행 결과는 깃허브 저장소[20]에서 직접 확인할 수 있습니다.

4.5.3 [실습] 베르누이 나이브 베이즈를 활용한 스팸 분류

이번 실습에서는 스팸 메일을 분류하는 실습을 해보겠습니다.

문제 정의

이메일 제목과 레이블 데이터를 활용해 베르누이 나이브 베이즈[21] 분류로 스팸 메일을 분류해 보겠습니다.

먼저 실습에 필요한 파이썬 라이브러리를 임포트합니다.

```
import numpy as np import pandas as pd
from sklearn.feature_extraction.text import CountVectorizer
from sklearn.naive_bayes import BernoulliNB
from sklearn.metrics import accuracy_score
```

---

20 https://github.com/wikibook/machine-learning/blob/2.0/jupyter_notebook/4.5_가우시안_나이브베이즈_아이리스_분류_실습.ipynb

21 https://scikit-learn.org/stable/modules/generated/sklearn.naive_bayes.BernoulliNB.html

데이터 획득

이번 실습에서는 간단한 스팸 메일 분류를 위해 다음과 같이 이메일 제목과 스팸 메일 레이블이 있는 데이터를 사용해 보겠습니다.

```
email_list = [
    {'email title': 'free game only today', 'spam': True},
    {'email title': 'cheapest flight deal', 'spam': True},
    {'email title': 'limited time offer only today only today', 'spam': True},
    {'email title': 'today meeting schedule', 'spam': False},
    {'email title': 'your flight schedule attached', 'spam': False},
    {'email title': 'your credit card statement', 'spam': False}          ]
df = pd.DataFrame(email_list)
```

실행 결과, 다음과 같은 표를 볼 수 있습니다.

표 4.5.4 스팸 메일 분류하기 학습 데이터

	email title	spam
0	free game only today	True
1	cheapest flight deal	True
2	limited time offer only today only today	True
3	today meeting schedule	False
4	your flight schedule attached	False
5	your credit card statement	False

데이터셋을 구성하는 각 칼럼을 정리하면 다음과 같습니다.

- email title: 이메일 제목

- spam: 스팸 메일 여부(True: 스팸 메일, False: 스팸 메일 아님)

데이터 다듬기

사이킷런의 베르누이 나이브 베이즈 분류기(BernoulliNB)는 숫자만 다루기 때문에 True와 False를 1과 0으로 치환하겠습니다.

```
df['label'] = df['spam'].map({True:1,False:0})
```

학습에 사용할 데이터와 레이블로 값을 분리합니다.

이번 실습에서는 이메일 제목(email title)으로 학습을 진행하고, 레이블은 label을 사용해 스팸 메일인지 여부를 판단합니다.

```
df_x=df["email title"]
df_y=df["label"]
```

베르누이 나이브 베이즈의 입력 데이터는 고정된 크기의 벡터여야 합니다. 사이킷런의 CountVectorizer를 이용하면 간편하게 특정 데이터 안의 모든 단어를 포함한 고정 길이 벡터를 만들 수 있습니다. CountVectorizer를 생성할 때 binary = True를 설정하면 이메일 제목에 특정 단어가 출현할 경우 무조건 1을, 단어가 출현하지 않을 경우에는 0을 갖도록 설정합니다.

```
cv = CountVectorizer(binary=True)
x_traincv=cv.fit_transform(df_x)
```

다음 코드를 실행해 이메일 제목이 어떻게 벡터로 인코딩됐는지 확인합니다.

```
encoded_input=x_traincv.toarray()
encoded_input
```

실행 결과는 다음과 같습니다.

```
array([[0, 0, 0, 0, 0, 0, 1, 1, 0, 0, 0, 1, 0, 0, 0, 1, 0],
       [0, 0, 1, 0, 1, 1, 0, 0, 0, 0, 0, 0, 0, 0, 0, 0, 0],
       [0, 0, 0, 0, 0, 0, 0, 0, 1, 0, 1, 1, 0, 0, 1, 1, 0],
       [0, 0, 0, 0, 0, 0, 0, 0, 0, 1, 0, 0, 1, 0, 0, 1, 0],
       [1, 0, 0, 0, 0, 1, 0, 0, 0, 0, 0, 0, 1, 0, 0, 0, 1],
       [0, 1, 0, 1, 0, 0, 0, 0, 0, 0, 0, 0, 0, 1, 0, 0, 1]], dtype=int64)
```

행렬에서 볼 수 있듯이 이메일 제목들에서 총 17개의 단어가 발견되어 각 이메일 제목이 17 개 크기의 벡터로 인코딩(표현)된 것을 확인할 수 있습니다. 또한 베르누이 나이브 베이즈에 사용하기 위해 이메일 제목에 중복된 단어가 있더라도 중복된 횟수로 표현된 것이 아니라 단 순히 1로 표현된 것을 확인할 수 있습니다.

예를 들면, 'limited time offer only today only today'라는 이메일 제목은 다음과 같은 벡 터로 표현됐습니다. 'Today'가 두 번 반복됐지만 1로 표현된 것을 확인할 수 있습니다.

```
[0, 0, 0, 0, 0, 0, 0, 0, 1, 0, 1, 1, 0, 0, 1, 1, 0]
```

그렇다면 고정된 크기의 벡터에는 어떠한 단어들이 포함된 것일까요? 다음 명령어로 확인할 수 있습니다.

```
cv.inverse_transform(encoded_input[0])
```

```
[array(['free', 'game', 'only', 'today'], dtype='<U9')]
```

결과를 통해 첫 번째 이메일 제목에는 'free', 'game', 'only', 'today'라는 단어가 포함된 것을 알 수 있습니다.

고정된 벡터의 각 인덱스가 어떤 단어를 의미하는지 궁금하다면 다음 명령어로 각 인덱스에 해당하는 단어를 알 수 있습니다.

```
cv.get_feature_names()
```

```
['attached', 'card', 'cheapest', 'credit', 'deal', 'flight', 'free', 'game',
 'limited', 'meeting', 'offer', 'only', 'schedule', 'statement', 'time', 'today',
 'your']
```

베르누이 나이브 베이즈 모델 학습하기

다음 코드를 실행해 베르누이 나이브 베이즈 모델을 학습시켜 봅시다. 사이킷런의 베르누이 나이브 베이즈 분류기는 기본적으로 스무딩을 지원하므로 학습 데이터에 없던 단어가 테스트 데이터에 있어도 분류가 잘 진행됩니다.

```
bnb = BernoulliNB()
y_train=df_y.astype('int')
bnb.fit(x_traincv,y_train)
```

테스트 데이터 다듬기

다음 코드를 실행해 테스트 데이터를 베르누이 나이브 베이즈의 입력 데이터로 다듬습니다.

```
test_email_list = [
  {'email title': 'free flight offer', 'spam': True},
  {'email title': 'hey traveler free flight deal', 'spam': True},
  {'email title': 'limited free game offer', 'spam': True},
  {'email title': 'today flight schedule', 'spam': False},
  {'email title': 'your credit card attached', 'spam': False},
  {'email title': 'free credit card offer only today', 'spam': False}]

test_df = pd.DataFrame(test_email_list)
test_df['label'] = test_df['spam'].map({True:1,False:0})
test_x=test_df["email title"]
test_y=test_df["label"]
x_testcv=cv.transform(test_x)
```

테스트

다음 코드를 실행해 테스트를 진행합니다.

```
predictions=bnb.predict(x_testcv)
```

정확도를 확인하기 위해 다음 코드를 실행합니다.

```
accuracy_score(test_y, predictions)
```

```
0.833
```

정확도가 0.833임을 확인할 수 있습니다.

이로써 베르누이 나이브 베이즈 알고리즘 실습을 마칩니다. 실습에 사용된 전체 코드와 실행 결과는 깃허브 저장소[22]에서 직접 확인할 수 있습니다.

4.5.4 [실습] 다항분포 나이브 베이즈를 활용한 영화 리뷰 분류

이번 실습에서는 영화 리뷰를 분류하는 실습을 해보겠습니다.

문제 정의

영화 리뷰에 다항분포 나이브 베이즈[23] 분류를 활용해 영화 리뷰가 긍정적인지 부정적인지 분류해 보겠습니다.

먼저 실습에 필요한 파이썬 라이브러리를 임포트합니다.

```
import numpy as np import pandas as pd
from sklearn.feature_extraction.text import CountVectorizer
from sklearn.naive_bayes import MultinomialNB
from sklearn.metrics import accuracy_score
```

데이터 획득

이번 실습에서는 간단한 영화리뷰 분류 실습을 위해 다음과 같이 영화 리뷰와 함께 영화에 대한 평가(긍정적/부정적) 정보가 담긴 데이터를 사용하겠습니다.

```python
review_list = [
  {'movie_review': 'this is great great movie. I will watch again', 'type': 'positive'},
  {'movie_review': 'I like this movie', 'type': 'positive'},
  {'movie_review': 'amazing movie in this year', 'type': 'positive'},
  {'movie_review': 'cool my boyfriend also said the movie is cool', 'type': 'positive'},
  {'movie_review': 'awesome of the awesome movie ever', 'type': 'positive'},
  {'movie_review': 'shame I wasted money and time', 'type': 'negative'},
  {'movie_review': 'regret on this move. I will never never what movie from this director'
                  , 'type': 'negative'},
  {'movie_review': 'I do not like this movie', 'type': 'negative'},
  {'movie_review': 'I do not like actors in this movie', 'type': 'negative'},
  {'movie_review': 'boring boring sleeping movie', 'type': 'negative'}          ]
df = pd.DataFrame(review_list)
df
```

실행 결과, 다음과 같은 표를 볼 수 있습니다.

표 4.5.5 영화 감상평 분류하기 학습 데이터

	movie_review	type
0	this is great great movie. I will watch again	positive
1	I like this movie	positive
2	amazing movie in this year	positive
3	cool my boyfriend also said the movie is cool	positive
4	awesome of the awesome movie ever	positive
5	shame I wasted money and time	negative
6	regret on this movie. I will never never what m...	negative
7	I do not like this movie	negative
8	I do not like actors in this movie	negative
9	boring boring sleeping movie	negative

데이터셋을 구성하는 각 칼럼을 정리하면 다음과 같습니다.

- movie_review: 영화 감상평
- type: 감상평이 긍정적(positive)인지 부정적(negative)인지 나타내는 값

데이터 다듬기

사이킷런의 다항분포 나이브 베이즈 분류기(MultinomialNB)는 숫자만 다루기 때문에 positive와 negative를 1과 0으로 치환하겠습니다.

```
df['label'] = df['type'].map({"positive":1,"negative":0})
```

학습에 사용될 데이터와 레이블로 사용될 값을 분리합니다.

이번 실습에서는 영화 감상평(movie_review)으로 학습을 진행하고, 레이블은 label을 사용해 영화 감상평이 긍정적이었는지 부정적이었는지를 판단합니다.

```
df_x=df["movie_review"]
df_y=df["label"]
```

다항분포 나이브 베이즈의 입력 데이터는 고정된 크기의 벡터로서 각 인덱스는 단어의 빈도수를 나타내야 합니다. 이는 사이킷런의 CountVectorizer를 사용해 쉽게 구현할 수 있습니다.

CountVectorizer는 입력된 데이터(10개의 영화 감상평)에 출현한 모든 단어 개수만큼의 크기를 가진 벡터를 만들고, 각 영화 감상평을 고정된 벡터로 표현합니다. 영화 감상평에 단어가 나타나지 않았을 경우 0으로 표현되고, 나타난 단어는 출현 횟수만큼의 수치로 표현됩니다.

```
cv = CountVectorizer()
x_traincv=cv.fit_transform(df_x)
encoded_input=x_traincv.toarray()
```

```
encoded_input
```

코드를 실행한 결과는 다음과 같습니다.

```
array([[0, 1, 0, 0, 0, 0, 0, 0, 0, 0, 0, 0, 0, 2, 0, 1, 0, 0, 0, 1, 0, 0,
        0, 0, 0, 0, 0, 0, 0, 0, 1, 0, 0, 1, 0, 1, 0],
       [0, 0, 0, 0, 0, 0, 0, 0, 0, 0, 0, 0, 0, 0, 0, 0, 0, 1, 0, 0, 1, 0, 0,
        0, 0, 0, 0, 0, 0, 0, 1, 0, 0, 0, 0, 0, 0],
       [0, 0, 0, 1, 0, 0, 0, 0, 0, 0, 0, 0, 0, 0, 1, 0, 0, 0, 0, 1, 0, 0,
        0, 0, 0, 0, 0, 0, 1, 0, 0, 0, 0, 0, 1],
       [0, 0, 1, 0, 0, 0, 0, 1, 2, 0, 0, 0, 0, 0, 0, 1, 0, 0, 0, 1, 1, 0,
        0, 0, 0, 0, 1, 0, 0, 1, 0, 0, 0, 0, 0, 0],
       [0, 0, 0, 0, 0, 2, 0, 0, 0, 0, 0, 1, 0, 0, 0, 0, 0, 0, 0, 1, 0, 0,
        0, 1, 0, 0, 0, 0, 1, 0, 0, 0, 0, 0, 0, 0],
       [0, 0, 0, 0, 1, 0, 0, 0, 0, 0, 0, 0, 0, 0, 0, 0, 1, 0, 0, 0, 0,
        0, 0, 0, 0, 1, 0, 0, 1, 1, 0, 0, 0, 0, 0],
       [0, 0, 0, 0, 0, 0, 0, 0, 1, 0, 0, 1, 0, 0, 0, 0, 0, 1, 1, 0, 2,
        0, 0, 1, 1, 0, 0, 0, 0, 2, 0, 0, 1, 1, 0],
       [0, 0, 0, 0, 0, 0, 0, 0, 0, 1, 0, 0, 0, 0, 0, 0, 1, 0, 0, 1, 0, 0,
        1, 0, 0, 0, 0, 0, 0, 1, 0, 0, 0, 0, 0],
       [1, 0, 0, 0, 0, 0, 0, 0, 0, 0, 1, 0, 0, 0, 1, 0, 1, 0, 0, 1, 0, 0,
        1, 0, 0, 0, 0, 0, 0, 1, 0, 0, 0, 0, 0],
       [0, 0, 0, 0, 0, 0, 2, 0, 0, 0, 0, 0, 0, 0, 0, 0, 0, 0, 0, 1, 0, 0,
        0, 0, 0, 0, 0, 1, 0, 0, 0, 0, 0, 0]], dtype=int64)
```

보다시피 모든 영화 감상평이 37개 단어의 출현 횟수로 표현된 벡터로 인코딩됐습니다. 예를 들어, 'this is great great movie. I will watch again'이라는 영화 감상평은 다음과 같은 벡터로 표현됐습니다.

```
[0, 1, 0, 0, 0, 0, 0, 0, 0, 0, 0, 0, 0, 0, 2, 0, 1, 0, 0, 0, 1, 0, 0, 0, 0, 0, 0, 0, 0, 0, 0, 1, 0,
0, 1, 0, 1, 0]
```

벡터로 인코딩된 영화 감상평에 어떤 단어가 포함돼 있는지 알고 싶다면 다음 명령어를 실행합니다.

```
cv.inverse_transform(encoded_input[0])
```

```
[array(['again', 'great', 'is', 'movie', 'this', 'watch', 'will'], dtype='<U9')]
```

실행 결과, 첫 번째 영화 감상평에 'again', 'great', 'is', 'movie', 'this', 'watch', 'will'이 포함된 것을 알 수 있습니다.

벡터의 37개의 인덱스가 각각 무슨 단어를 의미하는지 궁금하다면 다음 명령어를 실행합니다.

```
cv.get_feature_names()
```

```
['actors', 'again', 'also', 'amazing', 'and', 'awesome', 'boring', 'boyfriend',
'cool', 'director', 'do', 'ever', 'from', 'great', 'in', 'is', 'like', 'money',
'move', 'movie', 'my', 'never', 'not', 'of', 'on', 'regret', 'said', 'shame',
'sleeping', 'the', 'this', 'time', 'wasted', 'watch', 'what', 'will', 'year']
```

이를 통해 첫 번째 숫자는 'actor'를, 두 번째 숫자는 'again'을 나타내는 것을 알 수 있으며, 인덱스에 해당하는 단어를 순서대로 확인할 수 있습니다.

다항분포 나이브 베이즈 모델 학습하기

다음 코드를 실행해 다항분포 나이브 베이즈 모델을 학습합니다. 사이킷런의 다항분포 나이브 베이즈 분류기는 기본적으로 스무딩을 지원하므로 학습 데이터에 없던 단어가 테스트 데이터에 있어도 분류가 잘 진행됩니다.

```
mnb = MultinomialNB()
y_train=df_y.astype('int')
mnb.fit(x_traincv,y_train)
```

테스트 데이터 다듬기

다음 코드를 실행해 테스트 데이터를 다항분포 나이브 베이즈의 입력 데이터로 사용할 수 있게 다듬습니다.

```
test_feedback_list = [
  {'movie_review': 'great great great movie ever', 'type': 'positive'},
  {'movie review': 'I like this amazing movie', 'type': 'positive'},
```

```
    {'movie_review': 'my boyfriend said great movie ever', 'type': 'positive'},
    {'movie_review': 'cool cool cool', 'type': 'positive'},
    {'movie_review': 'awesome boyfriend said cool movie ever', 'type': 'positive'},
    {'movie_review': 'shame shame shame', 'type': 'negative'},
    {'movie_review': 'awesome director shame movie boring movie', 'type': 'negative'},
    {'movie_review': 'do not like this movie', 'type': 'negative'},
    {'movie_review': 'I do not like this boring movie', 'type': 'negative'},
    {'movie_review': 'aweful terrible boring movie', 'type': 'negative'}
]

test_df = pd.DataFrame(test_feedback_list)
test_df['label'] = test_df['type'].map({"positive":1,"negative":0})

test_x=test_df["movie_review"]
test_y=test_df["label"]
```

테스트

다음 코드를 실행해 테스트를 진행합니다.

```
x_testcv=cv.transform(test_x)
predictions=mnb.predict(x_testcv)
```

정확도를 확인하기 위해 다음 코드를 실행합니다.

```
accuracy_score(test_y, predictions)
```

```
1.0
```

보다시피 정확도가 1.0인 것을 확인할 수 있습니다.

이로써 다항분포 나이브 베이즈 알고리즘 실습을 마칩니다. 실습에 사용된 전체 코드와 실행 결과는 깃허브 저장소[24]에서 직접 확인할 수 있습니다.

---

24 https://github.com/wikibook/machine-learning/blob/2.0/jupyter_notebook/4.5_다항분포_나이브베이즈_영화리뷰_감정분류_실습.ipynb

4.6 앙상블

'백지장도 맞들면 낫다'라는 속담이 있습니다. 작은 힘이라도 협력하면 더 큰 힘을 발휘한다는 뜻이지요. 앙상블 기법[25]이란 이 속담의 뜻 그대로, 여러 개의 분류 모델을 조합해서 더 나은 성능을 내는 방법입니다. 지금까지 최근접 이웃, 서포트 벡터 머신, 의사결정 트리, 나이브 베이즈 분류 모델을 각각 하나씩 실습해 봤는데, 이번 장에서는 지금까지 실습한 여러 분류 모델들을 조합해서 단일 모델보다 더 나은 성능을 내보겠습니다.

4.6.1 [이론] 배깅

배깅(bagging)은 마치 상당히 연주하기 힘든 바이올린 연주곡을 두세 명의 초급 바이올린 연주자가 나누어 연주함으로써 한 명의 중급 바이올린 연주자가 연주하는 것보다 더 나은 연주를 할 수 있는 것과 유사합니다.

지금까지 배운 분류 모델 중 의사결정 트리에 비유해서 설명하면 중급 바이올린 연주자는 나름 잘 학습됐지만 학습 데이터에 과대적합된 의사결정 트리라고 볼 수 있습니다. 의사결정 트리의 단점은 바로 쉽게 과대적합된다는 것인데, 배깅은 과대적합이 쉬운 모델에 상당히 적합한 앙상블입니다. 왜 과대적합이 쉬운 모델에 적합한지는 먼저 배깅의 원리를 파악한 후 설명하겠습니다.

배깅은 한 가지 분류 모델을 여러 개 만들어서 서로 다른 학습 데이터로 학습시킨 후(부트스트랩), 동일한 테스트 데이터에 대한 서로 다른 예측값들을 투표를 통해(어그리게이팅) 가장 높은 예측값으로 최종 결론을 내리는 앙상블 기법입니다.

배깅의 정의에서 볼 수 있듯이 배깅의 어원은 부트스트랩(bootstrap)과 어그리게이팅(aggregating)에서 왔습니다. 부트스트랩과 어그리게이팅을 이해함으로써 배깅의 원리를 쉽게 이해할 수 있습니다.

---

25 https://scikit-learn.org/stable/modules/ensemble.html

부트스트랩

부트스트랩이란 데이터를 조금은 편향되도록 샘플링하는 기법입니다. 보통 의사결정 트리처럼 과대적합되기 쉬운 모델을 앙상블할 때 많이 사용됩니다. 과대적합 모델이란 학습 데이터에 대한 분산은 높고 편향이 적은 모델이며, 학습 시에는 정확도가 높게 나오지만 학습에 사용된 적이 없던 데이터의 분류는 정확도가 낮게 나오는 모델입니다. 보통 하이퍼파라미터 설정 없이 학습한 의사결정 트리가 쉽게 과대적합됩니다. 부트스트랩은 데이터 샘플링 시 편향을 높임으로써 분산이 높은 모델의 과대적합 위험을 줄이는 효과를 줍니다.

총 N개의 데이터를 K개의 의사결정 트리의 학습 데이터로 나눠야 할 경우 데이터를 어떻게 분배해야 할까요? 만약 부트스트랩을 사용하지 않고, 모든 의사결정 트리를 동일하게 N개의 데이터로 학습할 경우, 그저 동일한 분류모델 3개만 가지는 결과를 초래하게 됩니다. 더욱이 적절한 하이퍼파라미터 없이 학습했을 경우 과대적합된 3개의 의사결정 트리만 만드는 결과를 초래합니다.

부트스트랩을 사용할 경우 부트스트랩은 N개의 데이터를 총 K개의 데이터로 나누어 담습니다. 나누어 담을 때 중복을 허용해서 데이터의 편향을 높입니다. 편향된 데이터로 학습된 K개의 의사결정 트리는 N개의 데이터로 학습된 1개의 의사결정 트리보다 편향이 높아 과대적합될 확률이 적어집니다. 다음 예제를 통해 구체적으로 알아보겠습니다.

전체 데이터: [1,2,3,4,5,6,7,8,9]

의사결정 트리 6개를 배깅할 경우, 부트스트랩의 결과는 다음과 같습니다.

의사결정 트리1의 학습 데이터: [1,2,3,4,5,1]
의사결정 트리2의 학습 데이터: [2,3,4,5,6,2]
의사결정 트리3의 학습 데이터: [3,4,5,6,7,3]
의사결정 트리4의 학습 데이터: [4,5,6,7,8,4]
의사결정 트리5의 학습 데이터: [5,6,7,8,9,5]
의사결정 트리6의 학습 데이터: [6,7,8,9,1,6]

보다시피 부트스트랩의 데이터를 샘플링한 결과, 각 분류 모델은 총 N개의 데이터보다 적은 데이터로 학습하되, 중복된 데이터를 허용함으로써 편향이 높은 학습 데이터로 학습됩니다. 데이터 샘플링 크기는 보통 전체 데이터의 60~70%를 사용합니다.

어그리게이팅

어그리케이팅은 여러 분류 모델이 예측한 값들을 조합해서 하나의 결론을 도출하는 과정입니다. 결론은 투표를 통해 결정합니다.

하드 보팅

하드 보팅은 선거철에 하는 투표와 동일합니다. 배깅에 포함된 K개의 분류 모델에서 최대 득표를 받은 예측값으로 결론을 도출합니다. 다음 예제를 보겠습니다.

손글씨 숫자를 보고, 숫자를 1~9로 분류하는 의사결정 트리 6개를 학습한 후, 숫자 7을 보여줬을 경우 다음과 같이 각각 분류했다고 가정해보겠습니다.

표 4.6.1 숫자 7이 입력됐을 때 각 의사결정 트리의 분류값

분류모델	분류값
의사결정 트리1	1
의사결정 트리2	2
의사결정 트리3	7
의사결정 트리4	7
의사결정 트리5	7
의사결정 트리6	7

총 6개의 투표 중, 7이 4개의 최다 득표를 받아 하드보트 어그리케이팅은 7로 입력값을 정확히 예측하게 됩니다.

소프트 보팅

소프트 보팅은 하드 보팅보다 더 정교한 투표 방식입니다. 하드보팅 같은 경우 각 분류 모델은 최고의 확률을 갖는 분류값만을 어그리케이팅할 때 리턴하는 반면, 소프트보팅은 모든 분류값의 확률을 리턴합니다. 따라서 하드 보팅은 단순히 가장 많은 투표를 받은 분류값을 단순히 어그리케이팅의 결론으로 도출하는 반면, 소프트 보팅은 각 분류값별 확률을 더해준 값을 점수로 사용해 최대 점수를 가진 분류값을 결론으로 도출합니다.

표 4.6.2 숫자 7이 입력됐을 때 각 의사결정 트리의 분류값별 확률

	1	2	3	4	5	6	7	8	9
의사결정 트리1	0.9	0.1	0	0	0	0	0	0	0
의사결정 트리2	0	0.8	0.1	0.1	0	0	0	0	0
의사결정 트리3	0	0	0.1	0	0	0	0.9	0	0
의사결정 트리4	0	0	0	0.1	0	0	0.9	0	0
의사결정 트리5	0	0	0	0	0	0	1	0	0
의사결정 트리6	0.4	0	0	0	0	0	0.6	0	0

표 4.6.3 소프트 보팅의 각 분류값별 점수 계산

분류값	확률 합	최종 점수
1	0.9 + 0.4	1.3
2	0.1 + 0.8	0.9
3	0.1 + 0.1	0.2
4	0.1 + 0.1	0.2
5	0	0
6	0	0
7	0.9 + 0.9 + 1 + 0.6	3.4
8	0	0
9	0	0

결과적으로, 최종 점수 3.4를 받은 7로 분류하게 됩니다.

랜덤 포레스트

랜덤 포레스트는 바로 여러 의사결정 트리를 배깅해서 예측을 실행하는 모델입니다. 배깅이 모든 분류 모델에 적용 가능하지만 특히 과대적합되기 쉬운 의사결정 트리에 적용하면 확실히 과대적합을 줄여 성능이 높아지는 혜택을 보기 때문에 배깅은 많은 의사결정 트리 모델의 개선을 이뤘고, 여러 개의 나무들이 모여 있다는 개념에서 랜덤 포레스트라는 이름이 생겨났습니다.

의사결정 트리에서는 최적의 특징으로 트리를 분기하는 반면, 랜덤 포레스트는 각 노드에 주어진 데이터를 샘플링해서 일부 데이터를 제외한 채 최적의 특징을 찾아 트리를 분기합니다. 이러한 과정에서 랜덤 포레스트는 또 한 번의 모델의 편향을 증가시켜 과대적합의 위험을 감소시킵니다.

4.6.2 [이론] 부스팅

배깅과 함께 각광받는 앙상블 기법인 부스팅에 대해 알아보겠습니다. 부스팅 역시 여러 개의 분류기를 만들어 투표를 통해 예측값을 결정한다는 측면에서 배깅과 동일합니다. 큰 차이점이 있다면 배깅은 서로 다른 알고리즘에 기반한 여러 분류기를 병렬적으로 학습하는 반면, 부스팅은 동일한 알고리즘의 분류기를 순차적으로 학습해서 여러 개의 분류기를 만든 후, 테스트할 때 가중 투표를 통해 예측값을 결정합니다. 여기서 순차적 학습과 가중 투표가 부스팅의 가장 큰 특징입니다.

순차적 학습

가령, 인물 사진 안에 있는 인물을 보고, 남자 또는 여자로 분류하는 의사결정 트리를 부스팅할 경우, 먼저 첫 번째 의사결정 트리를 학습합니다. 테스트 결과, 남자 분류가 미흡할 경우, 남자 학습 데이터를 보강한 후 두 번째 의사결정 트리를 학습합니다. 그리고 두 번째 의사결정 트리의 테스트 결과에 따라 학습 데이터를 보강해서 세 번째 의사결정 트리를 학습합니다.

이처럼 부스팅은 순차적으로 학습 데이터를 보강하며 동일한 알고리즘의 분류기를 여러 개 만드는 과정을 가집니다.

가중 투표

배깅은 마치 우리가 선거를 하듯, 동일한 한 표씩 부여되는 반면 부스팅은 가중 투표가 진행됩니다. 가중 투표는 투표자의 능력치에 따라 한 표의 가치가 다른 투표입니다. 예를 들어, 팀 회식 장소를 결정하는데, 사원 5명이 클럽에 가자고 했지만 부장님 3명이 삼겹살을 먹으러 가자고 했을 때, 삼겹살로 회식이 결정되는 것과 같습니다. 위의 3가지 분류기의 검증 결과, 정확도가 아래와 같았다고 가정해 보겠습니다.

표 4.6.4 세 분류기의 정확도

	분류기1	분류기2	분류기3
정확도	0.4	0.5	0.95

그리고 아래와 같이 각 분류기가 하나의 사진을 분류했다고 가정하겠습니다.

표 4.6.5 세 분류기의 분류값

	분류기1	분류기2	분류기3
분류값	남자	남자	여자

이 경우 가중 투표는 다음과 같이 진행됩니다.

남자 = 0.4 + 0.5

여자 = 0.95

따라서 두 분류기가 남자라고 예측했음에도 가중 투표 결과, 사진의 인물을 여자로 분류하게 됩니다.

물론 위 예제는 하드 보팅입니다. 소프트 보팅일 경우 단일 예측값이 아닌 모든 분류값에 대한 확률에 가중치를 곱한 값으로 최종 결론을 도출합니다.

표 4.6.6 소프트 보팅 계산법

	분류기1	분류기2	분류기3
분류값	남자: 0.7	남자: 0.8	남자: 0.1
	여자:0.3	여자: 0.2	여자: 0.9

남자: $0.4*0.7 + 0.5*0.8 + 0.95 * 0.1 = 0.775$

여자: $0.4*0.3 + 0.5*0.2 + 0.95 * 0.9 = 1.075$

소프트 보팅의 결과, 여자로 최종 결론을 도출할 수 있습니다.

4.6.3 [실습] 랜덤 포레스트 손글씨 분류

이번 실습에서는 MNIST 손글씨 데이터셋을 사용해 랜덤 포레스트[26] 모델과 의사결정 트리 모델을 동일하게 학습시켜서 두 모델의 성능 차이를 시각화해서 비교해 보겠습니다.

먼저 다음과 같은 라이브러리들을 임포트해서 실습 준비를 합니다.

```
from sklearn import datasets
from sklearn import tree
from sklearn.ensemble import RandomForestClassifier
from sklearn.model_selection import cross_val_score
import matplotlib.pyplot as plt
import pandas as pd import numpy as np
```

---

26 https://scikit-learn.org/stable/modules/generated/sklearn.ensemble.RandomForestClassifier.html

손글씨 데이터 불러오기

MNIST 손글씨 데이터를 다음과 같이 사이킷런을 통해 쉽게 불러올 수 있습니다.

```
mnist = datasets.load_digits()
features, labels = mnist.data, mnist.target
```

교차 검증

다음 함수는 MNIST 데이터에 대한 랜덤 포레스트와 의사결정 트리의 검증 정확도를 알아봅니다. 교차 검증을 10번 수행해서 10번의 검증 정확도를 리스트에 저장합니다.

```
def cross_validation(classifier,features, labels):
    cv_scores = []
    for i in range(10):
        scores = cross_val_score(classifier, features, labels,
                    cv=10, scoring='accuracy')
        cv_scores.append(scores.mean())
    return cv_scores
```

의사결정 트리의 MNIST 손글씨 검증 정확도를 저장합니다.

```
dt_cv_scores = cross_validation(tree.DecisionTreeClassifier(),
                features, labels)
```

랜덤 포레스트의 MNIST 손글씨 검증 정확도를 저장합니다.

```
rf_cv_scores = cross_validation(RandomForestClassifier(),
                features, labels)
```

랜덤 포레스트 vs. 의사결정 트리의 정확도 시각화

10번의 검증 결과를 라인 차트로 시각화해서 랜덤 포레스트와 의사결정 트리의 성능을 손쉽게 알아보겠습니다.

검증 결과가 담긴 리스트를 pandas 데이터프레임에 저장한 후 시각화합니다.

```python
cv_list = [
            ['random_forest',rf_cv_scores],
            ['decision_tree',dt_cv_scores],
        ]

df = pd.DataFrame.from_items(cv_list)
df.plot()
```

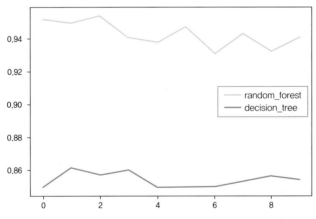

그림 4.6.1 랜덤 포레스트와 의사결정 트리의 정확도 비교 그래프

시각화를 통해 확연한 성능 차이를 확인할 수 있습니다. 10번의 검증 결과 모두 랜덤 포레스트가 별도의 하이퍼파라미터 설정이 없는 의사결정 트리보다 월등히 높습니다.

정확도

의사결정 트리의 정확도는 다음과 같이 확인할 수 있습니다.

```
np.mean(dt_cv_scores)
```

```
0.8343173330831328
```

랜덤 포레스트의 정확도는 다음과 같이 확인할 수 있습니다.

```
np.mean(rf_cv_scores)
```

```
0.9223850187122359
```

실습에 사용된 전체 코드 및 실행 결과는 깃허브 저장소[27]에서 직접 확인할 수 있습니다.

4.6.4 [실습] 보팅 앙상블 손글씨 분류

이번 실습에서는 단일 모델들을 앙상블해서 투표를 통해 더 나은 예측을 해보겠습니다.

먼저 다음과 같은 라이브러리들을 임포트해서 실습 준비를 합니다.

```
from sklearn import datasets
from sklearn import tree
from sklearn.neighbors import KNeighborsClassifier
from sklearn.svm import SVC
from sklearn.ensemble import VotingClassifier
from sklearn.model_selection import train_test_split
from sklearn.metrics import accuracy_score
```

---

27 https://github.com/wikibook/machine-learning/blob/2.0/jupyter_notebook/4.6_랜덤포레스트_손글씨분류.ipynb

다음 코드를 실행해 손글씨 데이터를 불러옵니다.

```
mnist = datasets.load_digits()
features, labels = mnist.data, mnist.target
X_train,X_test,y_train,y_test=train_test_split(features,labels,test_size=0.2)
```

단일 모델의 정확도 측정

앙상블의 정확도를 측정하기에 앞서 일단 단일 모델들의 정확도를 측정해 보겠습니다. 의사
결정 트리, kNN, SVM 분류기를 만들어 정확도를 측정합니다.

```
dtree = tree.DecisionTreeClassifier(criterion="gini", max_depth=8,
        max_features=32,random_state=35)
dtree = dtree.fit(X_train, y_train)
dtree_predicted = dtree.predict(X_test)

knn = KNeighborsClassifier(n_neighbors=299).fit(X_train, y_train)
knn_predicted = knn.predict(X_test)

svm = SVC(C=0.1, gamma=0.003,probability=True,random_state=35).fit(X_train, y_train)
svm_predicted = svm.predict(X_test)
print("[accuarcy]")
print("d-tree: ",accuracy_score(y_test, dtree_predicted))
print("knn   : ",accuracy_score(y_test, knn_predicted))
print("svm   : ",accuracy_score(y_test, svm_predicted))
```

```
[accuarcy]
d-tree: 0.8416666666666667
knn  : 0.8527777777777777
svm  : 0.9
```

분류값별 확률 확인

소프트 보팅 또는 하드 보팅은 사이킷런의 voting classifier[28]를 사용해 쉽게 구현할 수 있습니다. 직접 소프트 보팅을 구현할 때는 predict_proba 함수를 사용해 테스트를 수행할 때 측정된 분류값별 확률을 사용하면 됩니다. 아래 SVM으로부터 나온 테스트 데이터 2개의 0부터 9까지의 확률을 보실 수 있습니다. 0부터 9까지의 확률을 더하면 1이 되는 것을 확인할 수 있습니다. 참고로 출력 결과의 첫 번째 숫자는 99.98%의 확률로 0으로 예측됐으며, 두 번째 숫자는 74.64%의 확률로 숫자 7이 예측된 것을 볼 수 있습니다.

```
svm_proba = svm.predict_proba(X_test)
print(svm_proba[0:2])
```

```
[
  [9.99867547e-01 7.76123346e-06 2.04375619e-05 8.30878905e-06   1.12883071e-05 6.23620259e-06
3.65097156e-05 1.45193897e-05   1.28157264e-05 1.45763354e-05]
  [7.34973560e-03 2.11508140e-02 4.91569216e-02 1.36606342e-02   1.78083866e-02 1.72958979e-02
9.37169818e-03 7.46401344e-01   9.03178592e-02 2.74867085e-02]
]
```

하드 보팅

하드 보팅은 일반적인 투표와 같이 각 분류기의 예측값들을 모아 가장 많은 투표를 받은 예측값으로 최종 결론을 내리는 방식입니다.

```
voting_clf = VotingClassifier(estimators=[
    ('decision_tree', dtree), ('knn', knn), ('svm', svm)],
    weights=[1,1,1], voting='hard').fit(X_train, y_train)

hard_voting_predicted = voting_clf.predict(X_test)
accuracy_score(y_test, hard_voting_predicted)
```

```
0.9361111111111111
```

28　https://scikit-learn.org/stable/modules/generated/sklearn.ensemble.VotingClassifier.html

하드 보팅 결과, 정확도가 0.936임을 확인할 수 있습니다.

소프트 보팅

소프트 보팅은 각 분류모델의 predict_proba를 활용해 모든 분류값들의 확률을 더해서 가장 높은 점수를 획득한 분류값으로 최종 결론을 내리는 방식입니다.

```
voting_clf = VotingClassifier(estimators=[
    ('decision_tree', dtree), ('knn', knn), ('svm', svm)],
    weights=[1,1,1], voting='soft').fit(X_train, y_train)

soft_voting_predicted = voting_clf.predict(X_test)
accuracy_score(y_test, soft_voting_predicted)
```

```
0.9222222222222223
```

소프트 보팅 결과, 정확도가 0.922임을 확인할 수 있습니다.

단일 모델과 앙상블 모델의 정확도 비교 시각화

다음 코드를 실행해 정확도를 히스토그램으로 시각화할 수 있습니다.

```
import matplotlib.pyplot as plt
import numpy as np
%matplotlib inline

x = np.arange(5)
plt.bar(x, height= [accuracy_score(y_test, dtree_predicted),
                    accuracy_score(y_test, knn_predicted),
                    accuracy_score(y_test, svm_predicted),
                    accuracy_score(y_test, hard_voting_predicted),
                    accuracy_score(y_test, soft_voting_predicted)])

plt.xticks(x, ['decision tree','knn','svm',
               'hard voting','soft voting']);
```

실행 결과, 다음과 같은 히스토그램을 볼 수 있습니다.

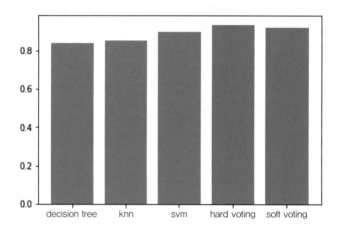

그림 4.6.2 단일 분류기 및 하드 보팅, 소프트 보팅의 정확도 비교 그래프

하드 보팅과 소프트 보팅 앙상블의 결과가 단일 모델들보다 높은 것을 확인할 수 있습니다. 하지만 실습은 실습일 뿐, 때로는 단일 모델이 더 나은 정확도를 보일 때도 있습니다. 단, 알려지지 않은 데이터를 예측해야 하는 분류 모델의 입장에서 여러 상황이 고려된 앙상블이 더 안정적인 모델이라고 할 수 있습니다. 하드 보팅과 소프트 보팅 중에서도 어느 것이 더 낫다라고 말하기 어렵습니다. 본인의 상황에 맞게 여러 검증 과정을 거쳐서 가장 성능이 좋은 모델을 선택하는 것이 바람직합니다.

실습에 사용된 전체 코드와 실행 결과는 깃허브 저장소[29]에서 직접 확인할 수 있습니다.

---

29 https://github.com/wikibook/machine-learning/blob/2.0/jupyter_notebook/4.6_보팅_앙상블_손글씨분류.ipynb

4.7 군집화

지금까지 살펴본 분류 알고리즘들은 모두 지도학습 분류 알고리즘이었습니다. 지도학습의 특성상 항상 정답이 있는 데이터의 특성들로 모델을 학습시킨 후, 테스트 시 모델의 분류값이 정답과 맞는지 틀리는지 여부로 정확도를 측정했었습니다. 지도학습의 반대되는 개념으로 비지도학습이 있습니다. 비지도학습은 정답 없이, 특징만 가지고 있는 데이터로 모델을 구현합니다. 이번 장에서 학습할 군집화(clustering)는 비지도학습의 일종으로, 데이터의 특징만으로 비슷한 데이터들끼리 모아 군집된 클래스로 분류합니다. 예를 들어, 한 교실에 있는 학생들의 키 값만 가지고, 키 큰 그룹, 키 작은 그룹으로 나누고 싶을 때 사용하는 알고리즘이 바로 군집화입니다.

4.7.1 [이론] k 평균 알고리즘

k 평균 알고리즘[30]은 간단하면서도 강력한 군집화 알고리즘입니다. 기본적으로 다음과 같은 순서로 진행됩니다.

1. 데이터 준비

2. 몇 개의 클래스로 분류할 것인지 설정

3. 클러스터의 최초 중심 설정

4. 데이터를 가장 가까운 클러스터로 지정

5. 클러스터 중심을 클러스터에 속한 데이터들의 가운데 위치로 변경

6. 클러스터 중심이 바뀌지 않을 때까지 4번부터 5번 과정을 반복적으로 수행

데이터 준비

k 평균 알고리즘은 데이터 간의 거리를 사용해 가까운 거리에 있는 데이터끼리 하나의 클래스로 묶는 알고리즘입니다. 거리를 계산하기 위해 데이터는 수치화된 데이터여야 합니다. 이

---

30 https://scikit-learn.org/stable/modules/clustering.html#k-means

해를 돕기 위해 한 교실에 있는 학생들의 키와 몸무게 값으로 세 개의 군집으로 분류하는 예제를 보겠습니다.

표 4.7.1 학생들의 키와 몸무게 데이터

학생	키	몸무게
1	185	60
2	180	60
3	185	70
4	165	63
5	155	68
6	170	75
7	175	80

몇 개의 클래스로 분류할 것인지 정하기

k 평균 알고리즘의 k는 몇 개의 클래스로 분류할 것인지를 나타내는 변수입니다. 이번 예제에서는 k를 3으로 설정해 학생들을 세 개의 집단으로 분류해보겠습니다.

클러스터의 최초 중심 설정

k 평균의 표준 알고리즘은 클러스터의 최초 중심을 무작위로 설정합니다. 하지만 경우에 따라 최초 중심을 k 평균 모델에 부여할 수도 있습니다. 예를 들어, 서울의 각 지역구별 위도/경도 데이터만 있을 때 강동, 강서, 강남, 강북으로 군집화하기 위해 가장 좋은 방법은 강동, 강서, 강남, 강북의 정가운데에 있는 지역구를 최초 클러스터의 중심으로 부여하는 것일 것입니다.

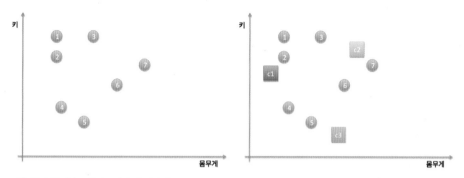

그림 4.7.1 무작위로 클러스터 중심 정하기

사이킷런의 k 평균 라이브러리는 기본적으로 kmean++라는 알고리즘을 써서 클러스터의
최초 중심을 설정합니다. kmean++는 최초 데이터 포인트 지점을 첫 번째 클러스터의 중심
으로 설정하고, 최초 데이터 포인트에서 가장 먼 데이터 포인트를 두 번째 클러스터의 중심으
로, 그리고 기존의 클러스터 중심에서 가장 먼 데이터포인트를 그다음 클러스터의 중심으로
설정합니다. 표준 k 평균 알고리즘의 랜덤 중심 설정은 때로는 초기 중심이 한 군데로 집약되
어 군집하는 데 시간이 오래 걸리고, 군집의 결과가 나쁠 경우가 더러 있습니다. kmean++
는 이러한 표준 k 평균 알고리즘의 단점을 보완하고자 만들어진 알고리즘입니다.

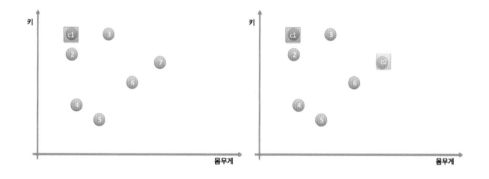

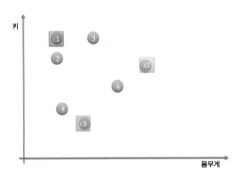

그림 4.7.2 kmean++의 중심 정하기

상황에 맞게 다음 세 가지 중 하나의 방법으로 클러스터의 중심을 설정할 수 있습니다.

- 무작위로 설정

- 최초 중심값 부여

- kmean++

데이터를 가장 가까운 클러스터로 설정

표준 k 평균 알고리즘에 따라 무작위로 클러스터의 중심을 설정하고 각 데이터를 가장 가까운 클러스터에 지정하는 과정을 알아보겠습니다.

먼저 아래의 그림에서 c1, c2, c3이라는 클러스터의 중심을 무작위로 부여하는 모습을 볼 수 있습니다.

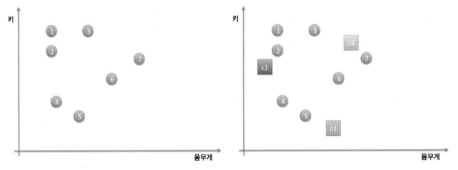

그림 4.7.3 무작위로 클러스터 중심 정하기

클러스터의 중심이 설정되면 첫 번째 데이터부터 마지막 데이터까지 순회하면서 데이터로부 터 가장 가까운 클러스터로 데이터를 소속시킵니다.

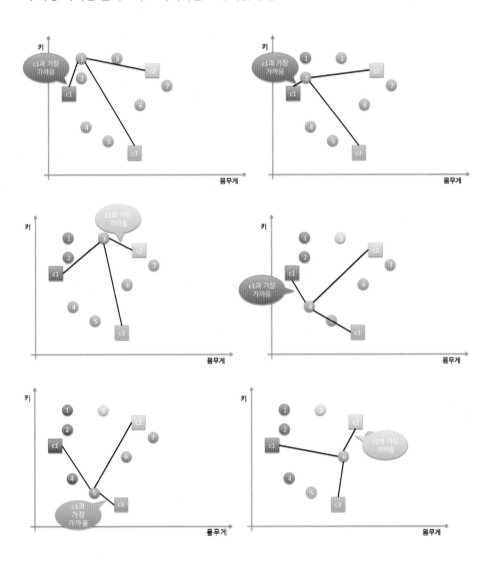

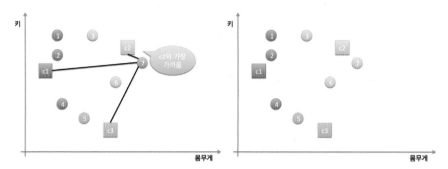

그림 4.7.4 데이터를 가장 가까운 클러스터로 지정

마지막 데이터까지 순회하면 위의 그림과 같이 모든 데이터들이 어느 한 클러스터에 속한 모습을 볼 수 있습니다.

클러스터 중심을 클러스터에 속한 데이터들의 가운데 위치로 변경

데이터의 순회가 완료되면 각 클러스터의 중심값을 실제 클러스터 내부의 데이터들의 중앙값으로 변경합니다. 다음 그림에서 c1, c2, c3의 위치가 어떻게 변경되는지 확인할 수 있습니다.

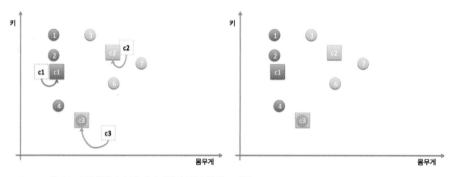

그림 4.7.5 클러스터 중심을 소속된 데이터들의 중심 위치로 이동

클러스터 중심이 바뀌지 않을 때까지 4번부터 5번 과정을 반복적으로 수행

클러스터의 중심이 바뀌면 다시 첫 번째 데이터부터 마지막 데이터까지 순회하며, 데이터를 가장 가까운 클러스터로 소속시킵니다. 클러스터의 중심이 바뀌었기 때문에 일부 데이터는

소속된 클러스터가 바뀌게 됩니다. 다음 그림에서 4번 데이터가 c1에서 c3 클러스터로 변경되는 모습을 확인할 수 있습니다.

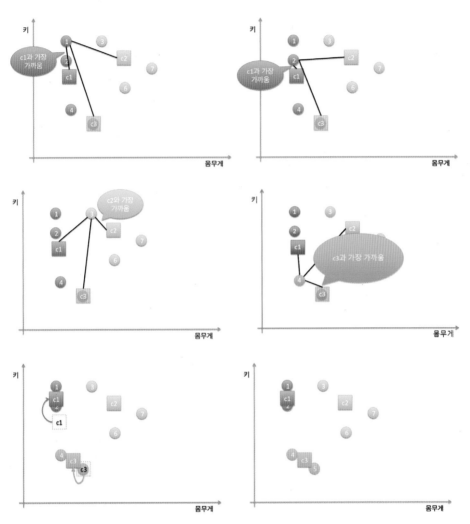

그림 4.7.6 클러스터 중심이 바뀌지 않을 때까지 데이터를 가장 가까운 클러스터로 지정

데이터의 순회가 완료되면 다시 클러스터의 중심을 소속된 데이터들의 중앙으로 옮깁니다. 이 과정을 소속된 데이터가 변경되지 않을 때까지 또는 클러스터의 중심이 변경되지 않을 때까지 반복합니다.

k 평균 알고리즘이 완료된 후 3개의 군집으로 표현된 데이터를 아래 그림에서 확인할 수 있습니다. 모델에 어떻게 군집시키라는 별도의 정보를 주지 않았음에도 모델은 '키가 크고 마른 체형', '키가 크고 건장한 체형', '왜소한 체형'이라는 3개의 집단으로 데이터를 성공적으로 분류했습니다.

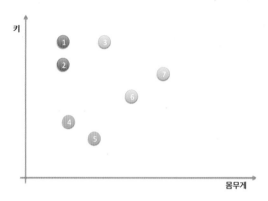

그림 4.7.7 kmean 완료 후 군집화된 데이터

4.7.2 [실습] 키와 몸무게에 따른 체형 군집화

이번 실습에서는 이론에서 사용된 키와 몸무게로 학생들을 세 그룹으로 분류하는 예제를 직접 실습해 보겠습니다.

먼저 다음 라이브러리들을 임포트해서 실습을 준비합니다.

```
import pandas as pd
import numpy as np
from sklearn.cluster import KMeans
import matplotlib.pyplot as plt
import seaborn as sns
%matplotlib inline
```

데이터 만들기

키와 몸무게로 구성된 데이터를 다음과 같이 만듭니다.

```
df = pd.DataFrame(columns=['height', 'weight'])
df.loc[0] = [185,60]
df.loc[1] = [180,60]
df.loc[2] = [185,70]
df.loc[3] = [165,63]
df.loc[4] = [155,68]
df.loc[5] = [170,75]
df.loc[6] = [175,80]
```

데이터 시각화

다음 코드를 실행해 데이터를 2차원 그래프에 시각화할 수 있습니다.

```
sns.lmplot('height', 'weight',
        data=df, fit_reg=False,
        scatter_kws={"s": 200})
```

코드를 실행하면 다음과 같은 차트를 볼 수 있습니다.

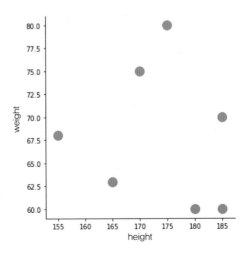

그림 4.7.8 데이터포인트 분포도

k 평균 군집

사이킷런의 kmean 라이브러리[31]를 활용해 데이터를 군집합니다.

사이킷런의 kmean 라이브러리는 이론에서 다룬 kmean++, 랜덤 최초 중심 및 사용자 지정 최초 중심을 설정하는 방법을 모두 지원합니다. 다음 예제 코드처럼 별도의 init 파라미터를 지정하지 않으면 kmean++를 사용해 군집을 수행합니다.

```
data_points = df.values
kmeans = KMeans(n_clusters=3).fit(data_points)

kmeans.cluster_centers_
df['cluster_id'] = kmeans.labels_
```

k 평균 군집 시각화

군집 결과를 씨본과 데이터프레임을 활용해 손쉽게 시각화할 수 있습니다.

```
sns.lmplot('height', 'weight', data=df, fit_reg=False,
           scatter_kws={"s": 150},
           hue="cluster_id")
```

'키가 작은 그룹', '중간 그룹', '큰 그룹'으로 군집된 결과를 각기 다른 색으로 구분해서 확인할 수 있습니다.

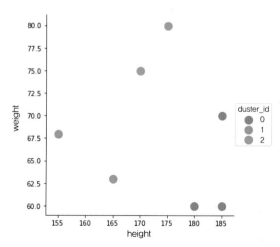

그림 4.7.9 kmean 군집화 시각화

---

31   https://scikit-learn.org/stable/modules/generated/sklearn.cluster.KMeans.html

실습에 사용된 전체 코드와 실행 결과는 깃허브 저장소[32]에서 직접 확인할 수 있습니다.

4.8 선형회귀

선형회귀(linear regression) 분석이란 관찰된 데이터들을 기반으로 하나의 함수를 구해서 관찰되지 않은 데이터의 값을 예측하는 것을 의미합니다. 이번 장에서는 선형회귀 분석에 대해 알아보고 실습해 보겠습니다.

4.8.1 [이론] 선형회귀

선형회귀 모델이란 회귀 계수를 선형적으로 결합할 수 있는 모델을 의미합니다. 회귀 계수, 선형 결합 등의 단어가 다소 생소할 수 있습니다. 먼저 다음과 같은 쉬운 예제부터 보면서 차근차근 알아가보겠습니다.

한 축구 선수의 숏 횟수와 획득한 점수표를 보겠습니다. 숏 횟수는 데이터이고 득점은 그 데이터에 해당하는 값입니다.

표 4.8.1 축구선수의 숏 횟수와 득점표

숏 횟수	득점
1	1
3	3
5	5

데이터가 숏 횟수라는 한 개의 특성으로만 구성돼 있기 때문에 다음과 같이 쉽게 도식화할 수 있습니다.

---

32 https://github.com/wikibook/machine-learning/blob/2.0/jupyter_notebook/4.7_k평균_군집화_실습.ipynb

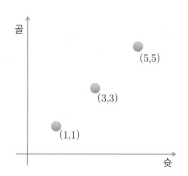

그림 4.8.1 축구선수 데이터 2차원 시각화

이 축구 선수가 4번의 슛을 시도할 경우 몇 점을 획득하게 될까요?

$y = ax + b$라는 1차함수를 생각할 경우 손쉽게 $y = x$라는 함수 공식이 관찰된 데이터에 100% 적용된다는 것을 확인할 수 있습니다.

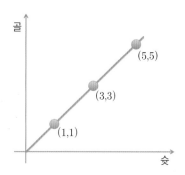

그림 4.8.2 축구 선수 데이터와 일치하는 함수 시각화

이 축구 선수가 4번의 슛을 쏠 경우 몇 개의 골을 성공시킬 수 있을지 확인하기 위해 $y = x$라 는 함수에 대입했을 총 4개의 골을 성공할 것이라고 예측할 수 있습니다.

회귀 계수

앞의 예제에서 사용된 $y = x$라는 함수는 1차 함수의 기본 형식인 $y = ax + b$에 주어진 데이터 를 대입해서 구했습니다. 1차함수를 조금 머신러닝 계산식스럽게 변형하면 $y = ax1 + bx2$이 며, 본 계산식에서 계수는 a와 b가 존재합니다. 즉, 우리가 사용한 예제에서의 회귀 계수는 a 와 b입니다.

선형 결합

선형 결합(linear combination)은 선형 대수의 벡터의 합에서 나온 개념입니다. 다음과 같이 a라는 벡터와 b라는 벡터가 있습니다.

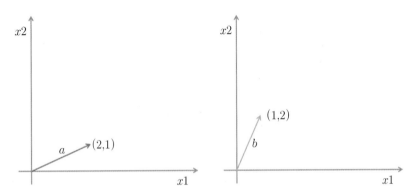

그림 4.8.3 두 개의 다른 벡터 시각화

두 개의 벡터를 단순히 더하면 아래와 같은 $a+b$라는 벡터를 구할 수 있습니다.

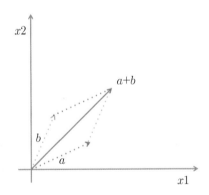

그림 4.8.4 벡터의 선형결합

이렇게 서로 다른 벡터를 더해 새로운 벡터를 얻는 과정을 선형 결합이라고 합니다. 단순히 두 개의 벡터를 더하는 것뿐 아니라 가중치를 곱한 후 더하는 것도 선형 결합입니다. 즉, 아래의 $2a+b$, $a+2b$ 벡터 역시, a 벡터와 b 벡터의 선형 결합입니다.

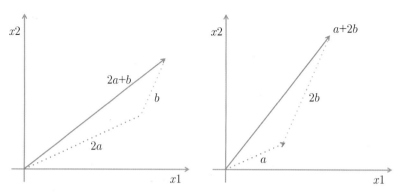

그림 4.8.5 가중치가 있는 벡터의 선형결합

다시 축구 선수 슛과 골의 상관관계 함수를 보겠습니다. $y = ax1+bx2$라는 슛($x1$)과 골(y)의 회귀 함수를 주어진 데이터를 통해 구했었습니다. 이 함수에서 a와 b를 벡터로 가정한다면 $x1$의 가중치를 곱한 a 벡터와 $x2$의 가중치를 곱한 b의 선형결합인 것을 확인할 수 있습니다. 이처럼 선형회귀는 회귀 계수들이 선형 결합된 함수를 뜻하며, 이 함수를 통해 알려지지 않은 데이터의 값을 예측하는것을 선형회귀 분석이라고 합니다.

평균 제곱 오차로 더 나은 회귀 함수 선택하기

주어진 데이터로부터 함수를 구하는 과정을 알아보겠습니다. 선형회귀 분석에서 가장 중요한 단계는 주어진 데이터로부터 가장 알맞은 함수를 구하는 단계라고 할 수 있습니다. 다음과 같은 몸무게에 따른 키의 데이터 분포를 보겠습니다.

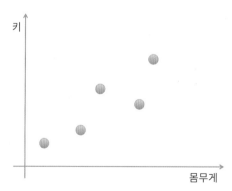

그림 4.8.6 몸무게와 키 데이터 분포

키를 y, 몸무게를 x라고 했을 때 위의 데이터 분포를 $y=\theta x$라는 한 가지의 회귀 계수만을 사용한 함수로 표현해야 한다고 가정할 경우 가장 적당한 θ는 어떻게 구할 수 있을까요? 아래의 두 가지 함수를 비교해 보겠습니다. 왼쪽과 오른쪽 선 중에서 왼쪽 선이 데이터와 더욱 밀접해 있고, 그에 따라 데이터 분포를 더 잘 표현한 것임을 확인할 수 있습니다.

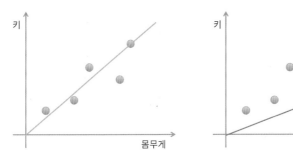

그림 4.8.7 몸무게 키의 상관관계에 적합한 함수 찾기

수학적으로 어떻게 왼쪽의 함수가 더 나은 회귀함수라고 알 수 있을까요? 가장 일반적인 방법으로는 데이터포인트에서 함수의 선까지의 거리를 더하는 방법이 있습니다. 데이터포인트(실제값)와 회귀 직선(예측값)까지의 거리를 회귀 함수의 에러로 표시할 수 있습니다.

$$error = (y_i - \theta x_i)$$

하지만 실무에서는 이 에러값보다는 에러값을 제곱한 값을 더 많이 사용합니다.

$$square\ error = (y_i - \theta x_i)^2$$

아래 그림은 데이터포인트에서 회귀 함수까지의 거리를 제곱한 값을 시각화한 차트입니다.

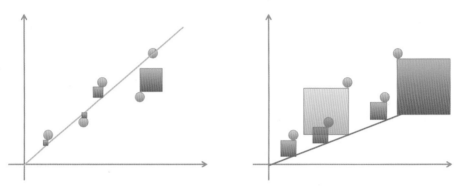

그림 4.8.8 회귀 함수와 실제 데이터 간의 거리 시각화

거리를 제곱함으로써 항상 양수인 거리값을 얻는다는 장점과 두 개의 회귀를 비교했을 때 쉽게 어느 회귀가 더 나은지 비교할 수 있다는 장점을 볼 수 있습니다. 이처럼 각 데이터포인트로부터 함수까지의 거리를 제곱한 값을 평균낸 값을 평균 제곱 오차(MSE, mean squared error)라고 합니다. 그림에서 빨간 사각형들의 평균값이 작은 함수가 더 나은 회귀 함수입니다.

평균 제곱 오차를 수식으로 나타내면 다음과 같습니다. $f(\theta)$는 평균 제곱 오차 함수입니다.

$$f(\theta) = \frac{1}{n} \sum_{i=0}^{n} (y_i - \theta\, x_i)^2$$

컴퓨터는 위의 계산식을 활용해 왼쪽의 회귀 함수가 더 적합하다는 것을 손쉽게 알아낼 수 있습니다.

선형회귀의 목적 함수

목적 함수(objective function)란 보통 어떤 함수의 최댓값 또는 최솟값을 구하는 함수입니다. 우리가 회귀 모델을 구현할 때의 목적 함수는 무엇일까요? 다시 위 그림의 빨간 사각형들을 보겠습니다. 우리는 저 빨간 사각형들을 최소로 하는 회귀함수를 찾는 것이 목적입니다.

이것은 평균 제곱 오차($f(\theta)$)를 최소화한다는 것과 동일한 의미입니다. 즉, 회귀의 목적 함수는 평균 제곱 오차를 최소화하는 것이라고 정의할 수 있습니다.

- **목적함수**: 평균제곱오차를 최소화하는 함수

경사하강법

회귀 모델을 구현할 때 최초 회귀 계수를 임의값으로 설정한 후, 경사하강법(gradient descent)을 반복적으로 실행해 최소의 평균 제곱 오차를 가지는 회귀 계수(θ)를 구합니다. 경사하강법의 공식은 아래와 같습니다.

$$\theta := \theta - \alpha \frac{\partial}{\partial \theta} f(\theta)$$

위 공식을 쉽게 설명하자면 어느 한 지점에서의 $f(\theta)$의 미분값과 반대되는 방향으로 θ를 조금 움직여, 결과적으로 $f(\theta)$의 값이 줄어들게 만드는 공식입니다. 이 경사하강법을 반복적으로 수행하면 결과적으로 $f(\theta)$를 최소로 하는 θ를 구하게 됩니다.

위 공식의 작동 방식을 쉽게 이해하기 위해 아래 $y = \theta x$라는 회귀함수의 θ에 따른 평균 제곱 오차 그래프를 보겠습니다.

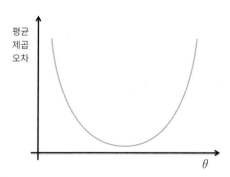

그림 4.8.9 회귀 계수에 따른 평균 제곱 오차

평균 제곱 오차를 최소로 하는 θ는 위 그림의 변곡점 부분이며, 기울기, 즉 미분값이 0인 지점입니다. 경사하강법을 반복 수행하면서 미분값이 0인 θ를 구하는 과정은 아래와 같습니다.

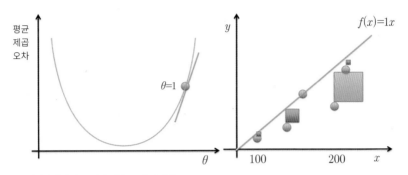

그림 4.8.10 경사하강법 최초 평균 제곱 오차 시각화

먼저 최초 θ가 1일 경우 미분값이 양수인 것을 왼쪽 평균 제곱 오차 그래프에서 볼 수 있습니다. $-($미분값 $\star\ \alpha)$만큼 θ의 값을 변경해서 변곡점에 더 가까운 값으로 이동합니다. α는 학습률(learning rate)를 의미하며, α의 값이 클수록 θ의 값이 크게 변경되며 α의 값이 작을수록 θ이 적게 변경됩니다.

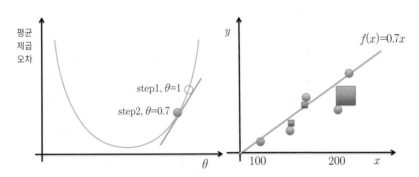

그림 4.8.11 경사 하강법 진행 시 줄어든 평균 제곱 오차 시각화

변경된 θ의 값이 0.7이 됐습니다. 확실히 θ이 변곡점에 가까워지면서 오른쪽 그래프에서 보이는 평균제곱오차도 줄어든 것을 눈으로 확인할 수 있습니다. 계속해서 경사하강법을 반복적으로 수행해 θ를 변곡점까지 옮깁니다.

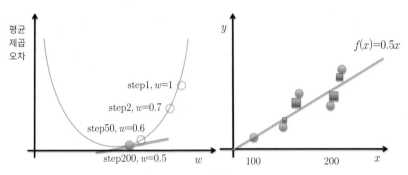

그림 4.8.12 경사 하강법으로 최소로 줄어든 평균 제곱 오차 시각화

위 그래프에서 볼 수 있듯이 200번째 경사하강법에 의해 θ의 값이 0.5가 됐으며, 오른쪽 그래프에서 확연히 줄어든 평균제곱오차를 확인할 수 있습니다.

이처럼 평균제곱오차가 최소화된 θ를 회귀함수의 회귀계수로 선택하게 됩니다. 아래 실습을 통해 선형회귀를 직접 구현해 보겠습니다.

4.8.2 [실습] 선형회귀

이번 실습에서는 이론에서 다룬 $y=wx$의 형태를 갖는 선형회귀를 직접 케라스로 구현해 보겠습니다.

먼저 아래의 라이브러리들을 임포트해 실습을 준비합니다.

```
from tensorflow.keras import optimizers
from tensorflow.keras.models import Sequential
from tensorflow.keras.layers import Dense
import numpy as np
import matplotlib.pyplot as plt
%matplotlib inline
```

데이터 만들기

넘파이를 활용해 선형회귀에 사용될 데이터를 손쉽게 만들 수 있습니다. 먼저 0에서부터 10 까지 총 10개의 x값을 만들고, 그에 해당하는 y값은 x에 임의의 수를 더한 값으로 생성합니다. 이번 실습을 통해 임의로 분포된 데이터에 가장 적합하게 적용될 수 있는 w를 찾겠습니다.

```
X = np.linspace(0, 10, 10)
Y = X + np.random.randn(*X.shape)
```

데이터 조회

임의로 생성된 데이터를 조회합니다. $y=wx$라는 식을 통해 모든 데이터를 통과하는 직선은 구할 수 없다는 것을 확인할 수 있습니다. 선형회귀를 사용함으로써 모든 데이터를 통과하지는 못하지만 가장 적절하게 근사값을 구할 수 있는 w를 찾겠습니다.

```
for x, y in zip(X,Y):
print((round(x,1), round(y,1)))
```

```
(0.0, -0.3)
(1.1, 0.9)
(2.2, 1.8)
(3.3, 3.8)
(4.4, 5.3)
(5.6, 4.9)
(6.7, 7.2)
(7.8, 9.0)
(8.9, 9.1)
(10.0, 10.5)
```

선형회귀 모델 만들기

케라스의 Sequential을 사용해 선형회귀 모델을 만들어 보겠습니다. 이번에 만들 모델의 입력은 단순히 x값 하나이기 때문에 input_dim은 1로 설정합니다. 모델의 출력 역시 단순히 y값의 예측값이므로 units를 1로 설정합니다. activation 함수는 linear로 설정해 선형성을 유지하도록 합니다. $y = wx + b$일 경우 use_bias = True로 설정해야겠지만, 현재 우리의 가설은
$y = wx$이므로 use_bias = False로 설정합니다.

```
model = Sequential()
model.add(Dense(input_dim=1, units=1, activation="linear", use_bias=False))
```

모델을 학습하기 위한 방법을 설정합니다. 이론에서와 마찬가지로 경사하강법(gradient
descent)으로 평균제곱오차(MSE)를 줄이는 방법으로 모델을 학습하겠습니다. lr=0.01은 학
습률을 0.01로 설정하는 것을 의미합니다. lr이 너무 작을 경우, 학습의 속도가 너무 느리고,
너무 클 경우 학습이 제대로 이뤄지지 않을 수 있습니다.

```
sgd = optimizers.SGD(lr=0.05)
model.compile(optimizer='sgd', loss='mse')
```

모든 준비가 끝났습니다. 학습 전, 최초로 설정된 w 값을 조회해 보겠습니다.

```
weights = model.layers[0].get_weights()
w = weights[0][0][0]
print('initial w is : ' + str(w))
```

```
initial w is : 0.23641932
```

최초 w에는 무작위로 적은 수치의 값이 설정돼 있는 것이 보입니다. 학습을 통해 가장 알맞은
w를 찾겠습니다.

선형회귀 모델 학습

다음 코드를 실행해 학습합니다. 총 10개의 데이터가 있으므로 배치 사이즈를 10으로 설정해
10개의 데이터에 대한 평균 제곱 오차를 사용한 학습을 진행합니다. epochs=10으로 설정해
10번 반복 학습을 진행해 최적의 w를 찾습니다.

```
model.fit(X, Y, batch_size=10, epochs=10, verbose=1)
```

```
Epoch 1/10 10/10 [==============================] - 0s 8ms/step - loss: 43.6441
Epoch 2/10 10/10 [==============================] - 0s 176us/step - loss: 5.3689
Epoch 3/10 10/10 [==============================] - 0s 260us/step - loss: 2.0086
Epoch 4/10 10/10 [==============================] - 0s 203us/step - loss: 1.7136
Epoch 5/10 10/10 [==============================] - 0s 271us/step - loss: 1.6877
Epoch 6/10 10/10 [==============================] - 0s 527us/step - loss: 1.6855
Epoch 7/10 10/10 [==============================] - 0s 446us/step - loss: 1.6853
Epoch 8/10 10/10 [==============================] - 0s 559us/step - loss: 1.6853
Epoch 9/10 10/10 [==============================] - 0s 550us/step - loss: 1.6853
Epoch 10/10 10/10 [==============================] - 0s 200us/step - loss: 1.6853
```

실행 로그를 통해 손실(loss)이 점차 줄어드는 것을 확인할 수 있습니다. 손실이 줄어든다는 말의 의미는 평균 제곱 편차가 줄어든다는 의미이며, 이는 w가 점차적으로 데이터에 적합한 값으로 설정돼 가고 있음을 의미합니다. 7번째 학습부터 손실에 변화가 없는 것도 확인할 수 있습니다. 이것은 이미 7번째 학습에서 평균 제곱 오차를 최소화하는 w를 찾은 것으로 해석할 수 있습니다.

시각화

다음 코드를 실행해 선형회귀 모델을 차트에 시각화할 수 있습니다.

```python
plt.plot(X, Y, label='data')
plt.plot(X, w*X, label='prediction')
plt.legend()
plt.show()
```

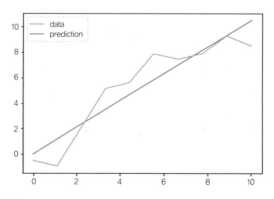

그림 4.8.13 회귀 함수 시각화

선형 모델의 예측값이 우리가 생성한 데이터의 y값에 상당히 근접한 것을 볼 수 있습니다. 이처럼 관찰된 데이터의 패턴을 파악해서 그 패턴을 나타낼 수 있는 함수를 구하는 것을 회귀라고 하며, 회귀 함수를 통해 아직 관찰되지 않은 데이터의 예측값을 구하는 것이 바로 선형회귀의 목적이라 할 수 있습니다.

실습에 사용된 전체 코드와 실행 결과는 깃허브 저장소[33]에서 직접 확인할 수 있습니다.

4.9 로지스틱 회귀

앞서 다룬 선형 회귀 모델로 이진 분류 문제를 풀 수 있을까요? 선형 회귀의 예측값은 수치값으로 나와서 참 또는 거짓을 분류하는 문제에 적합하지 않습니다. 단, 선형 회귀의 예측값을 입력값으로 받아 참 또는 거짓으로 분류하는 모델을 고려해볼 수 있습니다. 이번 장에서 배울 로지스틱 회귀[34] 모델은 선형 회귀를 입력으로 받아 특정 레이블로 분류하는 모델입니다.

4.9.1 [이론] 로지스틱 회귀

로지스틱 회귀의 작동 원리는 다음 그림과 같습니다.

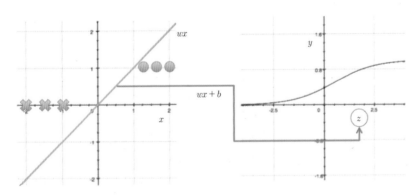

그림 4.9.1 로지스틱 회귀의 작동 원리

---

33 https://github.com/wikibook/machine-learning/blob/2.0/jupyter_notebook/4.8_선형회귀_실습.ipynb

34 https://scikit-learn.org/stable/modules/linear_model.html#logistic-regression

왼쪽 선형 회귀 그래프는 x라는 입력이 들어왔을 때 wx라는 결괏값을 출력합니다. 결괏값 wx
와 편향값 b가 합쳐진 값(z)는 다시 오른쪽 그래프의 입력값으로 들어가서 결괏값 y를 출력합
니다. 오른쪽 그래프의 이름은 시그모이드 함수입니다. 오른쪽 그래프에서 볼 수 있듯이, 시
그모이드 함수는 입력값이 크면 클수록 1이라는 값으로 수렴하고, 입력값이 작으면 작을수록
0이라는 값으로 수렴합니다. 0부터 1까지의 값을 가지는 특성 때문에 시그모이드의 출력값은
확률로 사용될 수 있고, 출력값이 0.5 이상일 경우에는 참, 0.5 이하일 경우에는 거짓이라고
분류하는 분류 모델로 사용할 수 있습니다.

선형 회귀의 입력값(x), 출력값 및 로지스틱 회귀의 출력값에 따른 이진분류 결과를 표 4.9.1
에 정리했습니다.

표 4.9.1 선형 회귀 값에 따른 로지스틱 회귀의 출력값

선형 회귀 입력값 (x)	선형 회귀 출력값(wx) 로지스틱 회귀 입력값(z)	로지스틱 회귀 출력값(y)	이진 분류 0.5 이상: O, 0.5 이하: ×
−2	−2	0.12	×
−1.5	−1.5	0.18	×
−1	−1	0.27	×
1.25	1.25	0.78	O
1.62	1.62	0.83	O
2	2	0.88	O

표에서 볼 수 있듯이 로지스틱 회귀는 선형 회귀의 결과를 입력값으로 받아 특정 레이블로 분
류하는 모델임을 알 수 있습니다.

예제를 쉽게 이해할 수 있게 w를 최적의 값($w=1$)으로 설정해 별다른 로지스틱 회귀 모델을
학습하는 과정 없이 분류를 성공적으로 마쳤습니다. 최적의 w를 찾기 위한 로지스틱 회귀의
학습은 어떻게 진행될까요?

로지스틱 회귀 학습

학습이란 현재 가지고 있는 데이터를 통해 최적의 w를 찾아내는 과정이라고 생각하면 됩니다. 선형 회귀에서는 랜덤한 w를 최초 부여한 후, 경사하강법으로 평균제곱오차(MSE)가 가장 작은 w를 찾아냈었습니다.

로지스틱 회귀 역시 경사하강법으로 최적의 w를 찾아내지만 비용함수는 평균제곱오차가 아닌 크로스 엔트로피(cross entropy)를 사용합니다. 그 이유는 바로 비선형성을 지니고 있는 시그모이드 함수 때문입니다.

선형 vs. 비선형

선형과 비선형은 어떻게 다를까요? 선형 회귀를 예로 들어 설명하겠습니다.

$y = wx$는 선형 회귀 함수라는 사실을 알고 계실 겁니다. 그렇다면 아래의 회귀 함수는 선형인가요?

$$y = w_1x + w_2x^2 + w_3x^3 + w_4x^4$$

만약 선형인지 비선형인지 확신이 서지 않는다면 아직 선형의 개념이 확고하지 않은 것이며, 이번에 확실히 알고 가면 됩니다. 결론적으로 위의 함수는 선형입니다. 선형 회귀에서 선형이란 회귀 계수(w)들이 선형 결합이 될 수 있을 경우 선형이라고 합니다. x의 제곱이 있든 세제곱이 있든 중요하지 않습니다. 모든 회귀계수의 x를 독립변수로 설정하고 아래의 식으로 치환해서 보겠습니다.

$$y = w_1x_1 + w_2x_2 + w_3x_3 + w_4x_4$$

보다시피 y는 벡터 공간에서 $w1$, $w2$, $w3$, $w4$의 선형 결합인 것을 확인할 수 있습니다.

로지스틱 회귀가 비선형인 이유도 선형 결합의 관점에서 쉽게 이해할 수 있습니다.

선형 회귀의 결괏값 y가 입력으로 들어간 로지스틱 회귀의 함수는 아래와 같습니다.

$$\text{로지스틱 회귀} = \frac{1}{1+e^{-y}}$$

y 대신 w가 공개되도록 w와 x의 식으로 표현하면 다음과 같은 공식이 됩니다.

$$\text{로지스틱 회귀} = \frac{1}{1+e^{-(w_1x_1 + w_2x_2 + w_3x_3 + w_4x_4)}}$$

보다시피 로지스틱 회귀는 회귀계수의 선형결합이 아니므로 비선형이라고 할 수 있습니다.

함수가 선형일 경우 평균제곱오차 비용함수는 아래쪽으로 볼록한 함수(convex function)입니다. 따라서 경사하강법을 사용해 최저의 에러를 갖는 회귀계수를 찾을 수 있습니다. 선형 회귀의 평균제곱오차는 아래와 같이 경사하강법으로 최소 지점을 찾을 수 있습니다.

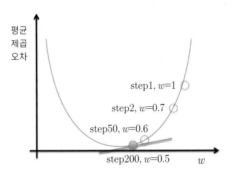

그림 4.9.2 선형 회귀의 경사하강법에 따른 평균제곱오차

하지만 로지스틱 회귀의 평균제곱오차는 위의 그림처럼 볼록한 함수가 아닙니다. 그 이유는 로지스틱 회귀는 선형 회귀 + 시그모이드 함수의 형태를 띠고 있으며, 시그모이드 함수의 영향으로 평균제곱오차 그래프는 아래의 그림처럼 한 개 이상의 로컬 미니멈을 가질 수 있기 때문입니다.

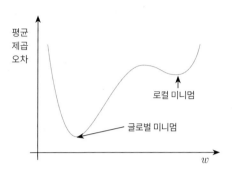

그림 4.9.3 로지스틱 회귀의 평균제곱오차 그래프

경사하강법으로 미분값이 0인 지점을 찾을 경우 운이 좋아서 글로벌 미니멈의 w를 찾을 수도 있지만 운이 나쁠 경우 로컬 미니멈의 w로 모델 학습이 마무리될 수 있습니다. 모델을 학습할 때 최적의 w를 항상 찾는다는 보장이 없기 때문에 평균제곱오차는 로지스틱 회귀의 적합한 비용 함수가 아닙니다.

크로스 엔트로피

로지스틱 회귀 분류 모델은 주로 크로스 엔트로피를 비용함수로 사용합니다. 크로스 엔트로피[35]란 서로 다른 두 확률 분포의 차이를 의미합니다. 로지스틱 회귀 관점에서는 모델의 예측값의 확률과 실제값 확률의 차이입니다. 예측값과 실제값의 차이를 가장 작게 하는 w를 구함으로써 최적의 w를 구하는 방법이 바로 크로스 엔트로피입니다.

크로스 엔트로피의 공식은 다음과 같습니다.

$$-\sum p(x)\log q(x)$$

$p(x)$는 실제 데이터의 분포, $q(x)$는 모델의 예측값의 분포입니다.

좀 더 확실하게 이해하기 위해 극단적인 예제를 보겠습니다. 다음은 실제 데이터와 모델 예측값이 완전히 다를 때의 예입니다.

---

35 https://en.wikipedia.org/wiki/Cross_entropy

표 4.9.2 실제 데이터와 모델의 예측값이 완전히 다른 경우

실제 데이터	모델 예측값
[0, 1]	[1,0]

크로스 엔트로피를 계산했을 때

$$[0,1] \times \begin{bmatrix} \log 1 \\ \log 0 \end{bmatrix} = \infty$$

보다시피 실제값과 예측값이 완전히 다르면 무한대의 값이 나옵니다.

실제 데이터와 모델 예측값이 동일할 경우의 예제를 봅시다.

표 4.9.3 실제 데이터와 모델의 예측값이 완전히 같은 경우

실제 데이터	모델 예측값
[0, 1]	[0,1]

예측값이 실제값과 동일할 때의 크로스 엔트로피는 다음과 같은 계산에 따라 0이 나옵니다.

$$[0,1] \times \begin{bmatrix} \log 0 \\ \log 1 \end{bmatrix} = 0$$

즉, 경사하강법을 사용해 크로스 엔트로피를 최저로 하는 w를 찾도록 학습하면 최적의 w를 찾게 됩니다.

실제값과 예측값의 크로스 엔트로피는 실제값이 1이냐 0이냐에 따라 다르게 나타납니다.

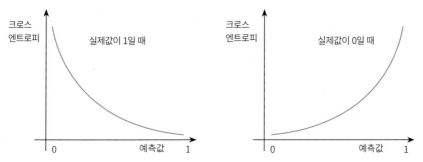

그림 4.9.4 실제값이 1일 때와 0일 때의 크로스 엔트로피 그래프

여기서 한 가지 눈여겨봐야 할 점은 크로스 엔트로피를 비용함수로 최솟값을 찾아나갈 때 실제값이 0, 1에 상관 없이 한쪽으로만 값이 수렴한다는 점입니다. 이런 단순성은 경사하강법이 더욱 쉽게 최적의 w를 찾는 데 도움을 줍니다.

이론에서 배운 단일 입력 로지스틱 회귀를 도식화하면 다음 그림과 같습니다.

그림 4.9.5 로지스틱 회귀 작동 방식

다중 입력 로지스틱 회귀는 다음과 같은 그림으로 표현할 수 있습니다. 대표적으로 AND 연산, OR 연산을 다중 입력 로지스틱 회귀로 구현할 수 있습니다.

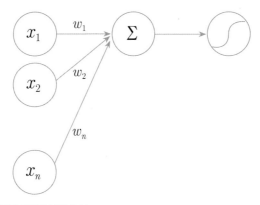

그림 4.9.6 다중 입력 로지스틱 회귀의 작동 방식

다중 분류 로지스틱 회귀는 보통 소프트맥스라고 합니다. 보통 로지스틱 회귀가 '예', '아니오'
처럼 이진 분류하는 데 사용되지만, 로지스틱 회귀를 여러 개 붙여서 정규화된 출력을 함으로
써 여러 개의 값을 분류할 수 있습니다. 소프트맥스는 다음 그림과 같은 구조를 띠고 있습니다.

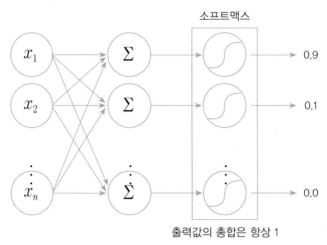

그림 4.9.7 소프트맥스의 작동 방식

실습에서는 단일 입력 로지스틱 회귀, 다중 입력 로지스틱 회귀, 그리고 소프트맥스를 다뤄보
겠습니다.

4.9.2 [실습] 단일 입력 로지스틱 회귀

1개의 입력을 받아 0 또는 1을 출력하는 로지스틱 회귀 모델을 케라스로 구현해 보겠습니다.
먼저 다음 라이브러리들을 임포트해서 실습을 준비합니다.

```
from tensorflow.keras.models import Sequential
from tensorflow.keras.layers import Dense, Activation
import numpy as np
```

로지스틱 회귀 모델 만들기

sigmoid($wx+b$)의 형태를 갖는 간단한 로지스틱 회귀를 케라스로 구현합니다.

```
model = Sequential()
# 입력 1개를 받아 출력 1개를 리턴하는 선형 회귀 레이어를 생성합니다.
model.add(Dense(input_dim=1, units = 1))
# 선형 회귀의 출력값을 시그모이드에 연결합니다.
model.add(Activation('sigmoid'))
# 크로스 엔트로피를 비용함수로 설정해 경사하강법으로 학습합니다.
model.compile(loss='binary_crossentropy',
              optimizer='sgd', metrics=['binary_accuracy'])
```

데이터 생성

모델 학습을 위한 데이터를 생성합니다.

```
X = np.array([-2, -1.5, -1, 1.25, 1.62, 2])
Y = np.array([0, 0, 0, 1, 1, 1])
```

모델 학습

모델 학습을 진행합니다. 300번의 반복 학습을 통해 최적의 w와 b를 찾습니다.

```
model.fit(X, Y, epochs=300, verbose=0)
```

학습 데이터에 따른 실제 모델의 출력값을 확인합니다.

-2, -1.5, -1에 해당하는 값은 0.5보다 작고, 나머지 값들은 0.5보다 큰 것을 확인할 수 있습니다.

```
model.predict([-2, -1.5, -1, 1.25, 1.62, 2])
```

```
array([[0.104971  ],
       [0.1664175 ],
       [0.25363967],
       [0.7882539 ],
       [0.8465854 ],
       [0.8920969 ]], dtype=float32)
```

시그모이드의 특성상 왼쪽 극한의 값은 0으로 수렴하며, 오른쪽 극한의 값은 1로 수렴하는 것을 확인할 수 있습니다.

```
model.predict([-1000, 1000])
```

```
array([[0.],
       [1.]], dtype=float32)
```

모델 요약

다음 코드를 실행해 모델의 구성이 어떻게 이뤄졌는지 확인할 수 있습니다. 단일 입력 로지스틱 모델은 단 한 개의 w와 b가 첫 번째 레이어에 존재하며, 학습 과정을 통해 최적의 w와 bias가 지정됩니다. dense_1 레이어에 2개의 param이 있는 것을 확인할 수 있으며, 이 2개의 param이 w와 b입니다. dense_1 레이어가 바로 선형 회귀 레이어입니다. 선형 회귀 레이어의 출력값은 activation_1 레이어의 입력으로 들어갑니다. activation_1 레이어는 시그모이드 함수로서 설정했으며, 특별히 학습되는 param은 존재하지 않습니다.

```
model.summary()
```

Layer (type)	Output Shape	Param #
dense_1 (Dense)	(None, 1)	2
activation_1 (Activation)	(None, 1)	0

Total params: 2 Trainable params: 2 Non-trainable params: 0

첫 번째 레이어에 존재하는 w와 b는 다음 명령어로 확인할 수 있습니다.

```
model.layers[0].weights
```

```
[<tf.Variable 'dense_1/kernel:0' shape=(1, 1) dtype=float32_ref>,
 <tf.Variable 'dense_1/bias:0' shape=(1,) dtype=float32_ref>]
```

학습을 통해 구한 최적의 w와 b는 get_weights() 함수로 확인할 수 있습니다.

```
model.layers[0].get_weights()
```

```
[array([[1.0638782]], dtype=float32),
 array([-0.01541571], dtype=float32)]
```

실습에 사용된 전체 코드와 실행 결과는 깃허브 저장소[36]에서 직접 확인할 수 있습니다.

4.9.3 [실습] 다중 입력 로지스틱 회귀

2개의 입력을 받아 0 또는 1을 출력하는 로지스틱 회귀 모델을 케라스로 구현해 보겠습니다. 2개의 입력을 받아 1개의 출력을 갖는 대표적인 예로 AND 연산이 있습니다. 이번 예제를 통해 AND 연산을 로지스틱 회귀로 구현해보겠습니다.

표 4.9.4 AND 연산 데이터

x_1	x_2	x_1 AND x_2
0	0	0
0	1	0
1	0	0
1	1	1

먼저 필요한 라이브러리를 임포트합니다.

```
from tensorflow.keras.models import Sequential
from tensorflow.keras.layers import Dense, Activation
import numpy as np
```

36 https://github.com/wikibook/machine-learning/blob/2.0/jupyter_notebook/4.9_단일입력_로지스틱회귀_실습.ipynb

로지스틱 회귀 모델 만들기

$sigmoid(w_1x_1 + w_2x_2 + b)$의 형태를 띠는 간단한 로지스틱 회귀를 케라스로 구현합니다.

```
model = Sequential()
# 2개의 입력을 받아 1개의 출력을 리턴합니다.
model.add(Dense(input_dim=2, units = 1))
# 이전 레이어의 출력값을 입력으로 받아 시그모이드 출력을 리턴합니다.
model.add(Activation('sigmoid'))
# 크로스 엔트로피 비용함수를 사용해 경사하강법으로 학습을 진행합니다.
# binary_accuracy는 출력이 0.5 이상일 경우 출력을 1로 판단하고,
# 이하일 경우 0으로 판단합니다.
model.compile(loss='binary_crossentropy', optimizer='sgd',
              metrics=['binary_accuracy'])
```

데이터 생성

모델을 학습하기 위한 데이터를 생성합니다.

```
X = np.array([(0,0), (0,1), (1,0), (1,1)])
Y = np.array([0, 0, 0, 1])
```

모델 학습

학습을 진행합니다. 5000번의 반복 학습을 통해 최적의 w, b를 구합니다.

```
model.fit(X, Y, epochs=5000, verbose=0
```

학습 데이터에 따른 모델의 출력값을 출력해 봅시다.

$(0,0)$, $(0,1)$, $(1,0)$에 해당하는 출력값은 0.5보다 작고, $(1,1)$의 출력값은 0.5보다 큰 것을 확인할 수 있습니다.

```
model.predict(X)
```

```
array([[0.03217257],
       [0.223704  ],
       [0.20164248],
       [0.6864704 ]], dtype=float32)
```

모델 요약

아래의 model.summary() 명령어를 사용해 모델의 구성이 어떻게 이뤄졌는지 확인합니다. 우리의 다중 입력 로지스틱 모델은 w_1, w_2, b가 첫 번째 레이어에 존재하며, 학습 과정을 통해 최적의 w_1, w_2, b가 지정됩니다. dense_1 레이어에 3개의 param이 있는 것을 확인할 수 있으며, 이 3개의 param이 w_1, w_2, b입니다. dense_1 레이어를 선형 회귀 레이어라고 볼 수 있습니다. 선형 회귀 레이어의 출력은 activation_1 레이어의 입력이 됩니다. activation_1레이어는 시그모이드 함수이며, 특별히 학습되는 param이 존재하지 않습니다.

```
model.summary()
```

Layer (type)	Output Shape	Param #
dense_1 (Dense)	(None, 1)	3
activation_1 (Activation)	(None, 1)	0

Total params: 3 Trainable params: 3 Non-trainable params: 0

첫 번째 레이어에 존재하는 w_1, w_2, b는 다음 명령어로 확인할 수 있습니다.

```
model.layers[0].weights
```

```
[<tf.Variable 'dense_1/kernel:0' shape=(2, 1) dtype=float32_ref>,
 <tf.Variable 'dense_1/bias:0' shape=(1,) dtype=float32_ref>]
```

학습을 통해 구한 최적의 w_1, w_2, b는 get_weights() 함수로 확인할 수 있습니다.

```
model.layers[0].get_weights()
```

```
[array([[2.0278792],        [2.1597292]], dtype=float32),
 array([-3.4039395], dtype=float32)]
```

실습에 사용된 전체 코드와 실행 결과는 깃허브 저장소[37]에서 직접 확인할 수 있습니다.

4.9.4 [실습] 소프트맥스(다중 분류 로지스틱 회귀)

M개의 입력을 받아 N개의 클래스로 분류하는 로지스틱 회귀 모델을 케라스로 구현해보겠습니다. 보통 다중 분류 로지스틱 회귀 모델을 소프트맥스라고 부릅니다.

여기서는 케라스에서 제공하는 MNIST 손글씨 숫자 데이터셋을 사용해 입력된 손글씨 숫자를 0에서부터 9까지로 분류해 보겠습니다. 먼저 필요한 라이브러리를 임포트합니다.

```
from tensorflow.keras.models import Sequential
from tensorflow.keras.layers import Dense, Activation
from tensorflow.keras.utils import to_categorical
from tensorflow.keras.datasets import mnist
```

데이터 획득

MNIST 손글씨 데이터를 내려받아 변수에 저장합니다.

```
(X_train, y_train), (X_test, y_test) = mnist.load_data()
```

손글씨 데이터(X_train, X_test)가 가로 28픽셀, 세로 28픽셀로 구성된 것을 아래 코드에서 확인할 수 있습니다. 학습에 사용될 X_train에는 총 6만 개의 데이터가, 테스트에 사용될 X_test에는 총 1만 개의 데이터가 있습니다.

---

37 https://github.com/wikibook/machine-learning/blob/2.0/jupyter_notebook/4.9_다중입력_로지스틱회귀_실습.ipynb

```
print("train data (count, row, column) : " + str(X_train.shape) )
print("test data  (count, row, column) : " + str(X_test.shape) )
```

```
train data (count, row, column) : (60000, 28, 28)
test data  (count, row, column) : (10000, 28, 28)
```

학습 데이터 하나를 샘플로 출력해 보겠습니다. 다음과 같이 각 픽셀이 0부터 255까지의 값을 가지고 있습니다.

```
[[ 0   0   0   0   0   0   0   0   0   0   0   0   0   0   0   0   0   0   0   0   0   0
   0   0   0   0   0] [ 0   0   0   0   0   0   0   0   0   0   0   0   0   0   0   0   0   0   0   0   0
   0   0   0   0   0   0   0   0   0] [ 0   0   0   0   0   0   0   0   0   0   0   0   0   0
   0   0   0   0   0   0   0   0   0   0   0   0   0   0] [ 0   0   0   0   0   0   0   0   0   0
   0   0   0   0   0   0   0   0   0   0   0   0   0   0   0   0] [ 0   0   0   0   0
   0   0   0   0   0   0   0   0   0   0   0   0   0   0   0   0   0   0   0   0   0   0   0   0]
 [ 0   0   0   0   0   0   0   0   0   0   0   0   3  18  18  18 126 136  175  26 166 255 247
 127   0   0   0   0] [ 0   0   0   0   0   0   0   0   0  30  36  94 154 170 253 253 253 253 253
 225 172 253 242 195  64   0   0   0   0] [ 0   0   0   0   0   0   0  49 238 253 253 253 253
 253 253 253 253 251   93  82  82  56  39   0   0   0   0   0]…]]
```

데이터 정규화

모델 학습에 앞서 데이터를 정규화합니다. 정규화는 입력값을 0부터 1의 값으로 변경합니다. 정규화된 입력값은 경사하강법으로 모델을 학습할 때 더욱 쉽고 빠르게 최적의 w, b를 찾도록 도와줍니다.

```
X_train = X_train.astype('float32')
X_test = X_test.astype('float32')
X_train /= 255
X_test /= 255
```

다음 명령어를 통해 정규화된 데이터를 확인할 수 있습니다.

```
[[0.         0.    ⋯ 0.01176471 0.07058824 0.07058824 0.07058824 0.49411765 0.53333336   0.6862745
 0.10196079 0.6509804  1.         0.96862745 0.49803922 0.        0.        0.        0.
 ] [0.         0.         0.         0.         0.         0.  0.         0.         0.11764706
 0.14117648 0.36862746 0.6039216   0.6666667  0.99215686 0.99215686 0.99215686 0.99215686
```

```
0.99215686   0.88235295 0.6745098  0.99215686 0.9490196  0.7647059  0.2509804  0.        0.
0.        0.         ] [0.        0.        0.        0.        0.        0.  0.
0.19215687 0.93333334 0.99215686 0.99215686 0.99215686   0.99215686 0.99215686 0.99215686
0.99215686 0.99215686 0.9843137   0.3647059  0.32156864 0.32156864 0.21960784 0.15294118 0.   0.
0.        0.         0.          ] ⋯ ]]
```

y_train, y_test는 손글씨 데이터에 해당하는 숫자를 나타냅니다. y_train에는 총 6만 개, y_test에는 총 1만 개의 숫자가 담겨 있습니다.

```
print("train target (count) : " + str(y_train.shape) )
print("test target  (count) : " + str(y_test.shape) )
```

```
train target (count) : (60000,)
test target  (count) : (10000,)
```

다음 코드를 실행해 y_train과 y_test에서 샘플로 숫자를 출력해 봅시다.

```
print("sample from train : " + str(y_train[0]) )
print("sample from test : " + str(y_test[0]) )
```

```
sample from train : 5
sample from test : 7
```

데이터 단순화

이번 실습에서는 28*28 픽셀의 행/열 지역적인 정보를 사용하지 않고 단순히 정규화된 입력값만 가지고 숫자를 분류할 것이기 때문에 행과 열의 구분 없이 단순히 784(28*28) 길이의 배열로 데이터를 단순화합니다.

```
input_dim = 784 #28*28
X_train = X_train.reshape(60000, input_dim)
X_test = X_test.reshape(10000, input_dim)
```

다음 명령어를 실행해 현재 데이터가 2차원이 아닌 단순한 1차원 데이터로 변경된 것을 확인할 수 있습니다.

```
print(X_train.shape)
print(y_train.shape)
print(X_test.shape)
print(y_test.shape)
```

```
(60000, 784)
(60000,)
(10000, 784)
(10000,)
```

소프트맥스

소프트맥스가 어떻게 10개의 숫자를 구분하느냐가 이번 실습의 핵심입니다. 소프트맥스는 정규화된 여러 개의 로지스틱 회귀로 구성돼 있으며, 10개의 로지스틱 회귀를 배열로 나타낼 경우 [L0, L1, L2, L3, L4, L5, L6, L7, L8, L9]로 나타낼 수 있습니다. 각 인덱스는 각 숫자를 의미합니다.

로지스틱 회귀이기 때문에 각 L의 값은 0부터 1이며, 만약 출력이 [0.9, 0.1, 0,0,0,0,0,0,0,0]일 경우, 가장 높은 확률을 가진 첫 번째 인덱스, 즉 0이 소프트맥스의 출력값이 됩니다.

학습 시 실제값과의 크로스 엔트로피를 계산해야 하므로 다음 코드를 실행해 실제값을 원 핫 인코딩(one hot encoding)으로 변환합니다.

```
num_classes = 10
y_train = to_categorical(y_train, num_classes)
y_test = to_categorical(y_test, num_classes)
```

다음 코드를 실행해 5였던 값이 원 핫 인코딩으로 변환된 것을 확인할 수 있습니다.

```
print(y_train[0])
```

```
[0. 0. 0. 0. 0. 1. 0. 0. 0. 0.]
```

케라스의 Sequential()을 사용하면 간단하게 소프트맥스를 구현할 수 있습니다. 총 784개 (28*28)의 입력을 받아 10개의 시그모이드 값을 출력하는 모델을 다음 코드로 구현합니다.

```
model = Sequential()
model.add(Dense(input_dim=input_dim, units = 10, activation='softmax'))
```

모델 학습

모델 학습을 진행합니다. 10개의 클래스로 분류할 것이기 때문에 categorical_crossentropy를 비용함수로 사용한 경사하강법으로 최적의 회귀계수(W)와 편향(biases)을 구합니다.

```
model.compile(optimizer='sgd', loss='categorical_crossentropy',
              metrics=['accuracy'])
model.fit(X_train, y_train, batch_size=2048, epochs=100, verbose=0)
```

모델 테스트

테스트를 진행해 정확도를 측정합니다.

```
score = model.evaluate(X_test, y_test)
print('Test accuracy:', score[1])
```

```
10000/10000 [==============================] - 0s 39us/step
Test accuracy: 0.8917
```

보다시피 89%의 정확도를 볼 수 있습니다.

모델 요약

다음 코드를 실행해 소프트맥스 모델의 구조를 쉽게 시각화할 수 있습니다. 총 10개의 로지스틱 회귀가 있고, 각 로지스틱 회귀는 784개의 회귀계수(W)와 1개의 편향(bias)을 갖고 있기 때문에 총 7850(785*10)개의 param이 있는 것을 확인할 수 있습니다.

```
model.summary()
```

Layer (type)	Output Shape	Param #
dense_1 (Dense)	(None, 10)	7850

```
Total params: 7,850
Trainable params: 7,850
Non-trainable params: 0
```

회귀계수의 개수와 편향의 개수는 다음 명령어로 확인할 수 있습니다.

```
model.layers[0].weights
```

```
[<tf.Variable 'dense_1/kernel:0' shape=(784, 10) dtype=float32_ref>,
 <tf.Variable 'dense_1/bias:0' shape=(10,) dtype=float32_ref>]
```

실습에 사용된 전체 코드와 실행 결과는 깃허브 저장소[38]에서 직접 확인할 수 있습니다.

4.10 주성분 분석

주성분 분석(Principal Component Analysis)이란 고차원의 데이터를 저차원의 데이터로 차원 축소하는 알고리즘입니다. 주로 고차원의 데이터를 3차원 이하의 데이터로 바꿔서 시각화하는 데 많이 사용되며, 유용한 정보만 살려서 적은 메모리에 저장하거나 데이터의 노이즈를 줄이고 싶을 때도 사용되는 알고리즘입니다.

---

38 https://github.com/wikibook/machine-learning/blob/2.0/jupyter_notebook/4.9_소프트맥스_실습.ipynb

4.10.1 [이론] 주성분 분석

먼저 주성분 분석의 작동 원리에 대해 알아보겠습니다. 보통 주성분 분석은 3차원 이상의 데이터를 저차원으로 줄이는 데 많이 사용되지만 이해하기 쉽게 시각화 가능한 2차원 데이터를 1차원 데이터로 축소하는 과정을 알아보겠습니다.

아래 2차원 공간의 데이터들을 1차원 공간, 즉 직선상의 데이터로 변환해 보겠습니다.

그림 4.10.1 2차원 데이터포인트 분포도

주성분 분석의 특징은 데이터의 분산을 최대한 유지하면서 저차원으로 데이터를 변환하는 데 있습니다. 분산을 유지하는 이유는 데이터의 고유한 특성을 최대한 유지하기 위해서입니다. 이해하기가 쉽지 않을 경우 다음 그림을 보면 더욱 이해하기 쉬울 것입니다. 만약 단순히 위의 2차원 데이터를 x1축으로 옮긴다면 아래와 같을 것입니다.

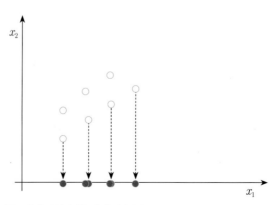

그림 4.10.2 2차원 데이터를 x1축에 사영시켰을 때의 시각화

일단 2차원 데이터를 1차원으로 옮겼다는 점에서는 성공적입니다만 2차원 상에 있었을 때 확실하게 구분됐던 7개의 점이, 1차원 직선상에서 많이 중첩되어 데이터를 구분하기가 어려워진 것을 눈으로 확인할 수 있습니다. 만약 7개의 점을 x2축으로 전부 옮기면 아래의 그림과 같을 것입니다.

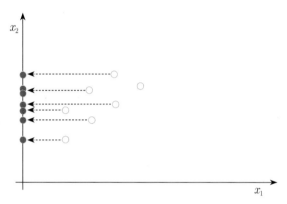

그림 4.10.3 2차원 데이터를 x2축에 사영시켰을 때의 시각화

마찬가지로 몇 개의 점이 중첩돼 있음을 확인할 수 있습니다. 7개의 점들이 확실하게 구분된 1차원 직선은 아래와 같습니다.

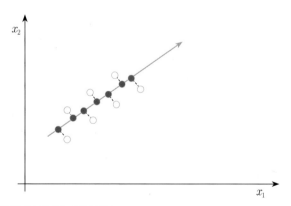

그림 4.10.4 사영 시 정보의 유실이 없는 1차원 직선

보다시피 1차원 상에 점들이 있음에도 데이터가 하나도 중첩되지 않고 육안으로 7개의 점을 확인할 수 있습니다. 이를 정보이론 측면에서 해석해 본다면 고차원 데이터를 저차원 데이터로 옮겼음에도 유용한 정보의 유실이 가장 적다고 판단할 수 있습니다.

주성분 분석 알고리즘은 수학적인 방법으로 데이터 정보의 유실이 가장 적은 라인을 찾아냅니다. 수학적으로 '데이터의 중첩이 가장 적다'라는 말은 '데이터의 분산이 가장 크다'라는 말과 동일한 말입니다.

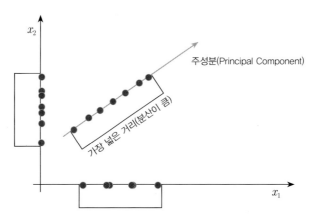

그림 4.10.5 각 직선별 분산 비교

주성분 분석은 위의 그림과 같이 분산이 가장 큰 차원을 선택해 고차원 데이터를 저차원으로 축소합니다. 그리고 분산이 가장 큰 차원은 수학적으로 공분산 행렬(covariance matrix)에서 고윳값(eigen value)이 가장 큰 고유벡터(eigen vector)입니다.

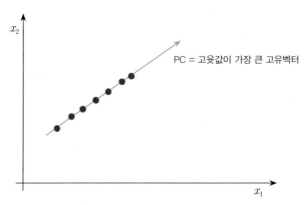

그림 4.10.6 고유벡터 시각화

만약 데이터가 5차원 데이터이고, 2차원으로 데이터의 차원을 줄이고 싶다면 마찬가지로 주
성분 분석 알고리즘은 공분산 행렬에서 고윳값이 큰 순서대로 고유벡터를 정렬한 후, 가장 큰
고유벡터와 두 번째로 큰 고유벡터를 축으로 2차원 데이터를 만들게 됩니다.

4.10.2 [실습] 식습관 데이터를 차원축소시켜서 시각화하기

고차원 데이터를 1차원 데이터로 줄여서 시각화해보는 실습을 해보겠습니다.

데이터 획득

주성분 분석을 실습하기 위한 데이터를 만들어보겠습니다. 사람들의 하루 식습관 데이터를
만든 후, 주성분 분석을 사용해 데이터를 시각화해보겠습니다. 먼저 칼로리, 아침, 점심, 저
녁, 운동 횟수, 체형이라는 특징을 가진 데이터프레임을 생성합니다.

```
import pandas as pd
df = pd.DataFrame(columns=['calory', 'breakfast', 'lunch', 'dinner',
                'exercise', 'body_shape'])
```

10명의 가공 데이터를 다음 코드를 실행해 생성합니다.

```
df.loc[0] = [1200, 1, 0, 0, 2, 'Skinny']
df.loc[1] = [2800, 1, 1, 1, 1, 'Normal']
df.loc[2] = [3500, 2, 2, 1, 0, 'Fat']
df.loc[3] = [1400, 0, 1, 0, 3, 'Skinny']
df.loc[4] = [5000, 2, 2, 2, 0, 'Fat']
df.loc[5] = [1300, 0, 0, 1, 2, 'Skinny']
df.loc[6] = [3000, 1, 0, 1, 1, 'Normal']
df.loc[7] = [4000, 2, 2, 2, 0, 'Fat']
df.loc[8] = [2600, 0, 2, 0, 0, 'Normal']
df.loc[9] = [3000, 1, 2, 1, 1, 'Fat']
```

가공 데이터를 확인해 보겠습니다.

```
df.head(10)
```

	calory	breakfast	lunch	dinner	exercise	body_shape
0	1200	1	0	0	2	Skinny
1	2800	1	1	1	1	Normal
2	3500	2	2	1	0	Fat
3	1400	0	1	0	3	Skinny
4	5000	2	2	2	0	Fat
5	1300	0	0	1	2	Skinny
6	3000	1	0	1	1	Normal
7	4000	2	2	2	0	Fat
8	2600	0	2	0	0	Normal
9	3000	1	2	1	1	Fat

데이터 전처리

데이터 전처리 과정을 통해 범위가 제각각인 특징을 표준화합니다.

우선 가공 데이터에 데이터의 특징과 클래스가 함께 있으므로 데이터의 특징으로만 구성된 X 데이터프레임을 만듭니다.

```
X = df[['calory', 'breakfast', 'lunch', 'dinner', 'exercise']]
```

전처리하기에 앞서 데이터의 특성들을 보겠습니다.

```
X.head()
```

	calory	breakfast	lunch	dinner	exercise
0	1200	1	0	0	2
1	2800	1	1	1	1
2	3500	2	2	1	0
3	1400	0	1	0	3
4	5000	2	2	2	0

	calory	breakfast	lunch	dinner	exercise
5	1300	0	0	1	2
6	3000	1	0	1	1
7	4000	2	2	2	0
8	2600	0	2	0	0

표준화

위 결과를 통해 칼로리가 유난히 다른 특성들에 비해 수치의 범위가 큰 것을 확인할 수 있습니다. 수치가 큰 칼로리와 다른 특성들은 우리가 눈으로 쉽게 비교할 수 없듯이 머신러닝 모델도 쉽게 비교하기 힘들어합니다. 이 경우 모든 특성들을 평균이 0이고 표준편차가 1인 데이터로 바꾼 후 비교하면 특성들의 상관관계를 이해하기가 쉬워지고, 머신러닝 모델 역시 더욱 효율적으로 데이터의 특성을 학습할 수 있게 됩니다.

아래의 사이킷런 함수를 사용해 간편하게 데이터를 표준화할 수 있습니다.

```
from sklearn.preprocessing import StandardScaler
x_std = StandardScaler().fit_transform(X)
```

표준화된 특성값을 다음 코드를 실행해 확인해 봅니다.

```
print(x_std)

array([
[-1.35205803,  0.         , -1.3764944 , -1.28571429,  1.         ],
[ 0.01711466,  0.         , -0.22941573,  0.14285714,  0.         ], [ 0.61612771,  1.29099445,
0.91766294,  0.14285714, -1.         ], [-1.18091145, -1.29099445, -0.22941573, -1.28571429,
2.         ], [ 1.89972711,  1.29099445,  0.91766294,  1.57142857, -1.         ], [-1.26648474,
-1.29099445, -1.3764944 ,  0.14285714,  1.         ], [ 0.18826125,  0.         , -1.3764944 ,
0.14285714,  0.         ], [ 1.04399418,  1.29099445,  0.91766294,  1.57142857, -1.         ],
[-0.15403193, -1.29099445,  0.91766294, -1.28571429, -1.         ], [ 0.18826125,  0.         ,
0.91766294,  0.14285714,  0.         ]])
```

칼로리를 포함한 모든 특성이 같은 범위 내로 표준화됐습니다.

레이블 분리하기

각 데이터 특성에 따른 레이블(체형)을 따로 데이터프레임으로 생성하겠습니다.

```
Y = df[['body_shape']]
```

각 데이터에 해당하는 체형을 다음 코드를 실행해 조회해 봅니다.

```
Y.head(10)
```

	body_shape
0	Skinny
1	Normal
2	Fat
3	Skinny
4	Fat
5	Skinny
6	Normal
7	Fat
8	Normal
9	Fat

공분산 행렬 구하기

주성분 분석을 하기 위해 가장 먼저 할 일은 특징들의 공분산 행렬을 구하는 것입니다. 다음
코드를 실행해 간단하게 공분산 행렬을 구할 수 있습니다.

```
import numpy as np
features = x_std.T
covariance_matrix = np.cov(features)
```

공분산 행렬을 조회하고 싶으면 다음 코드를 실행합니다.

```
print(covariance_matrix)
```

```
[[ 1.11111111  0.88379717  0.76782385  0.89376551 -0.93179808]
 [ 0.88379717  1.11111111  0.49362406  0.81967902 -0.71721914]
 [ 0.76782385  0.49362406  1.11111111  0.40056715 -0.76471911]
 [ 0.89376551  0.81967902  0.40056715  1.11111111 -0.63492063]
 [-0.93179808 -0.71721914 -0.76471911 -0.63492063  1.11111111]]
```

고윳값과 고유벡터 구하기

공분산 행렬에서 가장 큰 고윳값을 가진 고유벡터를 찾아 그 벡터 위에 데이터들을 사영시켜 보겠습니다. 이 말은 데이터의 손실을 최소한으로 하는 1차원 공간으로 차원을 축소한다는 의미이기도 합니다.

공분산 행렬에서의 고윳값(eigen value)과 고유벡터(eigen vector)는 다음 코드를 통해 구할 수 있습니다.

```
eig_vals, eig_vecs = np.linalg.eig(covariance_matrix)
```

다음 코드를 실행해 고유벡터를 출력해봅니다.

```
print('Eigenvectors \n%s' %eig_vecs)
```

```
Eigenvectors
[[ 0.508005    0.0169937  -0.84711404  0.11637853  0.10244985]
 [ 0.44660335  0.36890361  0.12808055 -0.63112016 -0.49973822]
 [ 0.38377913 -0.70804084  0.20681005 -0.40305226  0.38232213]
 [ 0.42845209  0.53194699  0.3694462   0.22228235  0.58954327]
 [-0.46002038  0.2816592  -0.29450345 -0.61341895  0.49601841]]
```

다음 코드를 실행해 고윳값을 출력해 봅니다.

```
print('\nEigenvalues \n%s' %eig_vals)
```

```
Eigenvalues
[4.0657343  0.8387565  0.07629538 0.27758568 0.2971837 ]
```

다음 코드를 실행해 가장 큰 고유벡터로 데이터를 사영할 경우 얼마만큼의 정보가 유지되는
지 확인할 수 있습니다.

```
eig_vals[0] / sum(eig_vals)
```

```
0.7318321731427544
```

결과를 통해, 1차원 데이터로 차원 축소를 하더라도 원본 데이터의 73% 정도에 해당하는 정
보를 유지할 수 있다는 사실을 알 수 있습니다. 27% 정도의 정보 손실을 감안하고 1차원 데
이터로 차원 축소를 해보겠습니다.

5차원 데이터를 고유벡터로 사영시키기

5차원 데이터를 가장 큰 고윳값을 지닌 고유벡터로 옮겨보겠습니다.

A 벡터를 B 벡터로 사영할 때의 공식은 dot(A,B) / Magnitude(B)입니다. 이 공식을 다음
코드로 실행해 사영된 값을 projected_X 변수에 저장합니다.

```
projected_X = x_std.dot(eig_vecs.T[0]) / np.linalg.norm(eig_vecs.T[0])
```

1차원 벡터로 사영된 결과를 다음 코드를 실행해 확인해 볼 수 있습니다.

```
projected_X
```

```
array(
[-2.22600943, -0.0181432 ,  1.76296611, -2.73542407,  3.02711544,   -2.14702579, -0.37142473,
2.59239883, -0.39347815,  0.50902498])
```

시각화

1차원으로 축소된 데이터를 시각화하기 위해 팬더스 데이터프레임에 데이터를 담아보겠습니다.

데이터가 사영된 고유벡터(주성분, 영어로는 principal component)를 x축으로 하고, 1차원 데이터이므로 y축은 0으로 통일시킵니다. 데이터를 쉽게 이해하기 위해 클래스를 데이터 마지막 칼럼으로 포함시킵니다.

```
result = pd.DataFrame(projected_X, columns=['PC1'])
result['y-axis'] = 0.0
result['label'] = Y
```

다음 코드를 실행해 생성된 데이터프레임을 확인할 수 있습니다.

```
result.head(10)
```

	PC1	y-axis	label
0	-2.226009	0.0	Skinny
1	-0.018143	0.0	Normal
2	1.762966	0.0	Fat
3	-2.735424	0.0	Skinny
4	3.027115	0.0	Fat
5	-2.147026	0.0	Skinny
6	-0.371425	0.0	Normal
7	2.592399	0.0	Fat
8	-0.393478	0.0	Normal
9	0.509025	0.0	Fat

1차원 데이터를 2차원 차트에 시각화해 보겠습니다. 다음 코드를 실행합니다.

```python
import matplotlib.pyplot as plt
import seaborn as sns
%matplotlib inline

sns.lmplot('PC1', 'y-axis', data=result, fit_reg=False, scatter_kws={"s": 50},
           hue="label")
plt.title('PCA result')
```

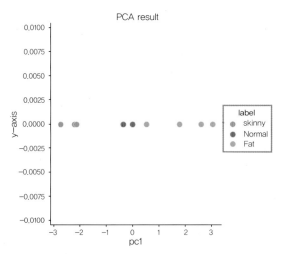

그림 4.10.7 차원 축소된 데이터 시각화

5차원 데이터였던 자료가 1차원으로 축소되어 시각화할 수 있게 된 것을 확인할 수 있습니다. 또한 체형별로 군집이 잘 형성된 것으로 봐서 차원 축소에도 불구하고 충분한 정보가 유지된 것을 눈으로 직접 확인할 수 있습니다.

사이킷런을 활용한 주성분 분석 간단 구현

사실 사이킷런 라이브러리를 쓰면 단 몇 줄만으로 간단하게 주성분 분석을 구현할 수 있습니다. 다음과 같은 주성분 분석 라이브러리[39]를 사용해 5차원 데이터를 1차원 데이터로 아주 간단하게 축소할 수 있습니다.

---

39 https://scikit-learn.org/stable/modules/generated/sklearn.decomposition.PCA.html

```
from sklearn import decomposition
pca = decomposition.PCA(n_components=1)
sklearn_pca_x = pca.fit_transform(x_std)
```

다음 코드를 실행해 시각화합니다. 앞서 직접 구현한 코드와 동일한 결과를 확인할 수 있습니다.

```
sklearn_result = pd.DataFrame(sklearn_pca_x, columns=['PC1'])
sklearn_result['y-axis'] = 0.0
sklearn_result['label'] = Y
sns.lmplot('PC1', 'y-axis', data=sklearn_result, fit_reg=False, scatter_kws={"s": 50},
          hue="label")
```

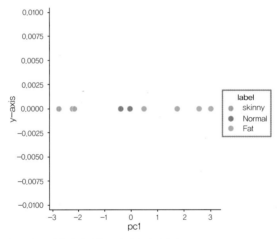

그림 4.10.8 사이킷런 라이브러리를 이용해 차원 축소된 데이터 시각화

지금까지 주성분 분석의 구현을 알아봤습니다. 라이브러리를 사용하지 않고 직접 구현할 경우 주성분 분석 알고리즘을 좀 더 깊게 이해할 수 있을 것입니다. 그리고 실무에서는 매번 필요할 때마다 새롭게 주성분 분석 알고리즘을 구현하는 것은 비생산적이므로 이미 구현된 라이브러리를 적극 활용하는 것도 좋은 방안입니다.

실습에 사용된 전체 코드와 실행 결과는 깃허브 저장소[40]에서 직접 확인할 수 있습니다.

---

40 https://github.com/wikibook/machine-learning/blob/2.0/jupyter_notebook/4.10_주성분분석.ipynb

05장

딥러닝의 기본 개념

딥러닝의 또 다른 이름은 심층신경망(Deep Neural Network, DNN)입니다. 이름에서 알 수 있듯이 딥러닝은 뉴런으로 구성된 레이어를 여러 개 연결해서 구성한 네트워크이며, 네트워크를 어떻게 구성하느냐에 따라 보통 X-NN(Neural Network)으로 불립니다. 대표적인 예로 CNN(Convolutional Neural Network), RNN(Recurrent Neural Network) 등이 있습니다. 이번 장에서는 딥러닝을 이해하는 데 필요한 필수 개념을 배워보겠습니다.

5.1 딥러닝의 탄생

딥러닝은 인간의 뇌가 생각하는 방식을 머신러닝 알고리즘으로 설계한 것입니다. 과거부터 이 알고리즘은 신경망이라고 불려져 왔습니다. 딥러닝은 오히려 정식 이름이라기보다는 심층신경망의 별칭에 가깝습니다. 지금은 혼용해서 사용하지만 딥러닝이라는 이름이 범용적으로 많은 사람들이 아는 이름인 것 같습니다. 이름에서 알 수 있듯이 심층신경망은 다음과 같은 기본적인 모형을 가지고 있습니다. 마치 뇌 속의 여러 개의 뉴런이 서로 엉켜져서 추론을 하는 모양 같습니다.

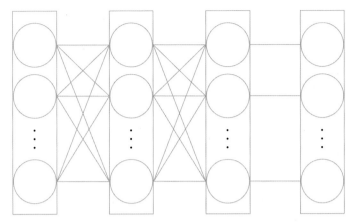

그림 5.1 심층신경망의 기본 구조

위 그림에서 동그라미는 뉴런이고, 여러 뉴런이 일렬로 존재하는 네모박스를 레이어(layer)
라고 부릅니다. 뉴런은 때로는 노드라고 불리기도 합니다. 뉴런은 다른 레이어의 뉴런들과 선
으로 연결되어 영향을 주는데, 각각의 뉴런에 대한 영향 범위를 다르게 하기 위해서 선 위에
는 가중치라는 변수가 존재합니다. 보다시피 한 개의 레이어에는 여러 개의 뉴런이 존재할 수
있습니다. 기본적으로 뉴런이 가지고 있는 정보는 가중치와 곱해져서 다음 레이어의 뉴런으
로 전파됩니다.

5.2 딥러닝과 머신러닝의 관계

딥러닝은 머신러닝의 여러 기술 중 하나에 불과합니다. 이전 장에서 다룬 다른 머신러닝 알고
리즘들처럼 딥러닝 역시 데이터를 입력받아 예측을 출력합니다. 단지 이 책에서 딥러닝을 다
른 머신러닝과 다르게 하나의 대단원으로 분류한 이유는 딥러닝은 사람의 뇌를 형상화한 머
신러닝 알고리즘이라는 기본 개념 안에 뇌가 사물을 이해하는 과정(CNN), 뇌가 문맥을 이해
하는 과정(RNN) 등, 각 상황에 따라 뇌가 이해하는 과정을 형상화한 세부적인 딥러닝 알고
리즘 역시 깊은 이해를 필요로 하기 때문입니다.

5.3 딥러닝 이름의 유래

왜 딥러닝이라는 별칭이 생겼을까요? 딥러닝이라는 이름의 유래를 알기 위해 각 레이어에 하나의 노드만 있는 다음 그림을 보겠습니다.

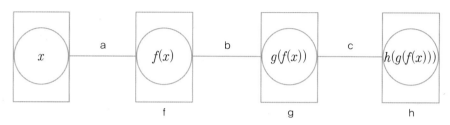

그림 5.2 딥러닝의 계산 원리

앞서 설명했듯이, 노드와 가중치의 곱이 다음 레이어로 전파됩니다. 가중치와 노드의 곱을 하나의 함수라고 가정할 경우 두 번째 레이어를 $f(x)$, 세 번째 레이어를 $g(f(x))$, 마지막 레이어를 $h(g(f(x)))$라고 간추려 말할 수 있습니다. 이처럼 x라는 입력이 들어왔을 때 결괏값을 구하기 위해서는 $h(g(f(x)))$를 계산해야 하고, 그 계산 과정이 함수 안의 함수로 깊게 이어져 있기 때문에 딥러닝이라는 별칭이 생긴 것입니다.

5.4 딥러닝 탄생 배경

딥러닝이라는 브랜드가 생기기 전에 신경망이라는 기술이 있었고 신경망이 있기 전에 뉴런 연구가 이미 이뤄지고 있었습니다. 오래전 뉴런 하나로 AND 연산이나 OR 연산 등을 해결하는 기술이 탄생했는데, 그 기술의 이름이 바로 퍼셉트론(perceptron)입니다. 퍼셉트론의 구조는 아래 그림과 같습니다.

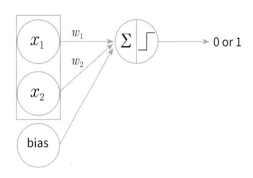

그림 5.3 퍼셉트론의 구조

5.5 퍼셉트론

그림 5.3에서의 퍼셉트론은 두 개의 입력이 있을 때 하나의 뉴런으로 두 개의 입력을 계산한 뒤, 최종 결괏값으로 0 또는 1을 출력하는 모델입니다.

두 개의 입력은 가중치와 곱해져서 뉴런의 첫 번째 단계인 시그마로 들어갑니다. 시그마(z) 단계에서는 모든 가중치*입력값과 편향값(bias)을 더해지는 과정이 이뤄집니다.

$$z = w_1 x_1 + w_2 x_2 + \text{bias}$$

편향값은 모델이 좀 더 쉽고 빠르게 목적을 달성하는 데 도움을 줍니다. 구체적인 예시는 나중에 실제 예제와 함께 보겠습니다.

시그마(z)의 값은 뉴런의 두 번째 단계인 활성화 함수(a, activation function)의 입력값으로 들어갑니다. 퍼셉트론은 스텝 함수라는 다음과 같은 활성화 함수를 사용합니다.

$z <$ 0일 경우, a(z) = 0

$z >=$ 0일 경우, a(z) = 1

스텝 함수를 형상화하면 다음 그림과 같습니다.

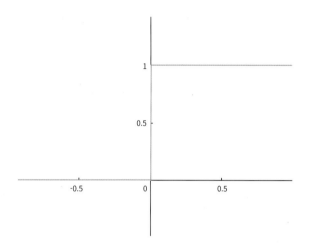

그림 5.4 스텝함수

AND 연산을 하는 퍼셉트론의 예로 다음 예제를 보겠습니다.

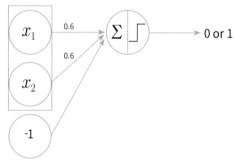

그림 5.5 퍼셉트론 연산 예제

$x_1 = 0$, $x_2 = 0$일 경우,

$z = 0 + 0 - 1 = -1$

$a(-1) = 0$

$x_1 = 0$, $x_2 = 1$일 경우,

$z = 0 + 0.6 - 1 = -0.4$

$a(-0.4) = 0$

$x_1 = 1$, $x_2 = 0$일 경우,

$z = 0.6 + 0 - 1 = -0.4$

$a(-0.4) = 0$

$x_1 = 1$, $x_2 = 1$일 경우,

$z = 0.6 + 0.6 - 1 = 0.2$

$a(0.2) = 1$

계산 결과, 아래 표에서 AND 연산과 동일한 것을 확인할 수 있습니다.

표 5.1 AND 연산표

x1	x2	a(z)	x1 AND x2
0	0	0	0
0	1	0	0
1	0	0	0
1	1	1	1

만약 편향값이 없었더라면 활성화함수의 조건에 맞게 z값을 맞추기 위해 해줄 수 있는 조건은 오로지 가중치값을 변경하는 것밖에 없었을 것입니다. 따라서 편향값이 없을 경우, 학습 과정에서 가중치 조정으로 시간이 많이 걸릴 수도 있으며, 때로는 적합한 가중치를 찾지 못해서 모델 학습이 실패할 수도 있습니다. 이런 이유로 편향값은 딥러닝 모델의 효율적인 학습에 큰 도움을 줍니다.

하나의 퍼셉트론으로 AND 연산을 할 수 있었던 이유는 다음 그림으로 설명할 수 있습니다.

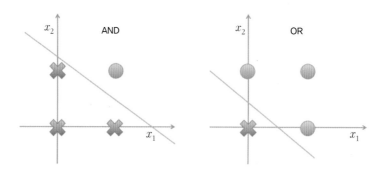

그림 5.6 퍼셉트론의 의사결정선

보다시피 AND와 OR 연산 모두 선 하나로 값을 분류할 수 있습니다. 여기서 이해하고 넘어가야 할 개념은 하나의 퍼셉트론, 하나의 의사결정선이라는 것입니다.

과거 퍼셉트론 연구자들은 퍼셉트론으로 XOR 연산이 불가능하다고 판단합니다. 그 이유는 다음 그림과 같습니다.

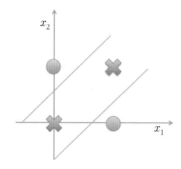

그림 5.7 의사결정선이 2개 필요한 XOR 연산

보다시피 두 개의 의사결정선이 있어야만 O와 X를 구별할 수 있습니다.

5.6 다층 퍼셉트론

하나의 의사결정선을 그릴 수 있는 퍼셉트론으로는 XOR을 구현할 수 없었죠. 여기서 잠깐 두 개의 퍼셉트론이면 두 개의 의사결정선을 그릴 수 있지 않을까 생각해볼 수 있습니다.

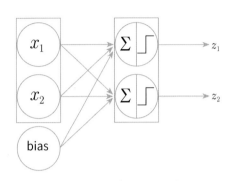

그림 5.8 두 개의 퍼셉트론

위 그림과 같이 두 개의 퍼셉트론이 있으면 z_1과 z_2라는 의사결정선을 다음과 같이 그릴 수 있습니다.

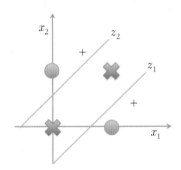

그림 5.9 두 개의 퍼셉트론에 의한 두 개의 의사결정선

그리고 다시, z_1과 z_2를 두 축으로 하는 2차원 평면 아래, O와 X를 시각화하면 다음과 같은 그림이 나옵니다.

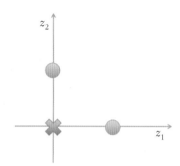

그림 5.10 z_1, z_2 차원에서 바라본 데이터포인트

보다시피 z_1과 z_2를 축으로 하는 공간 안에서 두 개의 x가 한 위치에 존재하게 됨으로써 하나의 의사결정선으로 구분할 수 있는 상태가 됐습니다. 위 결과 위에 그림 5.1.2와 같이 하나의 의사결정선을 그리기 위해 다음 레이어에 퍼셉트론 하나를 더 추가합니다.

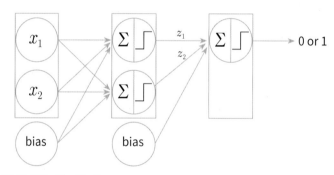

그림 5.11 XOR 연산을 위한 다층 퍼셉트론 구조

그림을 보면 AND, OR를 다루던 퍼셉트론과는 달리, 제법 딥러닝의 모양새를 갖춘 구조를 확인할 수 있습니다. 첫 번째 x_1, x_2의 입력을 받는 층을 입력 레이어(input layer)라고 합니다. 그리고 퍼셉트론들이 존재하는 두 번째, 세 번째 층을 히든 레이어(hidden layer)라고 합니다. 그리고 마지막으로 0 또는 1이 출력되는 마지막 층을 출력 레이어(output layer)라고 합니다. 이처럼 다수의 뉴런으로 구성된 여러 층 구조를 갖춘 딥러닝을 다층 퍼셉트론(Multi Layer Perceptron, MLP)이라고 부릅니다. z_1과 z_2를 입력으로 받는 퍼셉트론은 z_1과 z_2를 축으로 하는 2차원 공간에 새로운 의사결정선을 아래와 같이 그립니다.

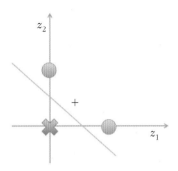

그림 5.12 다층 퍼셉트론의 결과, 1개의 의사결정선으로 구분된 XOR 데이터포인트

보다시피 모든 x_1, x_2에 해당하는 XOR 연산값이 다층 퍼셉트론을 사용해서 구분할 수 있게 됐습니다. 퍼셉트론과 다층 퍼셉트론에 대해서는 기본 개념을 숙지한 후, 실습을 통해 자세히 알아보겠습니다.

이번 장에서는 단순히 딥러닝이 어떻게 탄생했는지 이해하는 정도로 충분하다고 생각합니다. 요약하자면, 먼저 두뇌의 작동 원리를 바탕으로 하는 머신러닝 연구가 진행됐고, 뉴런 하나로 는 복잡한 연산 수행에 한계가 있음을 발견하고, 마치 뉴런들이 시냅스로 연결돼 있듯이 여러 뉴런을 여러 겹으로 연결시켜서 연산을 수행하면 복잡한 연산도 해결 가능하다는 것을 기초 로 심층신경망이 발전했으며, 그리고 그 연산 과정에 함수 안의 함수 안의 함수를 깊게 계산 하는 과정이 담겨 있어 딥러닝이라는 별칭이 생겼다라고 이해하면 됩니다.

5.7 뉴런(노드)

오늘날 딥러닝에서 사용되는 뉴런(노드)은 퍼셉트론과 상당히 유사합니다. 먼저 퍼셉트론의 구조를 아래 그림에서 다시 보겠습니다.

그림 5.13 퍼셉트론의 구조

퍼셉트론은 모든 입력을 가중치와 곱해준 후 합산한 뒤, 스텝 함수에 그 결괏값을 넘겨주어 0 또는 1 값을 출력합니다. 퍼셉트론에서 스텝 함수를 활성화 함수(activation function)라고 부릅니다.

오늘날의 뉴런은 활성화 함수로 다양한 비선형 함수를 사용합니다.

그림 5.14 뉴런의 구조

스텝 함수 대신 비선형 함수를 활성화 함수로 사용하는 대표적인 이유로는 역전파(back propagation)를 사용한 모델 학습 시 활성화 함수가 미분 가능해야 하는데, 스텝 함수는 미분이 불가능하기 때문입니다.

최근 딥러닝 모델에서 많이 사용되는 대표적인 비선형 활성화 함수로는 Sigmoid, TanH, ReLU 등이 있습니다.

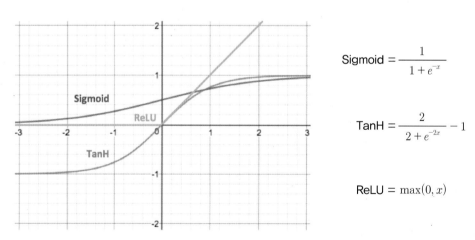

$$Sigmoid = \frac{1}{1 + e^{-x}}$$

$$TanH = \frac{2}{2 + e^{-2x}} - 1$$

$$ReLU = \max(0, x)$$

그림 5.15 활성화 함수의 예제

5.8 딥러닝의 학습

딥러닝 학습의 목표는 모델에 입력값을 넣었을 때의 출력값이 최대한 정답과 일치하게 하는 것입니다. 보통 최초 딥러닝 모델의 매개변수(가중치, 편향값)를 무작위로 부여한 후, 반복 학습을 통해 모델의 출력값을 최대한 정답과 일치하도록 매개변수를 조금씩 조정합니다. 딥러닝 모델의 학습을 이해하기 위해서는 아래 개념을 확실히 알아둬야 합니다.

5.8.1 순전파(forward propagation)

순전파란 딥러닝에 값을 입력해서 출력을 얻는 과정을 말합니다. 다음 그림처럼 왼쪽에서 오른쪽으로 데이터가 흘러가는 과정을 순전파라고 하며, 순전파에 의해 딥러닝의 출력값(y_hat)을 얻을 수 있습니다. 출력값은 보통 정답(y)과 구별하기 위해 y_hat으로 표현합니다.

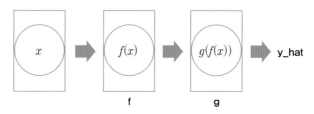

그림 5.16 x라는 입력이 순전파를 통해 y_hat이라는 출력이 되는 과정

순전파 과정을 거치면 출력값(y_hat)을 얻게 되고, 정답과 출력값의 차이를 구할 수 있게 됩니다.

출력값과 정답의 차이를 구하기 위한 함수를 손실함수라고 합니다.

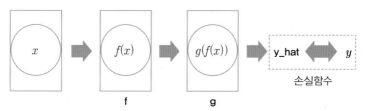

그림 5.17 손실함수

5.8.2 손실함수

손실함수는 출력값과 정답의 차이를 계산합니다. 출력값과 정답이 일치할수록 손실함수의 값은 적고, 불일치할수록 손실함수의 값은 큽니다. 보통 회귀에는 평균제곱오차를, 분류 문제에는 크로스 엔트로피를 손실함수로 사용합니다. 매개변수(가중치, 편향값)를 조절해서 손실함수의 값을 최저로 만드는 과정을 최적화(optimization) 과정이라고 부르고, 최적화 과정은 옵티마이저(optimizer)를 통해 이뤄집니다. 옵티마이저는 역전파(back propagation) 과정을 수행해서 딥러닝 모델의 매개변수를 최적화합니다.

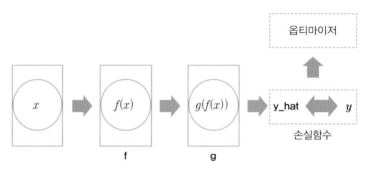

그림 5.18 옵티마이저

5.8.3 최적화

대표적인 최적화 방법은 경사하강법입니다. 반복적으로 손실함수에 대한 모델 매개변수의 미분값을 구한 후, 그 미분값의 반대 방향으로 매개변수를 조절해나가면 결국에는 최저 손실함수 값에 도달한다는 이론입니다.

```
매개변수 new = 매개변수 old - 학습률 * dl/dw
```

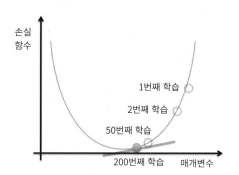

그림 5.19 최적화 과정

위 그림을 예로 들자면, 1번째 학습에서 미분값이 (+)이므로 매개변수를 (−) 방향으로 옮깁니다. 그 후, 2번째 학습, 50번째 학습에서도 미분값이 (+)이므로 매개변수를 (−) 방향으로 옮깁니다. 최종적으로 미분값이 0인 위치, 즉 변곡점 지점에 도착했을 때 손실함수의 최저값에 도달하게 되며, 이때의 매개변수가 모델의 최적의 매개변수가 됩니다.

이 변곡점 지점을 로컬 미니멈이라고 부르고, 여러 개의 로컬 미니멈이 있을 때 가장 낮은 로컬 미니멈을 글로벌 미니멈이라고 합니다.

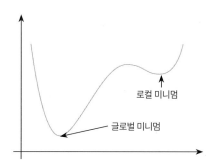

그림 5.20 로컬 미니멈과 글로벌 미니멈

전통적으로 모든 학습 데이터의 손실함수를 계산한 후 경사하강법으로 로컬 미니멈을 찾아나가는 방법으로 모델 매개변수를 최적화했는데, 이 방법을 배치 경사하강법(batch gradient descent)이라고 합니다.

그림에서는 경사하강법을 좀 더 쉽게 이해하기 위해 단순히 x축에 매개변수 하나로 표현했지만 실제 딥러닝 모델에는 여러 개의 매개변수가 여러 레이어에 존재하며, 옵티마이저는 여러 레이어에 존재하는 매개변수를 조정하기 위해 역전파를 사용합니다.

5.8.4 역전파

옵티마이저는 손실함수의 값을 최저로 하기 위해 역전파(back propagation)를 사용해 딥러닝 모델의 모든 매개변수를 변경합니다. 손실함수의 값을 최저로 한다는 뜻은 정답과 예측값의 차이를 최소화한다는 뜻이며, 쉽게 말해 모델의 에러율을 최저로 줄인다는 의미입니다. 다음 그림에서 딥러닝 매개변수 w_1, w_2, b_1, b_2를 볼 수 있습니다.

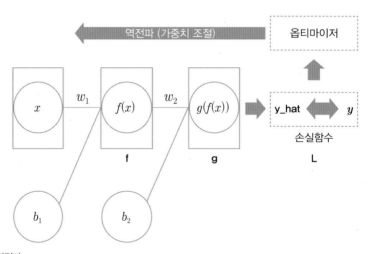

그림 5.21 역전파

손실함수(L)에 대한 각 매개변수의 미분값은 다음과 같이 연쇄법칙(Chain Rule)을 적용해서 구할 수 있습니다.

```
dL/dw2 = dL/dg * dg/dw2
dL/db2 = dL/dg * dg/db2
dL/dw1 = dL/dg * dg/df * df/dw1
dL/db1 = dL/dg * dg/df * df/db1
```

매개변수별 미분값을 다음과 같이 학습률을 적용해 변경합니다.

```
w2 new = w2 old - 학습률 * dL/dw2
b2 new = b2 old - 학습률 * dL/db2
w1 new = w1 old - 학습률 * dL/dw1
b1 new = b1 old - 학습률 * dL/db1
```

이 같은 방법으로 충분한 반복 학습 과정을 거치고 나면 모든 매개변수가 손실함수를 최저로 하는 값으로 수렴하게 됩니다.

5.8.5 옵티마이저

배치 경사하강법

배치 경사하강법은 딥러닝 모델을 최적화하는 가장 기본적인 방법입니다. 가중치에 대한 손실함수의 1차 미분을 구하는 것만으로도 손실함수의 로컬 미니멈, 즉 출력값과 정답의 차이가 적은 딥러닝 모델을 찾을 수 있다는 것부터 획기적입니다. 하지만 모든 학습 데이터의 손실함수를 계산한 후에만 딥러닝 모델의 매개변수가 조금씩 변경되기 때문에 로컬 미니멈까지 매개변수를 변경하는 데 걸리는 시간이 오래 걸리고, 매개변수 조절에 필요한 계산량도 많다는 단점이 있습니다. 또한 보통 딥러닝 모델을 학습시킬 때 로컬 미니멈은 여러 개 존재할 수 있습니다. 로컬 미니멈이 여러 개 존재할 때 최적의 모델은 글로벌 미니멈의 매개변수를 가진 모델이어야 하는데, 배치 경사하강법은 무작위로 부여된 매개변수에서부터 가장 가까운 로컬 미니멈에 멈추게 될 것입니다.

SGD

배치 경사하강법이 한 번 매개변수를 변경하는 데 드는 계산량이 너무 크고 시간이 오래 걸린다는 단점이 있어서 고안된 방법 중 하나가 SGD(stochastic gradient descent)입니다. 모든 데이터를 계산해서 매개변수를 변경하는 배치 경사하강법과 달리, 하나의 데이터마다 매개변수를 변경하는 방법입니다. 비유하자면 배치 경사하강법은 꾸준히 현재의 위치에서 최저점을 향해 내려가는 거북이 같다면 SGD는 껑충껑충 뛰어다니면서 최저점을 찾는 토끼와 같습니다.

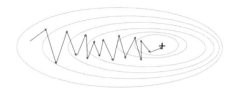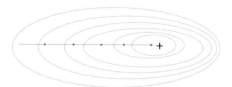

그림 5.22 SGD(왼쪽)와 경사하강법(오른쪽) 비교[1]

SGD의 눈에 띄는 장점은 제한된 자원으로도 충분히 딥러닝 모델을 학습시킬 수 있다는 것입니다. 모든 데이터에 대한 계산 결과를 저장해야 하는 배치 경사하강법과 달리, 하나의 데이터에 대한 계산만 메모리에 저장하면 되므로 자원이 적은 컴퓨터에서 딥러닝 모델을 학습하기가 용이합니다. 또한 조금씩 매개변수가 변하면서 근처의 로컬 미니멈으로 수렴하는 배치 경사하강법에 비해 매개변수가 요동을 치며 변하면서 때로는 근처의 로컬 미니멈을 지나쳐 글로벌 미니멈에 수렴하는 행운이 있을 수도 있습니다. 반면 배치 경사하강법보다 못한 매개변수로 학습이 완료될 수도 있습니다. 손실함수가 매우 불규칙하고 로컬 미니멈이 많을 때는 SGD가 배치 경사하강법보다 더 나은 최적화 알고리즘일 수 있습니다.

미니 배치

배치 경사하강법은 너무 느리고, 리소스도 많이 사용하고, SGD는 확실히 빨리 학습되지만 모델이 최적화가 안 돼 있는 경우가 많습니다. 이러한 두 방법의 절충안이 바로 미니 배치입니다. 전체 데이터를 계산해서 매개변수를 변경하는 대신 정해진 양만큼 계산해서 매개변수를 최적화하는 방법입니다. 먼저 미니 배치를 사용할 때 자주 등장하는 개념들을 정리하겠습니다.

- **주기(epoch)**: 학습을 위해 전체 데이터를 다 사용했을 때 한 주기(epoch)가 지났다고 표현합니다. 학습을 시작하기 전에 보통 최대 주기를 설정하는 데, 이는 최대 주기만큼의 학습을 진행하겠다는 뜻입니다. 예를 들어, 최대 주기가 50이고 데이터 개수가 1000개일 때 모든 데이터는 5번씩 학습에 사용됩니다.
- **배치 사이즈**: 매개변수 조정을 위해 한 번에 처리하는 데이터의 양입니다. 1000개의 데이터가 있을 경우, 매개변수 조정을 위해 100개의 데이터씩 사용한다면 배치 사이즈는 100입니다.

---

1 출처: https://engmrk.com/mini-batch-gd/

• **스텝(step, iteration):** 미니 배치를 사용해 매개변수가 조정되는 순간마다 스텝이라고 합니다. 1000개의 데이터가 있고 배치 사이즈가 100일 경우 총 10번의 스텝으로 10번의 매개변수 조정이 이뤄지며, 이 10번의 스텝은 바로 1개의 주기가 됩니다.

미니 배치의 경우 하나의 데이터에 대해 매개변수를 변경하는 것보다 안정적으로 최적화되고, 전체 데이터에 대해 매개변수를 변경하는 것보다 리소스도 적게 사용하고 학습 시간도 적게 걸립니다. 이 책에서 사용되는 모든 딥러닝 예제는 미니 배치를 사용합니다. 또한 최근 딥러닝 학습에서는 대다수 미니 배치를 사용합니다. 그만큼 실용적인 최적화 방법이라 할 수 있습니다.

다음은 배치 경사하강법과 미니 배치의 특징을 잘 나타내는 차트입니다.

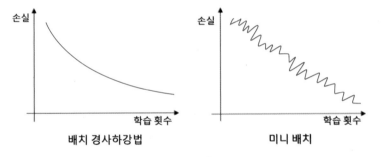

그림 5.23 배치 경사하강법과 미니 배치의 학습에 따른 손실 비교[2]

배치 경사하강법은 꾸준히 손실이 줄어드는 반면, 미니 배치는 손실이 요동칩니다. 단 배치 경사하강법은 학습이 길고, 로컬 미니멈에 머물지만, 미니배치는 학습이 짧고 또한 배치 경사하강법보다 손실이 적은 지점까지 도달한 것을 확인할 수 있습니다. 물론 위의 비교표는 하나의 예시일 뿐, 때로는 배치 경사하강법이 더 최적화될 수도 있습니다. 위 예제는 단순히 배치 경사하강법과 미니 배치의 특징 차이를 이해하기 위한 용도이지 딥러닝 모델에 따라 알맞은 최적화 알고리즘을 찾는 것 또한 딥러닝 개발자의 역할이라고 할 수 있습니다.

---

2 출처: https://towardsdatascience.com/gradient-descent-algorithm-and-its-variants-10f652806a3

모멘텀

단순히 1차 미분만으로 정직하게 최적화를 진행하다 보면 당연히 근처의 로컬 미니멈으로 딥러닝 모델이 학습됩니다. 이를 개선하기 위한 방안으로 물리학을 응용한 방법이 있는데, 바로 모멘텀입니다. 마치 공을 언덕에서 굴렸을 때 위치 에너지와 운동 에너지의 영향으로 공이 가던 방향으로 힘을 받아 최초 로컬 미니멈에 머무르지 않고, 더 낮은 로컬 미니멈까지 공이 굴러갈 수 있다는 이론입니다.

```
매개변수 new = 매개변수 old + 이동변수
이동변수 = 모멘텀 - 학습률 * dl/dw
모멘텀 = 모멘텀조정률 * 이동변수
```

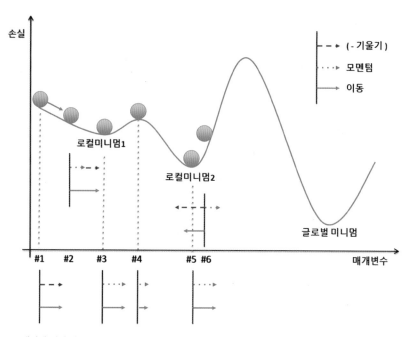

그림 5.24 모멘텀에 의해 최초 로컬 미니멈에 머무르지 않는 예제

위 그림을 보면 모멘텀 옵티마이저가 어떻게 로컬 미니멈1을 지나 로컬 미니멈2로 최적화되는지 쉽게 이해할 수 있습니다. 최초 모멘텀은 0으로 설정합니다. 이에 따라 1번 지점에서는 오로지 기울기의 반대 방향으로 매개변수가 조절됩니다. 2번 지점에서는 모멘텀과 기울기의

반대 방향이 모두 (+) 방향이므로 (+) 방향으로 매개변수가 조절됩니다. 만약 배치 경사하강법을 사용했다면 3번 지점에서 매개변수 최적화가 마무리됐을 것입니다. 하지만 그림에서 볼 수 있듯이 3번 지점에서 기울기는 0이지만 남아있는 모멘텀에 의해 (+) 방향으로 매개변수가 조절됩니다. 4번 로컬 맥시멈 지점 역시, 기울기는 0이지만, 모멘텀에 의해 (+) 방향으로 매개변수가 조절됩니다. 5번 지점에서 기울기는 0이지만 남아있는 모멘텀에 의해 (+) 방향으로 매개변수가 조절됩니다. 6번 지점에서 모멘텀(+)보다 기울기의 반대 방향(−)이 크므로 (−) 방향으로 매개변수가 조절됩니다. 결과적으로 모멘텀 옵티마이저는 5번 지점으로 매개변수를 조절하게 됩니다.

이처럼 모멘텀 옵티마이저를 사용할 때 가장 가까운 로컬 미니멈에 머물지 않고, 더 나은 로컬 미니멈으로 모델을 최적화할 수 있다는 점을 알 수 있습니다. 단, 그림에서 볼 수 있듯이 모멘텀 옵티마이저 역시 글로벌 미니멈으로 최적화된다는 보장은 없습니다.

학습률

경사하강법 공식에는 항상 학습률(learning rate)이 있습니다. 학습률을 크게 설정하면 매개변수 변경치가 커져서 로컬 미니멈으로 수렴하지 않을 수 있고, 또 너무 작게 설정하면 학습 시간이 상당히 오래 걸릴 수 있습니다.

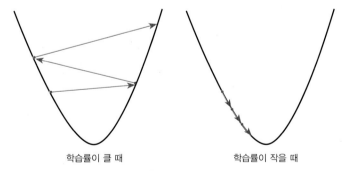

학습률이 클 때   학습률이 작을 때

그림 5.25 학습률이 클 때와 작을 때의 손실 변화 비교[3]

---

3 출처: https://towardsdatascience.com/gradient-descent-in-a-nutshell-eaf8c18212f0

따라서 최초 무작위로 설정된 매개변수 위치에서는 로컬 미니멈에서 멀리 있을 확률이 크므로 학습률을 크게 설정해서 학습 속도를 증진시키고, 모델이 어느 정도 학습되면 매개변수가 로컬 미니멈에 수렴하도록 학습률을 작게 조절하면 효율적으로 학습할 수 있습니다.

전통적인 배치 경사하강법의 경우, 최초 고정된 학습률을 학습이 종료될 때까지 유지하지만 최근 들어 많은 연구와 함께 시간 기반 학습률 조정(time based decay), 스텝 기반 학습률 조정(step decay) 등, 학습 중간에 학습률을 조정하는 방법이 많이 생기고 있고, 딥러닝 프레임워크에서도 이를 지원합니다. 이처럼 중간에 학습률을 조정하는 방식을 decay라고 합니다.

Adagrad

decay를 사용한 학습률 조정에는 한계가 있습니다. 첫째로 딥러닝의 상당히 많은 가중치에 동일한 학습률을 적용하게 됩니다. 각 가중치마다 저마다의 역할이 있는데, 동일한 학습률을 적용한다는 것은 지나친 일반화일 수 있습니다. 둘째로, 학습률 조정이 탄력적이지 않고, 최초에는 로컬 미니멈에서 멀다가 학습이 어느 정도 지난 후 로컬 미니멈에 가까이 왔다는 가설이 언제나 맞지는 않습니다.

Adagrad는 각 매개변수에 각기 다른 학습률을 적용하고, 빈번히 변화가 찾아오는 가중치는 학습률이 작게 설정되고, 변화가 적은 가중치는 학습률이 높게 설정되는 옵티마이저입니다. 따라서 Adagrad는 개발자가 직접 decay를 신경 쓰지 않아도 모델 학습에 따라 모델이 알아서 가중치별로 학습률을 지정하게 됩니다. 이러한 Adagrad의 특성은 자연어 처리(Natural Language Processing)에서 장점이 확연히 드러납니다. 자연어 처리에서 단어는 보통 원 핫 인코딩으로 벡터화되며, 이 벡터에서 대다수는 의미 없는 0이고, 하나의 비트만 1이므로 빈번히 나타나는 0들에 대한 학습률은 적게 하고, 극소수로 나타나는 1의 변화에는 학습률을 높이면 학습이 훨씬 효율적일 것입니다.

Adam

Adam 옵티마이저는 Adagrad의 학습률 자율 조정과 모멘텀의 효율적인 매개변수 변경 알고리즘을 조합한 알고리즘입니다. 이러한 이유로 최근 들어 가장 많이 활용되는 옵티마이저입니다.

5.9 딥러닝의 과대적합

딥러닝 역시 다른 머신러닝 모델과 마찬가지로 지나친 학습에 의한 과대적합을 조심해야 합니다. 딥러닝 모델은 학습 시 매개변수가 상당히 많다는 점과 학습 횟수에 제한이 없으며, 이 두 특이점은 딥러닝 모델에 과대적합을 불러올 수 있습니다.

5.9.1 드롭아웃

드롭아웃은 매개변수 중 일정량을 학습 중간마다 무작위로 사용하지 않는 방법입니다. 아래 두 그림을 비교해 보겠습니다.

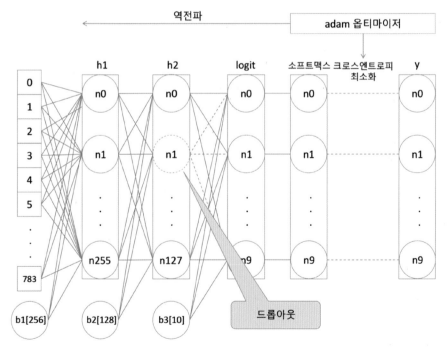

그림 5.26 스텝 1. 히든 레이어 2의 노드 1 드롭아웃

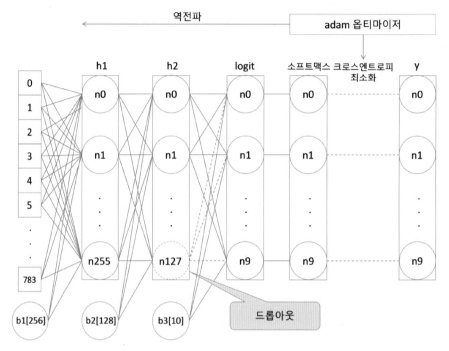

그림 5.27 스텝 2. 히든 레이어 2의 노드 127 드롭아웃

매 스텝마다 드롭아웃이 설정된 히든 레이어에서 무작위로 선택된 노드가 학습에 사용되지 않고 매개변수가 조절됩니다. 드롭아웃이 과대적합에 도움되는 이유가 무엇일까요? 드롭아웃은 모델에 앙상블 효과를 줍니다. 매 스텝마다 몇개의 노드를 사용하지 않고 학습을 하는 모습은 마치 랜덤 포레스트에서 각 트리마다 몇 개의 데이터 특성을 포함하지 않고 학습하는 것과 닮아있습니다. 이러한 방법은 모델의 분산을 줄이는 데 효과적입니다. 머신러닝 모델은 분산을 줄이고 편향을 높이면 과대적합의 위험이 감소됩니다. 랜덤 포레스트의 추론 시 다양하게 학습된 소규모 의사결정 트리가 투표를 통해 더 나은 결론을 내리듯, 딥러닝의 학습 역시 드롭아웃을 사용해 소규모 노드들로 다양하게 여러 번 학습되어 결과적으로 과대적합의 위험을 줄일 수 있습니다.

5.9.2 조기 종료

오버피팅을 줄일 수 있는 두 번째 방법으로 조기 종료(Early Stopping)가 있습니다. 딥러닝 모델의 학습 반복 횟수가 많으면 많을수록 학습 데이터에 대한 정확도는 증가합니다. 하지만 학습 데이터에 대한 정확도가 증가한다고 무조건 학습 반복 횟수를 높이면 학습 시간이 상당히 길어지고 또한 학습 데이터에만 성능이 좋고, 테스트 데이터 및 모델 학습에 사용되지 않은 데이터에는 성능이 떨어질 수 있습니다. 따라서 학습을 진행할 때 최대 학습 반복 횟수를 설정하되, 모델이 과대적합될 소지가 있을 경우 학습을 중단하고 지금까지 학습된 모델 중에서 최고의 모델을 선택해야 합니다.

딥러닝 학습에 조기 종료를 도입하기 위해 가장 먼저 해야 할 일은 데이터를 학습 데이터, 검증 데이터, 테스트 데이터로 분리하는 것입니다.

그림 5.28 데이터 분리

데이터를 분리할 때 학습 데이터, 검증 데이터, 테스트 데이터의 비율을 6:2:2 정도로 설정하면 적당합니다. 딥러닝 모델을 학습할 때 오직 학습 데이터로만 모델의 매개변수를 조정합니다. 매개변수를 조정한 후, 검증 데이터(validation set)로 모델의 정확도를 측정합니다.

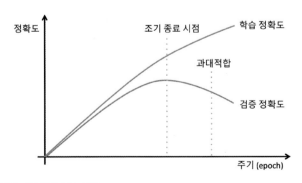

그림 5.29 검증 정확도에 따른 조기 종료 시점

위 그림과 같이 주기가 증가할수록 최초 학습 정확도와 검증 정확도는 증가합니다. 하지만 어느 정도 학습이 충분히 진행된 이후부터는 학습 정확도는 꾸준히 증가하는 반면 검증 정확도는 감소합니다. 이러한 이유는 바로 모델이 학습 데이터에 너무 치우치게 되어 그 외의 데이터에 대해 정확도가 감소하기 때문입니다(과대적합). 따라서 검증 정확도가 꾸준히 떨어지는 시점이 발견되면 그 즉시 학습을 중단하고, 지금까지 학습된 모델 중 최고의 검증 정확도를 보이는 모델을 선정해서 테스트 데이터로 테스트를 진행합니다. 이처럼 설정된 최대치 주기까지 가지 않고, 중간에 학습을 중단함으로써 과대적합의 위험을 감소하고, 학습 시간을 단축하는 방법을 조기종료라고 합니다.

이것으로 딥러닝 실습에 필요한 기본 개념을 모두 학습했습니다. 이번 장에서 다룬 기본 개념을 잘 숙지하면 다음 장부터 직접 구현하게 될 딥러닝 코드를 이해하기가 훨씬 수월할 것입니다.

5.10 [실습] 퍼셉트론

첫 번째 딥러닝 실습 예제는 퍼셉트론입니다. 퍼셉트론은 엄연히 말하자면 딥러닝은 아니지만 딥러닝의 뉴런과 상당히 닮은 분류기이며, 뉴런의 계산 과정과 활성화 함수를 이해하기 위한 최적의 실습 예제입니다. 뉴런은 활성화함수를 자유롭게 선택할 수 있는 반면, 퍼셉트론은 스텝함수라는 활성화 함수만을 사용합니다.

뉴런의 출력값: 활성화함수(가중치 * 입력값 + 편향값)

퍼셉트론의 출력값: 스텝함수(가중치 * 입력값 + 편향값)

이번 실습을 통해 뉴런의 계산 과정을 이해하고, 아주 간단한 뉴런 하나만으로도 AND, OR 연산과 같은 기초적인 연산을 할 수 있음을 알아보겠습니다.

뉴런은 다음과 같은 구조를 띠고 있습니다. 단 퍼셉트론은 활성화 함수(f)에 오로지 스텝함수만을 사용합니다.

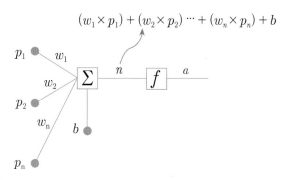

그림 5.30 뉴런의 구조

실습에 앞서, 텐서플로를 임포트하겠습니다.

```
import tensorflow as tf
```

코드의 이해도를 높이기 위해 1은 True, 0은 False, 그리고 편향값(bias)은 1로 지정합니다.

```
T = 1.0
F = 0.0
bias = 1.0
```

실습에 앞서, AND, OR 연산의 입력값과 그에 따른 출력값을 알아봅니다.

표 5.2 AND, OR 연산표

x_1	x_2	x_1 AND x_2	x_1 OR x_2
0	0	0	0
0	1	0	1
1	0	0	1
1	1	1	1

다음과 같이 AND, OR, XOR 실습 데이터를 함수 형태로 정의합니다. 그럼 함수를 호출해서 쉽게 데이터를 획득할 수 있습니다.

```python
def get_AND_data():
  X = [
        [F, F, bias],
        [F, T, bias],
        [T, F, bias],
        [T, T, bias]
      ]
  Y = [ [F],[F],[F],[T] ]
  return X, Y

def get_OR_data():
  X = [
        [F, F, bias],
        [F, T, bias],
        [T, F, bias],
        [T, T, bias]
      ]
  Y = [ [F],[T],[T],[T] ]
  return X, Y

def get_XOR_data():
  X = [
        [F, F, bias],
        [F, T, bias],
        [T, F, bias],
        [T, T, bias]
      ]
  Y = [ [F],[T],[T],[F]  ]
  return X, Y
```

AND 연산에 필요한 데이터를 호출합니다.

```python
X, Y = get_AND_data()
```

이제 텐서플로를 사용해 퍼셉트론을 구현해 보겠습니다.

Perceptron 클래스를 다음과 같이 생성합니다.

```python
class Perceptron:
    def __init__(self):
        # 논리 연산을 위한 입력값 X, Y와 편향값 (b)를 받을 것이므로 weight를 [3,1]로
        # 설정합니다.
        # 3은 세 개의 입력을 의미하고, 1은 한 개의 뉴런임을 의미합니다.
        self.W = tf.Variable(tf.random.normal([3, 1]))

    def train(self,X):
        err = 1
        epoch, max_epochs = 0, 20
        while err > 0.0 and epoch < max_epochs:
            epoch += 1
            self.optimize(X)
            # MSE(평균제곱오차)를 관찰하며, 학습이 진행되는 동안 에러(MSE)가 줄어듬을
            # 확인합니다.
            err = self.mse(y, self.pred(X)).numpy()
            print('epoch:', epoch, 'mse:', err)

    def pred(self, X):
        return self.step(tf.matmul(X, self.W))

    def mse(self, y, y_hat):
        return tf.reduce_mean(tf.square(tf.subtract(y, y_hat)))

    def step(self,x):
        # step(x) = { 1 if x > 0; 0 otherwise }
        return tf.dtypes.cast(tf.math.greater(x, 0), tf.float32)

    def optimize(self, X):
        """
        퍼셉트론은 경사하강법을 사용한 최적화가 불가능합니다.
        매번 학습을 진행할 때마다 가중치를 다음 규칙에 맞게 업데이트합니다.

        if target == 1 and activation == 0:
          w_new = w_old + input
```

```
    if target == 0 and activation == 1:
      w_new = w_old - input
```

위의 두 가지 조건은 다음 코드로 간단히 구현 가능합니다.
```
    """
    delta = tf.matmul(X, tf.subtract(y, self.step(tf.matmul(X, self.W))), transpose_a=True)
    self.W.assign(self.W+delta)
```

학습

다음 코드를 실행해 학습을 진행합니다.

```
perceptron = Perceptron()
perceptron.train(X)
```

```
epoch: 1 mse: 0.25
epoch: 2 mse: 0.5
epoch: 3 mse: 0.25
epoch: 4 mse: 0.0
```

테스트

다음 코드를 실행해 테스트 결과를 확인합니다.

```
print(perceptron.pred(X).numpy())
```

```
[[0.][0.][0.][1.]]
```

테스트 결과, (0,0), (0,1), (1,0), (1,1) 입력에 대한 AND 연산 결과가 (0), (0), (0), (1)로 성공적으로 출력된 것을 확인할 수 있습니다.

퍼셉트론은 AND, OR 연산과 같이 선형 분리되는 분류는 가능하지만 XOR과 같이 선형 분리되지 않는 분류는 불가능합니다. XOR 연산 실습은 다음과 같이 X와 Y를 get_XOR_data() 함수를 통해 받도록 재설정한 후, 위의 학습 코드 블록을 실행해 진행하면 됩니다.

```
#X, Y = get_AND_data()
X, Y = get_XOR_data()


epoch: 1 mse: 0.5
epoch: 2 mse: 0.5
   .
   .
   .
epoch: 19 mse: 0.5
epoch: 20 mse: 0.5
Testing Result: [array([[0.], [0.], [0.], [0.]], dtype=float32)]
```

출력 결과를 통해, 학습 최종 주기(20 epoch)까지 학습이 완료되지 못했으며(평균제곱오차: 0.5), 최종 테스트 결과가 (0,0,0,0)으로서 기대 출력값인 (0,1,1,0)과 다른 값이 나온 것을 확인할 수 있습니다.

실습에 사용된 코드는 깃허브 저장소[4]에서 직접 확인 및 다운로드할 수 있습니다.

5.11 [실습] 뉴런(노드)

앞서 실습했던 AND, OR 연산은 딥러닝의 노드로 쉽게 구현 가능합니다. 이번 실습을 통해 딥러닝의 기본 구성 요소인 노드를 직접 구현해서 AND, OR 연산을 실습해보겠습니다.

노드 클래스를 다음과 같이 생성합니다.

```
class Node:
    def __init__(self):
        self.w = tf.Variable(tf.random.normal([2, 1]))
        self.b = tf.Variable(tf.random.normal([1, 1]))

    def __call__(self, x):
        return self.preds(x)
```

---

4 https://github.com/wikibook/machine-learning/blob/2.0/jupyter_notebook/5.퍼셉트론_AND_연산.ipynb
   https://github.com/wikibook/machine-learning/blob/2.0/jupyter_notebook/5.퍼셉트론_XOR_연산.ipynb

```python
def preds(self,x):
    # 순전파(forward propagation)
    out = tf.matmul(x,self.w)
    out = tf.add(out, self.b)
    out = tf.nn.sigmoid(out)
    return out

def loss(self,y_pred, y):
    return tf.reduce_mean(tf.square(y_pred - y))

def train(self, inputs, outputs, learning_rate):
    epochs = range(10000)
    for epoch in epochs:
        with tf.GradientTape() as t:
            current_loss = self.loss(self.preds(inputs), outputs)
            # 역전파 (back propagation)
            dW, db = t.gradient(current_loss, [self.w, self.b])
            self.w.assign_sub(learning_rate * dW)
            self.b.assign_sub(learning_rate * db)
```

AND 연산

다음 코드를 실행해 AND 연산을 학습한 후 테스트해봅니다.

```python
# AND operation
inputs = tf.constant([[0.0,0.0], [0.0,1.0], [1.0,0.0], [1.0,1.0]])
outputs = tf.constant([[0.0], [0.0], [0.0], [1.0]])

node = Node()
# train
node.train(inputs, outputs, 0.01)
# test
assert node([[0.0,0.0]]).numpy()[0][0] < 0.5
assert node([[0.0,1.0]]).numpy()[0][0] < 0.5
assert node([[1.0,0.0]]).numpy()[0][0] < 0.5
assert node([[1.0,1.0]]).numpy()[0][0] >= 0.5
```

OR 연산

다음 코드를 실행해 OR 연산을 학습한 후 테스트해봅니다.

```
# OR operation
inputs = tf.constant([[0.0,0.0], [0.0,1.0], [1.0,0.0], [1.0,1.0]])
outputs = tf.constant([[0.0], [1.0], [1.0], [1.0]])

node = Node()
# train
node.train(inputs, outputs, 0.01)
# test
assert node([[0:0,0.0]]).numpy()[0][0] < 0.5
assert node([[0.0,1.0]]).numpy()[0][0] >= 0.5
assert node([[1.0,0.0]]).numpy()[0][0] >= 0.5
assert node([[1.0,1.0]]).numpy()[0][0] >= 0.5
```

실습 코드는 깃허브 저장소[5]에서 확인 및 실습할 수 있습니다.

5.12 [실습] 다층 퍼셉트론으로 XOR 구현하기

이번 실습에서는 직접 다층 퍼셉트론을 텐서플로로 구현하고, 단일 퍼셉트론으로 불가능했던 XOR 연산을 다층 퍼셉트론으로 구현해 보겠습니다. 구현할 다층 퍼셉트론의 구조는 아래와 같습니다.

---

5 https://github.com/wikibook/machine-learning/blob/2.0/jupyter_notebook/5.노드.ipynb

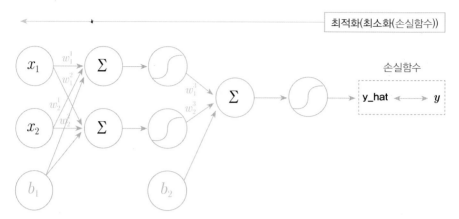

그림 5.32 실습할 다층 퍼셉트론의 구조

이론에서는 활성화함수로 스텝함수를 사용했지만 이번 실습에서는 활성화함수로 시그모이드 함수를 사용합니다. 시그모이드 함수를 활성화함수로 사용하는 주된 이유는 경사하강법을 통한 모델의 최적화가 가능하기 때문입니다.

실습을 위해 먼저 텐서플로, 넘파이 라이브러리를 임포트합니다.

```python
import tensorflow as tf
from tensorflow.keras.layers import Dense
from tensorflow.keras.models import Sequential
import numpy as np
```

가장 먼저 입력 레이어를 정의하겠습니다. XOR 연산 입력 데이터를 X, 결과값을 y라고 정의하겠습니다.

XOR 연산을 위해 입력값 X는 아래와 같이 [4,2]의 형태를 갖습니다.

```
[0, 0],[0, 1],[1, 0],[1, 1]
```

입력값에 따른 출력값 y는 [4,1]의 형태를 갖습니다.

```
[0,1,1,0]
```

실습을 위해, 아래와 같이 입력값과 출력값을 만들어줍니다.

```
X = np.array([[0.,0.],[0.,1.],[1.,0.],[1.,1.]])
y = np.array([0.,1.,1.,0.])
```

다층퍼셉트론은 아래와 같이 구현합니다. 그림과 같이 두개의 입력값을 받는 첫번째 레이어, 첫 번째 레이어의 출력값을 받아 결괏값을 출력하는 두 번째 레이어를 확인할 수 있습니다.

```
model = Sequential()
# 첫 번째 히든 레이어
model.add(Dense(units=2,activation='sigmoid',input_dim=2))
# 두 번째 히든 레이어
model.add(Dense(units=1,activation='sigmoid'))
```

아래와 같이 손실 함수 및 최적화를 정의합니다.

손실 함수는 크로스 엔트로피, 최적화는 경사하강법(sgd)을 사용합니다.

```
# 손실 함수 및 최적화 정의
model.compile(loss='binary_crossentropy',optimizer='sgd',metrics=['accuracy'])
```

생성된 다층퍼셉트론의 구조를 다음 명령어로 확인할 수 있습니다.

```
# 모델 요약
print(model.summary())
```

```
Model: "sequential"

Layer (type)              Output Shape           Param #
=================================================================
dense (Dense)             (None, 2)              6

dense_1 (Dense)           (None, 1)              3
=================================================================
Total params: 9
Trainable params: 9
Non-trainable params: 0

None
```

첫 번째 레이어(dense)는 두 개의 출력값(None, 2)을 갖고, 6개의 파라미터를 가지고 있는 것을 확인할 수 있습니다. 파라미터가 6개인 이유는, 2개의 가중치를 가진 노드가 2개 있고, 노드마다 1개씩의 편향값을 가지기 때문입니다.

두 번째 레이어(dense_1)는 한 개의 출력값을 갖고, 3개의 파라미터가 있습니다. 파라미터가 3개인 이유는, 2개의 가중치를 가진 노드가 1개 있고, 그 노드를 위한 하나의 편향값이 존재 하기 때문입니다.

아래의 코드를 실행해 학습을 진행합니다.

```
# 모델 학습, 10분 정도 걸립니다. 모델 학습 진행 상황을 보시려면 verbose=1로 수정해주세요.
model.fit(X,y,epochs=50000,batch_size=4,verbose=0)
```

학습 결과를 통해, [0,0], [1,1]은 0에 가까운 값을 출력하고, [0,1], [1,0]은 1에 가까운 값을 출력하는 것을 확인할 수 있습니다.

```
print(model.predict(X,batch_size=4))
```

```
[[0.06190902]
 [0.94067526]
 [0.9409089 ]
 [0.07283714]]
```

첫 번째 레이어의 파라미터는 다음과 같이 출력 가능합니다.

```
print("first layer weights: ",model.layers[0].get_weights()[0])
print("first layer bias: ",model.layers[0].get_weights()[1])
```

```
first layer weights:  [[3.5567362 5.79164  ][3.5493941 5.742752 ]]
first layer bias:  [-5.40607  -2.329901]
```

두 번째 레이어의 파라미터는 다음과 같이 출력 가능합니다.

```
print("second layer weights: ",model.layers[1].get_weights()[0])
print("second layer bias: ",model.layers[1].get_weights()[1])
```

```
second layer weights:  [[-7.801387 ][ 7.3920655]]
second layer bias:  [-3.3388188]
```

각 레이어의 파라미터를 활용해 직접 다층퍼셉트론의 계산 과정을 아래와 같이 실습해보실 수 있습니다.

직접 계산한 결괏값이 model.predict와 일치하는 것을 확인할 수 있습니다.

```
import math

def sigmoid(x):
  return 1 / (1 + math.exp(-x))

def get_output(x):
    layer0 = model.layers[0]
    # 첫 번째 레이어, 첫 번째 노드의 결괏값
    layer0_weights, layer0_bias = layer0.get_weights()
    layer0_node0_weights = np.transpose(layer0_weights)[0]
    layer0_node0_bias = layer0_bias[0]
    layer0_node0_output = sigmoid( np.dot( x, layer0_node0_weights ) + layer0_node0_bias )
    # 첫 번째 레이어, 두 번째 노드의 결괏값
    layer0_node1_weights = np.transpose(layer0_weights)[1]
    layer0_node1_bias = layer0_bias[1]
    layer0_node1_output = sigmoid( np.dot( x, layer0_node1_weights ) + layer0_node1_bias )
    # 두 번째 레이어 결괏값
    layer1 = model.layers[1]
    layer1_weights, layer1_bias = layer1.get_weights()
    layer1_output = sigmoid( np.dot( [layer0_node0_output, layer0_node1_output],
layer1_weights ) + layer1_bias )

    print(layer1_output)
```

첫 번째 입력값에 대한 출력값을 확인합니다.

```
get_output([0,0])
```

```
0.061909028513168735
```

두 번째 입력값에 대한 출력값을 확인합니다.

```
get_output([0,1])
```

```
0.9406752216593391
```

세 번째 입력값에 대한 출력값을 확인합니다.

```
get_output([1,0])
```

```
0.9409089934995193
```

네 번째 입력값에 대한 출력값을 확인합니다.

```
get_output([1,1])
```

```
0.07283725484720817
```

실습에 사용된 코드는 깃허브 저장소[6]에서 확인 및 다운로드할 수 있습니다.

5.13 [실습] 다층 퍼셉트론으로 손글씨 숫자 분류하기

실습에 필요한 라이브러리를 다음과 같이 임포트합니다.

```
import tensorflow as tf
from tensorflow.keras.models import Sequential
from tensorflow.keras.layers import Flatten
from tensorflow.keras.layers import Dense
from tensorflow.keras.layers import Dropout
from tensorflow.keras.layers import Activation
from tensorflow.keras.callbacks import EarlyStopping, ModelCheckpoint
```

---

6   https://github.com/wikibook/machine-learning/blob/2.0/jupyter_notebook/5.다층퍼셉트론_XOR_실습.ipynb

손글씨 실습을 위해 텐서플로에서 제공하는 MNIST 데이터셋을 불러옵니다.

```
(x_train, y_train), (x_test, y_test) = tf.keras.datasets.mnist.load_data()
```

MNIST 데이터셋은 6만 개의 학습 데이터와 1만 개의 테스트 데이터로 구성돼 있습니다. 각 데이터는 가로, 세로 28픽셀로 구성돼 있습니다.

```
print(x_train.shape)
print(x_test.shape)
```

```
(60000, 28, 28)
(10000, 28, 28)
```

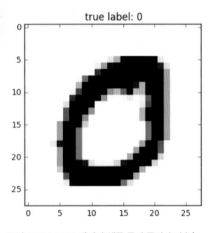

그림 5.33 MNIST 데이터 샘플 중 손글씨 숫자 '0'

데이터는 흑백 이미지입니다. 0에 가까울수록 흰색, 255에 가까울수록 검은색 픽셀입니다. 다음 코드를 실행해 각 픽셀에 해당하는 값이 0–255값의 범위 안에 있는 것을 확인할 수 있습니다.

```
print(x_train[0][8])
```

```
[  0   0   0   0   0   0   0  18 219 253 253 253 253 253 198 182 247 241
   0   0   0   0   0   0   0   0   0   0]
```

다음 코드를 실행해 각 데이터에 해당하는 레이블이 0부터 9까지의 숫자임을 확인할 수 있습니다.

```
print(y_train[0:9])
```

```
[5 0 4 1 9 2 1 3 1]
```

데이터 정규화는 보통 학습 시간을 단축하고, 더 나은 성능을 구하도록 도와줍니다.

MNIST 데이터의 모든 값은 0부터 255의 범위 안에 있으므로 255로 값을 나눔으로써 모든 값을 0과 1 사이의 값으로 정규화합니다.

```
x_train = x_train.astype('float32')
x_test = x_test.astype('float32')

gray_scale = 255
x_train /= gray_scale
x_test /= gray_scale
```

이제 MNIST 숫자를 분류하는 다층 퍼셉트론을 구현해 보겠습니다. 구현할 모델은 다음과 같습니다.

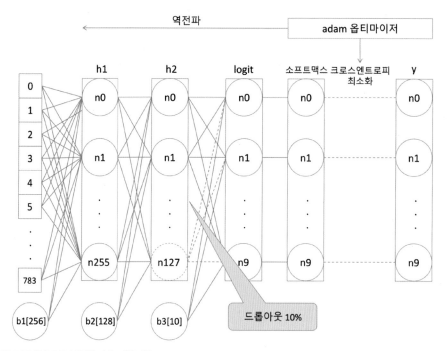

그림 5.34 실습으로 구현할 다층 퍼셉트론

다층 퍼셉트론의 입력 레이어에 데이터를 넣기 위해 2d tensor (28, 28)인 데이터를 1d tensor (28*28, 1)의 형태로 바꿉니다. 이는 행렬 형태의 데이터를 배열 형태의 데이터로 변경한다는 의미와 같습니다.

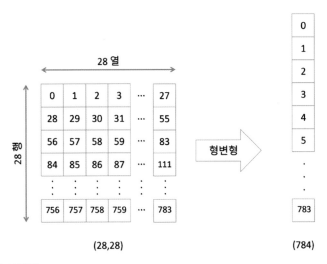

그림 5.35 데이터의 형변형

텐서플로의 Flatten 함수를 사용해 손쉽게 데이터 형변형을 할 수 있습니다. 다음 코드를 실행해 다층 퍼셉트론 모델을 만듭니다.

```
model = Sequential([
    Flatten(input_shape=(28, 28)),      # 데이터 차원 변경
    Dense(256, activation='relu'),      # 첫 번째 히든 레이어 (h1)
    Dense(128, activation='relu'),      # 두 번째 히든 레이어 (h2)
    Dropout(0.1),                       # 두 번째 히든 레이어(h2)에 드롭아웃(10%) 적용
    Dense(10),                          # 세 번째 히든 레이어 (logit)
    Activation('softmax')               # softmax layer
])
```

모델의 구성은 다음 명령어를 통해 확인할 수 있습니다.

```
model.summary()
```

```
Layer (type)                  Output Shape               Param #
=================================================================
flatten_2 (Flatten)           (None, 784)                0
_____
dense_6 (Dense)               (None, 256)                200960
_____
dense_7 (Dense)               (None, 128)                32896
_____
dropout_2 (Dropout)           (None, 128)                0
_____
dense_8 (Dense)               (None, 10)                 1290
_____
activation_2 (Activation)     (None, 10)                 0
=================================================================
Total params: 235,146
Trainable params: 235,146
Non-trainable params: 0
```

첫 번째 레이어에 784개의 입력을 받는 256개의 노드가 존재하고, 노드마다 편향값이 하나씩 존재하므로 784 * 256 + 256 = 200960의 파라미터가 존재합니다.

flatten과 softmax는 노드가 없으므로 파라미터가 존재하지 않는 것을 확인할 수 있습니다.

다음 코드를 실행해 손실함수와 최적화 방법을 쉽게 모델에 적용합니다.

```
"""
sparse_categorical_crossentropy:
레이블을 원 핫 인코딩으로 자동으로 변경해 크로스 엔트로피를 측정합니다.
"""
model.compile(optimizer='adam',
              loss='sparse_categorical_crossentropy',
              metrics=['accuracy'])
```

매 주기(Epoch)마다 검증 데이터로 검증 정확도를 측정합니다. 검증 정확도가 5번 연속으로 개선되지 않을 경우 조기 종료를 수행합니다. 이때 검증 정확도가 가장 높은 모델만 저장합니다.

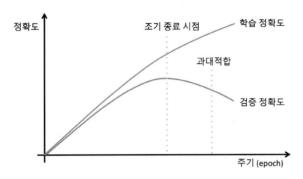

그림 5.36 검증 정확도를 통한 조기 종료 시점

```
callbacks = [EarlyStopping(monitor='val_accuracy', patience=5, restore_best_weights=False),
            ModelCheckpoint(filepath='best_model.h5', monitor='val_accuracy',
            save_best_only=True)]
```

다음 코드를 실행해 학습을 진행합니다.

```
model.fit(x_train, y_train, epochs=300, batch_size=1000, validation_split = 0.1,
callbacks=callbacks)
```

검증 정확도가 가장 높은 모델을 대상으로 테스트를 진행합니다.

```
results = model.evaluate(x_test, y_test, verbose = 0)
print('test loss, test acc:', results)
```

```
test loss, test acc: [0.283340558999399, 0.9599]
```

테스트 결과, 95.99%의 정확도를 확인할 수 있습니다. 실습 코드는 깃허브 저장소[7]에서 확인 및 실습할 수 있습니다.

---

7   https://github.com/wikibook/machine-learning/blob/2.0/jupyter_notebook/5.다층퍼셉트론_MNIST_손글씨_예측모델.ipynb

06장

딥러닝

이번 단원에서는 컴퓨터 비전과 자연어 처리에서 자주 쓰이는 딥러닝 모델을 이해하고 구현해 보겠습니다.

6.1 컨볼루셔널 뉴럴 네트워크(CNN)

6.1.1 [이론] CNN

컨볼루셔널 뉴럴 네트워크(Convolutional Neural Network, 이하 CNN)는 컴퓨터 비전에서 많이 사용되는 딥러닝 모델입니다. CNN의 장점은 가장 기본적인 딥러닝 모델인 다층 퍼셉트론과 비교하면 쉽게 이해할 수 있습니다. 먼저 다음과 같은 다층 퍼셉트론으로 MNIST 데이터를 입력받아 숫자를 예측하는 모델을 보겠습니다.

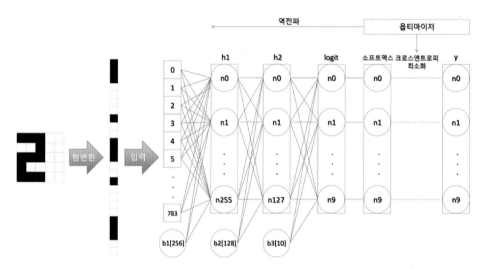

그림 6.1.1 다층 퍼셉트론의 MNIST 데이터 처리 방식

다층 퍼셉트론의 첫 번째 단점은 고유 이미지의 생김새 정보를 사용할 수 없다는 것입니다. 사람이 숫자의 생김새를 봤을 때 직선이 위에서 아래로 하나 있으면 숫자 1, 동그라미 한 개가 있으면 숫자 0이라는 정보를 쉽게 알 수 있습니다. 다층 퍼셉트론의 경우 데이터를 입력하기 위해 2차원 평면에 있는 숫자를 1차원 배열로 형변환해야 합니다. 1차원 배열로 형변환된 데이터는 위 그림에서 볼 수 있듯이 언뜻 우리가 이 형변환된 배열을 봐도 원래 고유의 숫자 이미지를 떠올리기 쉽지 않습니다. 이는 컴퓨터도 마찬가지입니다. 형변환된 데이터를 입력받는 다층 퍼셉트론의 경우, 고유 데이터가 2차원 평면에서 가지고 있던 지역적인 정보를 잃은 채로 학습을 시작합니다.

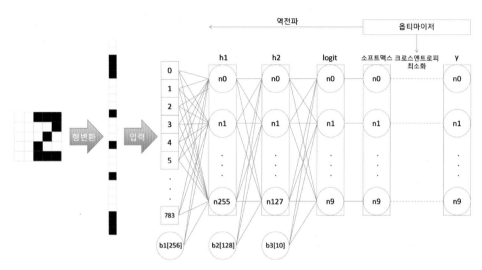

그림 6.1.2 작은 차이에도 민감한 다층 퍼셉트론

두 번째 단점은 다층 퍼셉트론은 픽셀 하나하나의 변화에 상당히 민감하다는 것입니다. 이미지의 생김새로 이미지를 분류할 경우 픽셀 한두 개가 달라도 작대기 하나만 있는 숫자는 1, 동그라미 1개만 있는 숫자는 0이라고 쉽게 분류할 것입니다. 하지만 이미지의 생김새 정보를 사용할 수 없는 다층 퍼셉트론은 가지고 있는 정보가 픽셀밖에 없기 때문에 픽셀 한두 개의 차이가 모델 예측에 큰 영향을 끼치게 됩니다.

세 번째 단점은 다층 퍼셉트론은 픽셀 한두 개의 정보에도 민감하게 반응하기 위해 상당히 많은 변수를 모델 안에 가지고 있다는 것입니다. 이로 인해 모델의 크기를 크게 만들고, 학습 시간이 오래 걸리며, 자칫 잘못하면 과대적합된 모델이 되기 쉽습니다.

생김새 정보 획득하기

다층 퍼셉트론의 단점은 최초부터 생김새 정보를 잃고 시작하는 데서 비롯됩니다. 그렇다면 어떻게 하면 모델이 생김새 정보를 활용할 수 있을까요? 우리의 뇌는 어떻게 생김새 정보를 활용해 사물을 구별할까요? 다음 그림을 보면 두 개의 비슷한 생김새의 숫자 2가 있습니다. 생김새가 달라도 어렴풋이 머리와 꼬리 부분이 있고, 머리와 꼬리를 잇는 대각선이 있다면 단번에 숫자 2임을 판별할 수 있습니다.

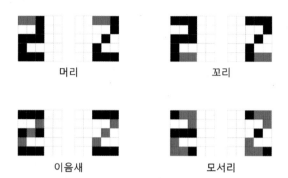

머리   꼬리

이음새   모서리

그림 6.1.3 숫자 2에서 공통적으로 얻을 수 있는 생김새 정보

생김새 정보를 학습하는 CNN

CNN은 바로 우리의 뇌가 사물을 구별하듯 생김새 정보로 사물을 학습하고 구별해냅니다. 생김새는 각 사물의 특징이라고 할 수 있고, CNN은 학습 과정을 통해 어떠한 특징이 사물을 구별하는 주요 특징인지를 알아냅니다.

CNN은 어떻게 특징을 찾아내는가?

다층 퍼셉트론과 다르게 CNN은 고유 이미지의 형변환 없이 그대로 입력 데이터를 처리합니다. 즉, 2차원 데이터인 MNIST 데이터를 그대로 처리하기 때문에 생김새 정보를 잃지 않습니다. 다음 그림은 CNN이 어떻게 특징을 찾아내는지를 잘 설명해줍니다.

필터(커널)

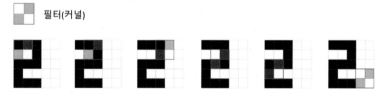

그림 6.1.4 필터가 생김새 특징을 찾아나가는 과정

스트라이드, 필터, 수용 영역

위 그림에서 필터 또는 커널이라고 불리는 반투명한 네모 상자가 이미지의 왼쪽 최상단에서 조금씩 이동하며, 최종적으로 오른쪽 최하단까지 이동하는 것을 볼 수 있습니다. 이처럼 필터를 이동하는 기법을 스트라이드(stride)라고 합니다.

필터는 특징을 추출하기 위한 네모 상자입니다. 그리고 이 필터와 겹치는 이미지 부분을 수용 영역이라고 부릅니다. 위 그림의 예제에서는 대각선 생김새를 찾기 위한 필터가 스트라이드 하는 모습을 보여줍니다.

다음 그림에서 대각선 필터는 숫자 2로부터 두 곳의 대각선 특징을 감지합니다. 반면 숫자 1 에서는 한 곳의 대각선 특징도 발견하지 못합니다.

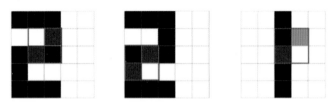

그림 6.1.5 숫자 1과 2에서의 대각선 필터의 정보 획득량 차이

모든 딥러닝 모델이 그렇듯이 CNN 모델 역시 수학적인 모델입니다. 이제 필터가 어떻게 특징을 추출해내는지 아주 간단한 산수로 알아보겠습니다. MNIST 숫자 데이터는 흑백 이미지로서 각 픽셀은 숫자 0부터 255까지의 값 중 하나를 가지고 있습니다. 픽셀 안의 숫자 0은 흰색을 의미하며, 255는 검은색, 그리고 그 안의 숫자는 흰색과 검은색 사이의 어떤 색을 의미합니다. 만약 이미지 안에 흰색과 검은색만 존재한다면 다음 그림과 같이 0과 255로만 구성돼 있을 것입니다.

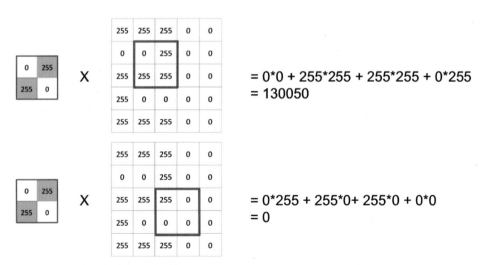

그림 6.1.6 필터 정보 획득량의 수학적 표현

위 그림에서 알 수 있듯이 필터 안에는 특정한 숫자가 들어있고, 필터와 이미지 영역의 겹치는 부분마다 곱셈이 이뤄집니다. 필터에 총 4개의 픽셀이 있으면 4개의 영역이 곱해지고, 곱해진 값은 최종적으로 더해집니다. 최종값이 크다라는 의미는 필터와 겹쳐진 부분이 많다는 의미이며, 반대로 최종값이 작을 경우 필터와 겹치는 부분이 적었다라고 해석할 수 있습니다.

숫자를 구분하기 위해서는 CNN 모델 안에 여러 개의 필터가 존재해야 합니다. 마치 우리 뇌가 숫자를 인식하기 위해 직선, 곡선, 동그라미 등을 구별해야 하듯이 CNN 모델 안에는 각 특성 개수만큼의 필터가 필요합니다. 보통 전반부 레이어에 존재하는 필터는 직선, 곡선 같은 기초적인 특징을 구별하기 위해 존재하고, 후반부에 있는 필터는 동그라미, 세모 같은 조금 더 고차원의 특징을 구별하기 위해 존재합니다. 필터를 사용해서 모든 특징을 찾아낸 후, 이 특징들은 다층 퍼셉트론(MLP)의 입력값으로 들어가서 필터로부터 구별된 특징을 기반으로 숫자 분류를 진행합니다.

CNN의 구조 및 필터의 역할을 잘 설명하는 다음 그림을 봅시다.

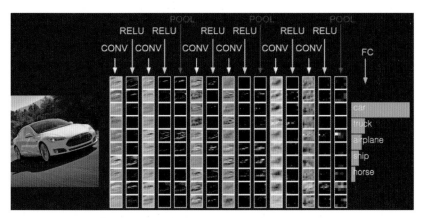

그림 6.1.7 일반적인 CNN 구조[1]

이 그림에서 CONV는 필터가 존재하는 컨볼루셔널 레이어를 뜻합니다. 또한 맨 마지막에 위치한 FC는 fully connected layer를 의미합니다. 참고로 FC가 여러 개 연결돼 있으면 다층 퍼셉트론이 됩니다.

---

1   출처: http://cs231n.github.io/convolutional-networks/

보통 CNN에서는 활성화함수로 ReLU를 많이 사용합니다. 이번 장의 실습에서도 ReLU를 CONV의 활성화함수로 사용하겠습니다.

위 그림에서 POOL은 풀링 레이어(pulling layer)이며, 풀링 레이어의 주된 목적은 모델 파라미터를 줄임으로써 모델의 계산량을 줄이는 데 있습니다. 파라미터가 줄어드니 과대적합을 조절하는 효과도 기대할 수 있습니다.

위 그림에서 다뤘던 숫자 2의 예제를 다시 사용해 보겠습니다. 스트라이드를 통해 다음 그림과 같이 4*4의 행렬을 얻게 됩니다. 스트라이드를 통해 얻어진 행렬을 피처맵(feature map)이라고 합니다. 참고로 피처맵을 활성화함수에 넣어 구한 행렬을 액티베이션맵이라고도 합니다. 다음 그림은 스트라이드를 통해 피처맵을 계산하는 과정을 보여줍니다.

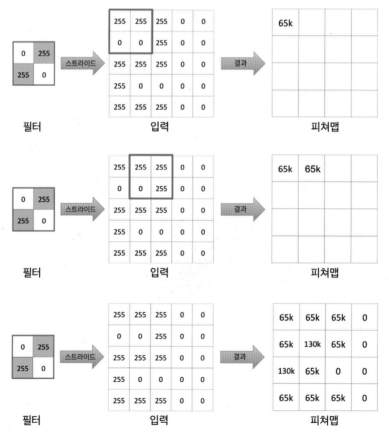

그림 6.1.8 피처맵 계산 과정

풀링 레이어의 역할에 대해 알아보겠습니다. 풀링은 주로 맥스 풀링 또는 평균 풀링을 사용합니다. 이번 예제에서는 맥스 풀링을 보여주고 있습니다. 맥스 풀링은 지정된 영역에서 가장 큰 수치를 선택하고 나머지 값은 버립니다. 다음 그림에서는 2*2 필터에 스트라이드 2를 적용한 맥스풀링의 예를 보여줍니다.

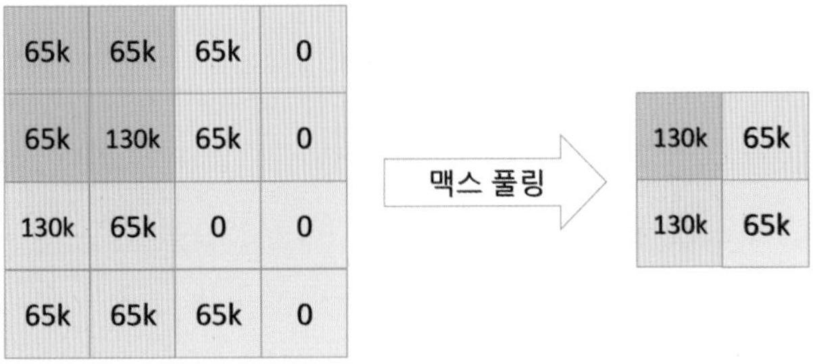

그림 6.1.9 맥스 풀링 예제

위 그림을 통해 결과적으로 4*4 행렬이 맥스풀링의 결과로 2*2 행렬로 크기가 줄어든 것을 확인할 수 있습니다. 피처맵의 크기가 줄어듦으로써 얻는 장점으로는, 첫째, 계산에 사용될 파라미터의 개수가 줄어들어 계산 속도가 빨라지고, 둘째, 파라미터를 줄임으로써 모델의 분산을 줄이고, 그에 따라 과대적합 가능성을 줄여준다는 것입니다.

제로 패딩

마지막으로 제로 패딩(zero padding)의 개념을 소개하겠습니다. 제로 패딩이란 0으로 입력 행렬의 테두리를 감싸는 기술입니다. 제로 패딩은 최근 CNN 모델에 상당히 많이 사용되고 있으며, 크게 두 가지 사용 목적을 가지고 있습니다.

첫째, 제로 패딩은 CONV에 의한 정보 손실을 방지합니다. CONV에서 보통 스트라이드를 통해 입력된 행렬보다 작아진 행렬이 출력됩니다. 행렬이 작아지면 당연히 작아진만큼의 정보손실이 있습니다. 제로 패딩을 통해 입력 행렬의 사이즈를 크게 함으로써 스트라이드 이후에도 그 사이즈를 동일하게 유지할 수 있습니다.

둘째, 0으로 감싸진 부분이 테두리라는 정보 역시 CNN이 활용할 수 있는 정보입니다. 제로 패딩을 사용으로써 CNN이 테두리 정보를 활용할 수 있게 됩니다.

다음 그림의 예제를 보면서 이해해 보겠습니다. 최초 5*5 행렬이 스트라이드를 통해 4*4 피처맵으로 출력됩니다. 행렬의 크기가 줄었으니 기존의 정보가 함축됐다 또는 줄어들었다라고 볼 수 있습니다.

필터　　　　　**입력**　　　　　**피쳐맵**

그림 6.1.10 입력값보다 정보의 양이 줄어든 피쳐맵

이번에는 제로 패딩이 적용된 예를 보겠습니다. 제로 패딩으로 인해 스트라이드할 공간이 더 많아졌습니다. 만약 필터의 사이즈가 3*3이고 스트라이드를 1픽셀씩 할 경우, 피쳐맵은 5*5로 제로패딩을 하기 전의 입력 행렬의 사이즈와 동일한 사이즈로 출력될 것입니다.

0	0	0	0	0	0	0
0	255	255	255	0	0	0
0	0	0	255	0	0	0
0	255	255	255	0	0	0
0	255	0	0	0	0	0
0	255	255	255	0	0	0
0	0	0	0	0	0	0

0	0	255
0	255	0
255	0	0

제로 패딩　　　　　　　　　**필터**

그림 6.1.11 제로 패딩의 예

CNN으로 컬러 이미지 분류하기

MNIST 손글씨 데이터는 흑백 이미지입니다. 만약 컬러 이미지를 데이터로 사용할 경우 한 가지만 더 신경 쓰면 됩니다. 컬러 이미지는 단순히 RGB, 즉, 빨강, 녹색, 파란색 레이어가 겹쳐진 색상입니다. 각 색상은 흑백과 마찬가지로 0부터 255까지의 값을 가지고 있습니다. 예를 들어, 흑백 이미지와 컬러 이미지의 텐서 형태를 비교해보면 가로 28픽셀, 세로 28픽셀의 흑백 이미지 10장을 처리할 경우 텐서는 (10,28,28,1)의 형태를 갖고, 동일한 크기의 컬러 이미지는 (10,28,28,3)의 텐서 형태를 갖습니다. 텐서의 10은 이미지 개수, 28, 28은 가로/세로 픽셀 수, 그리고 마지막 숫자는 몇 개의 색상으로 색을 구성하는지를 의미합니다.

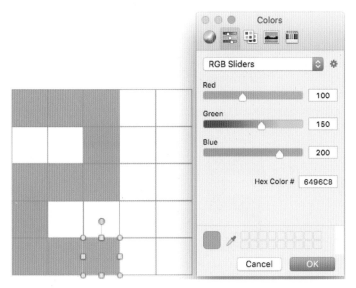

그림 6.1.12 3개의 레이어로 구성된 RGB 컬러 이미지

위 그림을 통해 컬러 이미지는 0부터 255까지의 값을 지닌 빨강, 녹색, 파랑 레이어가 겹쳐서 보이는 색상임을 알 수 있습니다. CNN에서 이 겹쳐진 레이어의 개수를 깊이(depth)라고 부릅니다. 다음 그림을 통해 하나의 필터가 어떻게 세 색상 레이어에 적용되는지 보겠습니다. 하나의 필터에는 깊이만큼의 하위 필터가 존재하고, 하위 필터에는 각각 자기만의 파라미터를 가지고 있습니다. 아래 예제에서 대각선 필터의 예를 보겠습니다. 빨강 레이어에는 빨강 필터, 녹색 레이어에는 녹색 필터, 파랑 레이어에는 파랑 필터가 스트라이드를 하며 각 피처맵을 만들고, 세 개의 피처맵이 더해진 후 편형값까지 더해져서 하나의 피처맵이 완성됩니다.

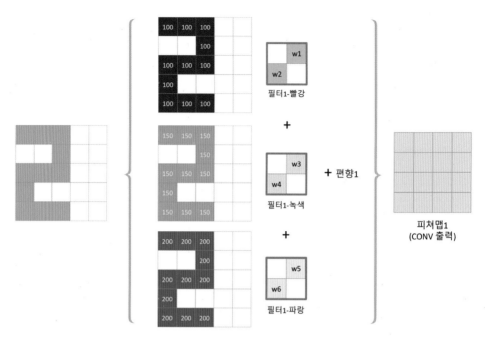

그림 6.1.13 컬러 레이어마다 독립된 가중치를 갖는 동일한 필터

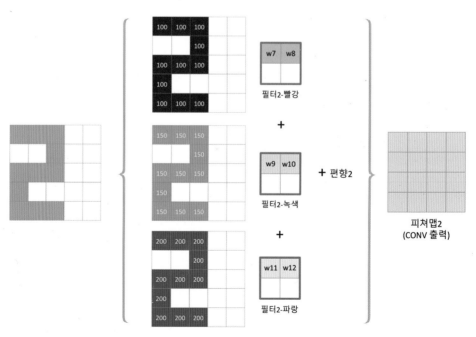

그림 6.1.14 컬러 레이어마다 독립된 가중치를 갖는 동일한 필터

위 그림에서 알 수 있듯이 또 다른 필터 역시 깊이와 동일한 개수의 하위 필터를 가지고 있고, 각 하위 필터는 자신만의 파라미터를 갖습니다. 한 개의 필터는 결과적으로 하나의 피처맵을 출력하므로 만약 10개의 필터가 한 CONV에 있다면 다음 레이어에 입력되는 깊이는 10이 됩니다.

CNN 모델 학습 이해하기

다음 그림을 통해 컬러 손글씨 이미지 예측 CNN 모델을 알아보겠습니다.

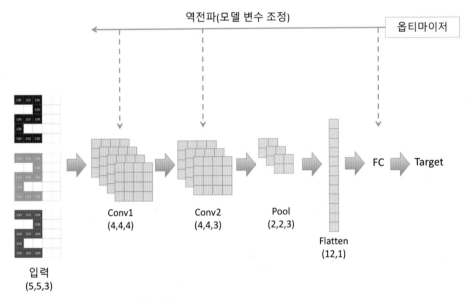

그림 6.1.15 컬러 손글씨 이미지 예측을 위한 CNN 구조

위 그림처럼 만약에 입력 데이터가 컬러 이미지일 경우 깊이는 3이 되며, 그림에서와 같이 빨강 레이어, 녹색 레이어, 파랑 레이어 세 개가 입력 데이터로 들어가게 됩니다. 첫 번째 CONV에 4개의 필터가 존재하며, 그림에서 CONV1의 출력값으로 4개의 피처맵이 출력되는 것을 볼 수 있습니다. 두 번째 CONV에는 총 3개의 필터가 존재하고 세 개의 피처맵이 출력됩니다. 그 뒤에 있는 풀링 레이어에서 피처맵의 크기가 절반으로 줄어들어 2*2의 형태의 피처맵이 세 개 존재하는 것을 확인할 수 있습니다. 풀링 레이어 이후의 모든 값을 일렬로 정렬시켜서 한 개의 배열에 총 2*2*3개의 값이 있는 것을 확인할 수 있습니다. 이 12개의 값은

CONV로 획득된 특징들이며, 특징들을 FC에 연결시켜 숫자 0부터 9까지의 값을 상징하는 10개의 노드로 값을 전달한 후, 소프트맥스를 통해 각 숫자에 대한 확률을 출력합니다. 옵티마이저를 사용해 역전파를 통해 각 레이어에 존재하는 파라미터를 최적화합니다.

파라미터 최적화

학습의 목적은 각 레이어에 존재하는 파라미터를 최적화하는 것입니다. CNN은 CONV와 FC에 파라미터가 존재합니다. CONV는 특징을 추출하는 레이어이고, FC는 추출된 특징을 가지고 분류를 수행하는 레이어입니다. 학습을 시작할 때는 무작위로 파라미터의 값을 부여하지만 학습 과정에서 진행되는 역전파를 통해 각 파라미터가 조금씩 변경되며 알맞은 값으로 최적화됩니다.

앞서 예제에서 대각선 필터, 동그라미 필터 등의 각 필터가 특징을 추출하는 것을 알아봤는데, 각 필터가 어떤 특징을 찾아야 하는지는 누가 설정하는 것일까요? 실습 과정에서 확인하겠지만 설계자는 필터의 개수와 형태만 정할 뿐 A 필터는 대각선 필터, B 필터는 동그라미 필터라는 식으로 역할을 직접 부여하지 않습니다. 필터의 역할은 최적화 과정을 통해 모델이 스스로 찾아 부여하게 됩니다.

CNN 모델의 예측값과 데이터의 실제값의 차이를 줄이는 방향으로 모델을 최적화함으로써 좀 더 의미 있는 필터가 CONV에 만들어지고, 더욱 의미 있는 분류기(FC)가 완성됩니다.

보통 CNN은 경사하강법을 사용해 모델을 최적화합니다. 아래 그림에서 Loss는 예측값과 실제값의 차이이고, w는 모델의 파라미터입니다. Loss가 가장 낮은 부분은 아래 그래프에서 미분값이 0인 부분이므로 현재 w인 지점에서의 미분값을 구해 그 미분값이 양수면 왼쪽 방향으로, 음수면 오른쪽 방향으로 w값을 조금씩 이동해서 미분값이 최저가 되는 곳으로 w를 조정합니다.

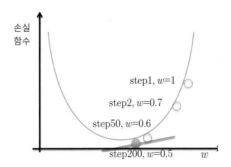

그림 6.1.16 경사하강법을 이용한 파라미터 최적화

6.1.2 [실습] CNN

이번 실습에서는 텐서플로를 사용해 MNIST 숫자 데이터를 분류하는 CNN을 구현해 보겠습니다.

```
import tensorflow as tf
from tensorflow.keras.datasets import mnist
from tensorflow.keras.models import Sequential
from tensorflow.keras.layers import Dense, Dropout, Flatten
from tensorflow.keras.layers import Conv2D, MaxPooling2D
from tensorflow.keras import backend as K
from tensorflow.keras.losses import categorical_crossentropy
from tensorflow.keras.optimizers import Adam
from tensorflow.keras.callbacks import EarlyStopping, ModelCheckpoint
import numpy as np
```

MNIST 데이터를 내려받아 학습 데이터 및 테스트 데이터로 분리해서 저장합니다.

```
(x_train, y_train), (x_test, y_test) = tf.keras.datasets.mnist.load_data()
```

MNIST 데이터는 다음 그림처럼, 28×28의 픽셀 데이터입니다. 각 픽셀은 흑백 사진과 같이 0부터 255까지의 그레이스케일을 가지고 있습니다

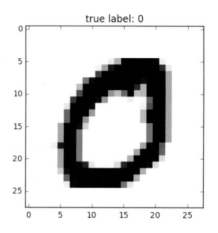

그림 6.1.17 MNIST 숫자 이미지 예제

0부터 255까지의 그레이스케일을 확인할 수 있습니다.

```
print(x_train[0][8])
```

```
[  0   0   0   0   0   0   0  18 219 253 253 253 253 253 198 182 247 241
   0   0   0   0   0   0   0   0   0]
```

이어서 각 데이터에 해당하는 레이블이 0에서부터 9까지인 것을 확인할 수 있습니다.

```
print(y_train[0:9])
```

```
[5 0 4 1 9 2 1 3 1]
```

테스트 데이터는 10,000개의 샘플을 가지고 있습니다. 모든 테스트 데이터는 28×28의 이미
지입니다.

```
print("test data has " + str(x_test.shape[0]) + " samples")
print("every test data is " + str(x_test.shape[1])
    + " * " + str(x_test.shape[2]) + " image")
```

```
test data has 10000 samples
every test data is 28 * 28 image
```

입력 레이어에 데이터를 넣기 위해 데이터의 구조를 변경합니다.

```
x_train = np.reshape(x_train, (60000,28,28,1))
x_test = np.reshape(x_test, (10000,28,28,1))

print(x_train.shape)
print(x_test.shape)


(60000, 28, 28, 1)
(10000, 28, 28, 1)
```

데이터 정규화는 보통 학습 시간을 단축하고, 더 나은 성능을 구하도록 도와줍니다.

MNIST 데이터의 모든 값은 0부터 255의 범위 안에 있으므로 255로 값을 나눔으로써 모든 값을 0과 1 사이의 값으로 정규화합니다.

```
x_train = x_train.astype('float32')
x_test = x_test.astype('float32')

gray_scale = 255
x_train /= gray_scale
x_test /= gray_scale
```

손실 함수에서 크로스 엔트로피를 계산하기 위해 실제값은 원 핫 인코딩 값으로 변경합니다.

```
num_classes = 10
y_train = tf.keras.utils.to_categorical(y_train, num_classes)
y_test = tf.keras.utils.to_categorical(y_test, num_classes)
```

이번 실습에서 구현할 CNN은 다음과 같습니다.

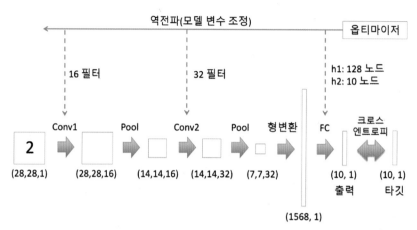

그림 6.1.18 실습으로 구현할 CNN 구조

다음 코드를 실행해 CNN을 구현합니다.

```
model = Sequential()
model.add(Conv2D(16, kernel_size=(5, 5),
                activation='relu',
                input_shape=(28,28,1),padding='same'))
model.add(MaxPooling2D(pool_size=(2, 2)))
model.add(Conv2D(32, kernel_size=(5, 5), activation='relu',padding='same'))
model.add(MaxPooling2D(pool_size=(2, 2)))
model.add(Flatten())
model.add(Dense(128, activation='relu'))
model.add(Dense(num_classes, activation='softmax'))

model.compile(loss=categorical_crossentropy,
            optimizer=Adam(),
            metrics=['accuracy'])

callbacks = [EarlyStopping(monitor='val_accuracy', patience=2,
restore_best_weights=False),
            ModelCheckpoint(filepath='best_model.h5', monitor='val_accuracy',
save_best_only=True)]
```

위의 코드를 간략히 알아보자면, 첫 번째 CONV레이어는 총 16개의 필터를 가지고 있고 필터의 크기는 5×5입니다. 편향값(bias)은 필터의 개수만큼 만들어주고, 활성화함수로 ReLU를 사용합니다.

CONV 레이어 다음으로 풀링 레이어를 적용해 액티베이션 맵의 크기를 줄입니다. 액티베이션 맵의 크기를 줄임으로써 파라미터가 줄어들어 모델 크기가 작아지고, 과대적합의 위험도 감소시킵니다.

풀링 레이어의 영향으로 액티베이션 맵의 크기는 14×14가 됐습니다. 이 값은 다음에 이어지는 CONV2에 입력됩니다. CONV2는 총 32개의 필터를 가지고 있습니다. 풀링 레이어 이후의 액티베이션 맵의 크기는 7×7이 됩니다.

FC(Dense)는 CONV를 통해 추출된 이미지의 특징들을 입력받아 0부터 9까지의 숫자 중 하나로 이미지를 분류합니다. Flatten을 사용해 모든 특징들을 하나의 배열로 형변환합니다. 형변환된 특징들은 FC(Dense)의 입력값이 됩니다.

FC 영역에서는 총 2개의 Dense 레이어가 존재합니다. 첫 번째 레이어에는 128개의 노드, 두 번째 레이어에는 10개의 노드가 존재합니다. 두 번째 레이어에 10개의 노드가 존재하는 이유는 10개 노드의 값들을 소프트맥스에 입력해서 각 노드별 확률을 구하기 위해서입니다. 각 노드는 숫자 0부터 9를 의미하며, 이 예측값은 크로스 엔트로피를 통해 실제값과의 차이를 계산하는 데 사용됩니다.

크로스 엔트로피와 아담 옵티마이저를 사용해 모델을 최적화시키도록 구성했습니다. 모델은 두 번 이상 모델의 개선이 없을 때 조기 종료하도록 설정했습니다.

다음 코드를 실행해 학습을 시작합니다.

```
model.fit(x_train, y_train,
        batch_size=500,
        epochs=5,
        verbose=1,
        validation_split = 0.1, #학습 데이터의 10%를 검증 데이터로 사용
        callbacks=callbacks)
```

다음 코드를 실행해 테스트 결과를 확인합니다.

```
score = model.evaluate(x_test, y_test, verbose=0)
print('Test loss:', score[0])
print('Test accuracy:', score[1])
```

```
Test loss: 0.033640890016499905
Test accuracy: 0.9884
```

테스트 결과, 98.84의 정확도를 확인할 수 있습니다.

실습 코드는 깃허브 저장소[2]에서 확인 및 실습할 수 있습니다.

6.2 순환신경망(RNN)

6.2.1 [이론] RNN

RNN은 순차적인 데이터를 입력받아 결괏값을 도출하는 데 사용하는 딥러닝 모델입니다. 대표적으로 자연어 처리에 상당히 많이 사용됩니다. 예를 들어, 'I work at google'과 'I google at work'라는 문장을 보겠습니다. 각 문장의 단어들에 해당하는 품사는 어떤 것인가요?

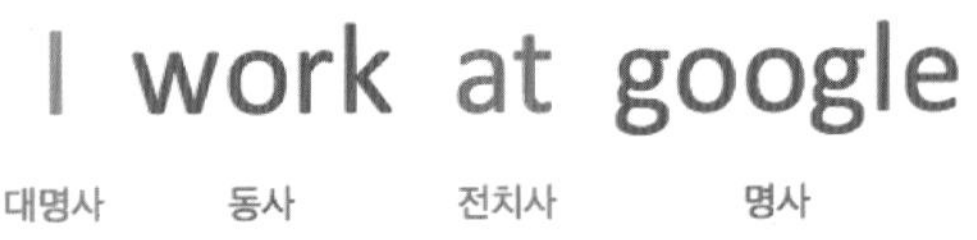

I work at google

대명사   동사   전치사   명사

그림 6.2.1 'I work at google' 문장의 품사 구분

---

2   https://github.com/wikibook/machine-learning/blob/2.0/jupyter_notebook/6.1_CNN_MNIST_손글씨_예측모델.ipynb

I google at work

| 대명사 | 동사 | 전치사 | 명사 |

그림 6.2.2 'I google at work' 문장의 품사 구분

같은 단어임에도 'google'이 첫 번째 문장에서는 명사, 두 번째 문장에서는 동사인 것을 확인할 수 있습니다. 'work' 역시 첫 번째 문장에서는 동사, 두 번째 문장에서는 명사인 것을 확인할 수 있습니다. 같은 입력값(단어)임에도 다른 출력값(품사)이 나온 이유가 무엇일까요? 바로 이전 입력값들(단어들)이 현재 입력값(단어)의 출력값(품사)에 영향을 주기 때문입니다.

RNN은 이전 입력값들을 고려해서 현재 입력값의 출력값을 결정하는 딥러닝 모델입니다. 다음 그림을 통해 RNN의 구조 및 어떻게 이전 입력값들을 고려해서 현재 입력값의 출력값을 결정하는지 대략 알 수 있습니다.

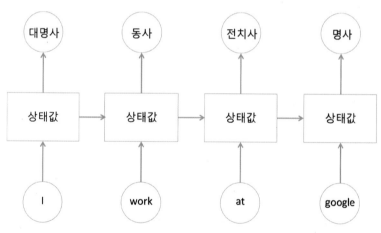

그림 6.2.3 RNN의 'I work at google'의 품사 구분

위 그림을 통해 'I'가 'work'의 품사에 영향을 주었고, 'I work at'이 'google'의 품사에 영향을 준 것을 확인할 수 있습니다.

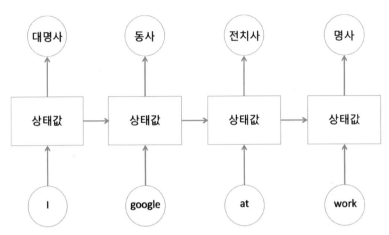

그림 6.2.4 RNN의 'I google at work' 품사 구분

또한 위 그림을 통해 'I'가 'google'의 품사에 영향을 주었고, 'I google at'이 'work'의 품사에 영향을 주는 것을 확인할 수 있습니다.

RNN 구조

RNN은 일반적으로 다음과 같은 구조를 가지고 있습니다.

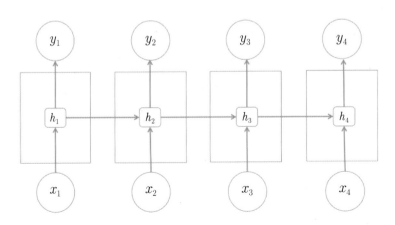

그림 6.2.5 RNN의 구조

x는 입력값, y는 출력값, h는 상태값을 의미합니다. 네모난 박스는 셀(cell)이라고 하고, 셀 안에서 현재 셀의 입력값과 과거 셀의 상태값을 사용해 현재 셀의 상태값을 계산합니다. 현재 셀의 상태값은 현재 셀의 출력값과 동일하며, 다음 셀의 이전 상태값으로 사용됩니다.

상태값을 결정하기 위해 다음 그림과 같이 두 가지의 가중치가 존재합니다. 현재 셀의 상태값은 tanh(입력값 $\star W_{xh}$ + 이전 셀 상태값 $\star W_{hh}$ + 편향값)으로 결정됩니다. 가중치와 편향값은 최초 무작위로 부여하되, 학습 과정을 통해 가중치 및 편향값은 모델의 목적에 맞게 최적화됩니다.

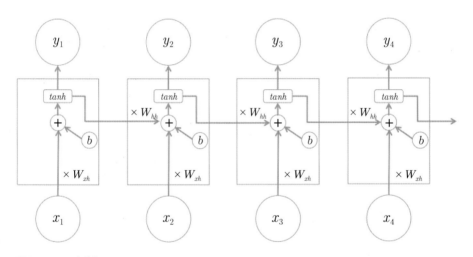

그림 6.2.6 RNN의 심층 구조

앞서 다뤘던 단어 품사 분류기 RNN 모델은 어떻게 학습할 수 있을까요? RNN의 각 셀은 고유의 출력값을 가지고 있습니다. 품사 분류기는 다음 그림과 같이 각 출력값에 소프트맥스 레이어를 연결해서 가능한 품사에 대한 확률을 구할 수 있습니다.

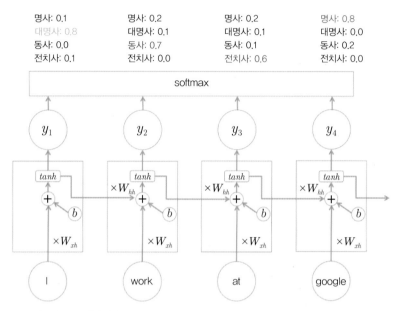

그림 6.2.7 RNN의 품사 구분 연산 방식

또한 실제 품사와의 차이를 최소화하는 손실함수를 설정해서 모델을 최적화할 수 있습니다.

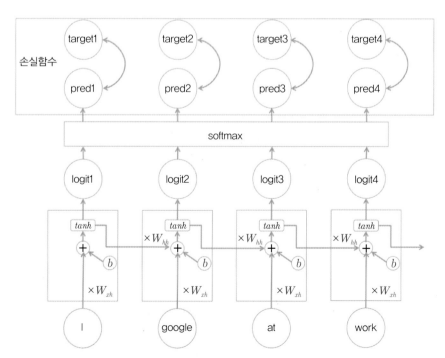

그림 6.2.8 RNN의 최적화 과정을 통한 파라미터 조정

RNN으로 문장의 감정 분석하기

RNN의 품사 분류기가 출력값을 사용한 분류기였다면 문장의 감정 분석하기는 최종 상태값을 사용한 분류기입니다.

- **Traffic ticket fine**: 교통 위반 벌금(불행함)

- **Traffic was fine**: 교통이 원활했다(행복함)

위의 두 문장을 보면 두 문장 모두 세 개의 단어로 구성돼 있고, 두 단어가 동일하지만 문장의 감정은 정반대인 것을 확인할 수 있습니다. 문장의 감정을 이해하기 위해서는 첫 단어부터 마지막 단어까지 읽어본 후 최종적으로 감정을 도출해야 할 것입니다. RNN은 이와 같은 문제에 상당히 적합한 구조를 가지고 있습니다. 다음 그림처럼 RNN의 최종 상태값은 첫 단어부터 마지막 단어까지의 정보를 함축하고 있고, 이 최종 상태값을 활용해 문장의 감정을 분석할 수 있습니다.

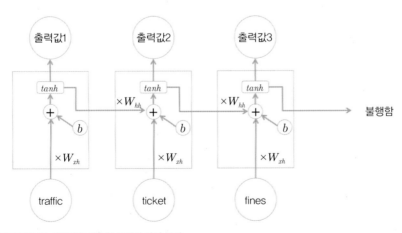

그림 6.2.9 RNN의 상태값을 이용한 문장의 감정 분석

물론 최종 상태값을 활용하는 모델 역시 학습이 필요합니다. 손실함수는 최종 상태값에 소프트맥스를 취한 값과 실제값의 거리를 최소화하는 것으로 설정해서 모델을 학습할 수 있습니다.

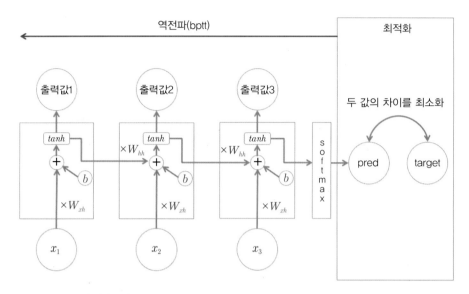

그림 6.2.10 RNN 문장 감정 분석 최적화 과정

지금까지 알아본 RNN 모델의 구조는 다음 그림과 같습니다.

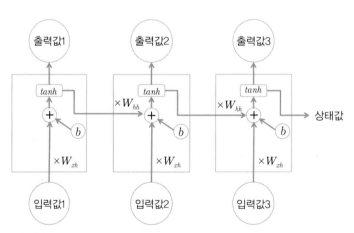

그림 6.2.11 RNN의 기본 구조

RNN 입력값의 개수에는 사실상 제한이 없으므로 위의 그림을 다음과 같이 요약해서 나타내면 많은 수의 입력값을 받는 RNN도 깔끔하게 표현할 수 있습니다.

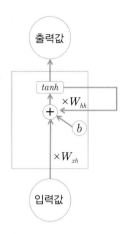

그림 6.2.12 하나의 다이어그램으로 표현한 RNN 구조

또한 지금까지 배운 RNN의 작동 원리는 다음과 같은 단 한 줄의 수학 공식으로 표현할 수 있습니다.

$$h_t = \tanh\left(w_{xh} \star x_t + w_{hh} \star h_{t-1} + b\right)$$

6.2.2 [이론] LSTM

RNN의 기본을 이해했으니 이제 RNN 셀 가운데 많이 사용되는 LSTM 셀에 대해 알아보겠습니다. LSTM 네트워크 역시 RNN의 기본 구조를 그대로 사용하되, 기본셀 대신 LSTM 셀이라는 조금 더 기능이 추가된 셀을 사용합니다. LSTM 셀에 대해 구체적으로 알아가기에 앞서 먼저 다음 예제를 보겠습니다. 아래 빈칸에 들어갈 영어 단어는 무엇일까요?

John is my best friend, we grew up together in same town

he likes basketball and so do I (중략)

John met his wife 10 years ago (중략)

I have not seen her yet. (중략)

___ is still my best friend.

만약 전체 문장 속에 'John'과 'wife'만 등장했다면 앞 문장들의 문맥을 통해 정답은 'he'인 것을 쉽게 유추할 수 있습니다. 또한 RNN을 사용한다면 단어들을 순차적으로 입력받아 빈칸의 단어를 유추할 수 있을 것입니다. 하지만 문장이 길어질 경우 단순 RNN 셀을 사용할 때 성능이 많이 저조하다는 발견들이 잇따라 등장했고, 긴 시퀀스를 가진 입력을 가진 RNN의 성능 저하 원인을 직접 다룬 논문[3]이 등장하게 됩니다.

논문은 경사하강법으로 RNN 학습을 진행할 때 gradient vanishing 또는 gradient exploding으로 인해 모델이 최적화되지 않는다는 점을 설명합니다. 그리고 이러한 문제를 보완하고자 조금 더 기능을 추가해서 나온 셀이 LSTM 셀입니다.

RNN 학습

RNN은 경사하강법 기반 알고리즘으로 모델을 최적화합니다. 모델의 최적화는 모델 파라미터의 조정을 통해 이뤄집니다. 모델 파라미터(W)는 손실함수(E)의 미분값의 반대 방향으로 조금씩 조정됩니다.

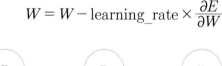

$$W = W - \text{learning\_rate} \times \frac{\partial E}{\partial W}$$

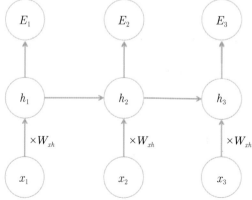

그림 6.2.13 RNN의 기본 구조

---

3   Learning long-term dependencies with gradient descent is difficult. Bengio et al. (1994)
     http://ai.dinfo.unifi.it/paolo/ps/tnn-94-gradient.pdf

예를 들어, E_3의 미분값은 다음과 같이 계산됩니다. 다소 복잡하게 보일 수 있지만 상태값(h)은 이전 상태값에 영향을 받고, 이전 상태값은 그 상태값의 입력값에 영향을 받기 때문에 결과적으로 다음과 같은 계산 과정이 일어나게 됩니다.

$$\frac{\partial E_3}{\partial W} = \frac{\partial E_3}{\partial h_3} \times \frac{\partial h_3}{\partial W_{xh}} + \frac{\partial E_3}{\partial h_3} \times \frac{\partial h_3}{\partial h_2} \times \frac{\partial h_2}{\partial W_{xh}} + \frac{\partial E_3}{\partial h_3} \times \boxed{\frac{\partial h_3}{\partial h_2} \times \frac{\partial h_2}{\partial h_1}} \times \frac{\partial h_1}{\partial W_{xh}}$$

문제영역

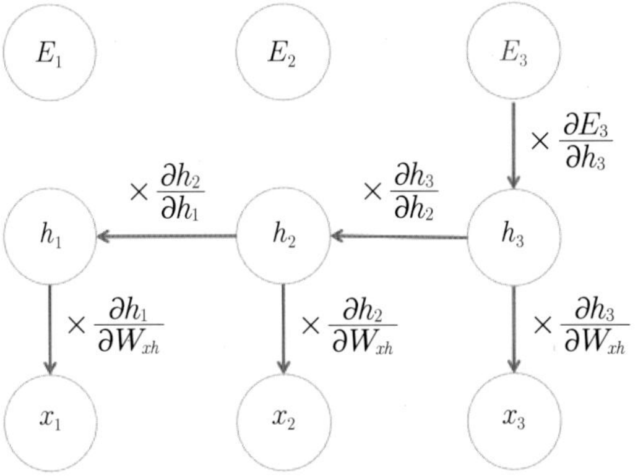

그림 6.2.14 최적화 과정에서 연속해서 곱해지는 미분값

문제는 미분값을 연속해서 곱하는 과정에서 발생합니다. 만약 입력값이 100개 이상일 경우, E_{101}에 대한 미분값은 아래와 같은 계산 과정을 거치게 됩니다.

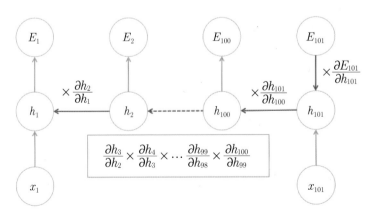

그림 6.2.15 입력 시퀀스가 길어질수록 최적화할 때 더 많이 곱해지는 미분값

gradient vanishing

만약 연속해서 곱해지는 모든 미분값들이 1보다 작은 값이면 어떤 현상이 발생될까요? 현재 셀과 거리가 먼 셀들은 1보다 작은 값이 연속해서 곱해져서 결국 0과 아주 가까운 값이 되어 현재 셀에 거의 영향을 주지 못하게 됩니다. 즉, 멀리 있는 정보는 현재 셀에 거의 영향을 주지 못하게 되는 상황이 발생하며 이러한 현상을 gradient vanishing이라 부릅니다.

gradient exploding

반대로 연속해서 곱해지는 모든 미분값들이 1보다 클 경우에는 어떤 현상이 발생할까요? 현재 셀로부터 먼 셀의 파라미터는 거의 무한대에 가까운 값들이 더해져서 파라미터가 격변하게 되어 최적의 파라미터(W)를 못 찾게 됩니다. 이러한 현상을 gradient exploding이라 부릅니다.

LSTM 셀의 등장

위 문제점을 해결하기 위해 등장한 셀이 바로 LSTM 셀입니다. LSTM은 순차적으로 입력되는 값이 길더라도 잊어야 할 기억은 잊고, 기억해야 할 정보는 기억해서 최적의 값을 출력합니다. LSTM이 긴 문장을 어떻게 처리하는지 알아보겠습니다.

다음 그림에서 가장 큰 특징은 주황색 선이 셀에 추가됐다는 것입니다. 주황색 선은 메모리셀이라고 불립니다. 메모리셀은 과거의 정보를 기억해서 최초 단어가 'John'이라는 정보를 활용해 빈칸의 주어를 'he'로 출력합니다.

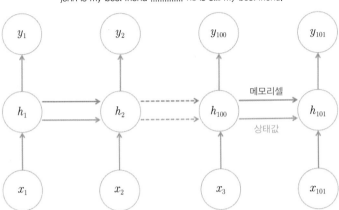

그림 6.2.16 LSTM의 기본 구조

또한 메모리셀은 불필요한 정보는 잊고, 필요한 정보는 저장하는 역할을 수행합니다. 다음 그림을 통해 메모리셀이 'John'이라는 정보는 줄이고(forget), 'Jane'이라는 정보를 기억(input)해서 주어를 'she'라고 출력하는 과정을 볼 수 있습니다.

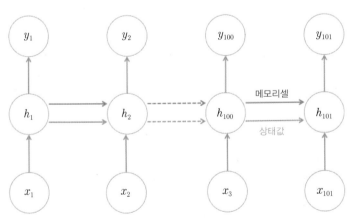

그림 6.2.17 긴 문장을 처리하는 LSTM

LSTM의 구조 및 메커니즘

지금부터 LSTM의 주요 메커니즘에 대해 알아보겠습니다. 메커니즘의 이해를 돕기 위해 다음 그림을 보면서 메커니즘을 하나씩 이해해 보겠습니다.

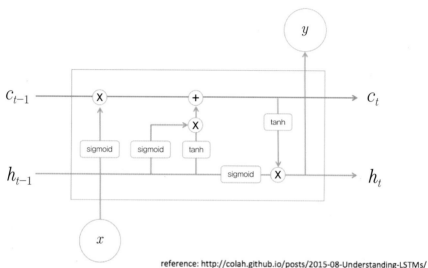

reference: http://colah.github.io/posts/2015-08-Understanding-LSTMs/

그림 6.2.18 LSTM 셀 내부 구조

기억 손실 메커니즘(forget)

순차적인 입력이 길어질 경우 오래전에 입력된 값보다 최근에 입력된 값이 중요할 때가 있습니다. 자연어 처리에서 예를 들면, 'John is ... (중략)'이라는 순차적인 단어의 입력이 있었는데, 현재 입력값으로 'Jane'이라는 값이 들어오면, 과거 'John'에 대한 정보보다 'Jane'이라는 정보가 더 중요해집니다. 기억 손실 메커니즘을 이해하기 위해 먼저 아래 그림을 보겠습니다.

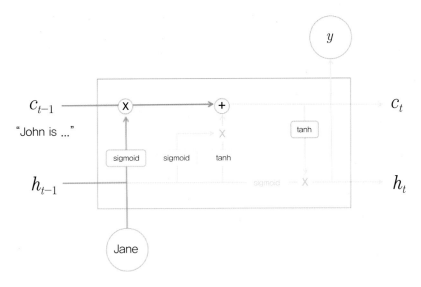

그림 6.2.19 기억 손실 메커니즘을 위한 LSTM 셀의 내부 구조

Ct−1은 메모리셀이 기억하고 있는 과거 정보입니다. 현재의 입력값 'Jane'이 들어와 과거의 상태값(h)과 함께 시그모이드 출력값을 만들어냅니다. 시그모이드는 0부터 1까지의 값을 출력하고 Ct−1과 곱해져서 시그모이드 출력값이 1일 경우 과거의 메모리셀 기억 그대로 유지하고, 1보다 작을 경우, 예를 들어 0.8일 경우 80%의 과거 기억만을 기억하고, 20%의 기억은 소멸시킵니다.

입력 메커니즘(input)

메모리셀에서 과거의 기억을 조절하는 것만큼 중요한 것은 현재 입력값을 기억하는 일입니다. 현재 입력값을 메모리셀에 저장하는 메커니즘을 입력 메커니즘이라고 부릅니다. 다음 그림을 통해 현재의 입력값과 과거의 상태값을 계산해서 메모리셀에 현재 입력값을 더하는 메커니즘을 확인할 수 있습니다.

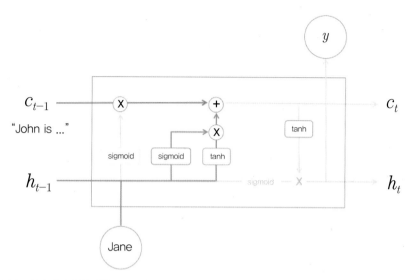

그림 6.2.20 입력 메커니즘을 위한 LSTM 셀의 내부 구조

출력 메커니즘(output)

메모리셀은 현재 상태값을 출력할 때도 사용됩니다. 다음 그림을 통해 최종적으로 'she'를 출력하기 전, 메모리셀과 상태값이 함께 계산되는 것을 확인할 수 있습니다.

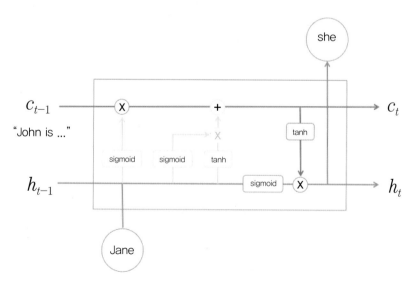

그림 6.2.21 출력 메커니즘을 위한 LSTM 셀 내부 구조

지금까지 기본 RNN 셀의 문제점인 gradient vanishing, gradient exploding과 그 문제점을 극복하기 위해 고안된 LSTM 셀에 대해 알아봤습니다. 실습 과정을 통해 LSTM 셀을 활용한 RNN을 더 자세히 알아보겠습니다.

6.2.3 [실습] RNN 기초

이번 실습을 통해 텐서플로에 구현된 RNN을 직접 탐구해 보겠습니다.

```
import numpy as np
```

아래 예제를 보면 똑같은 단어임에도 위치에 따라 다른 품사로 구분되는 것을 볼 수 있습니다. 예를 들면, 'work'가 첫 번째 문장에서는 동사인데, 두 번째 문장에서는 명사입니다. 같은 단어임에도 다른 품사로 구분되는 이유는 이전에 있던 단어들이 현재 단어의 품사를 결정하는 데 영향을 미치기 때문입니다.

```
I work at google => (대명사) (동사) (전치사) (명사)
I google at work => (대명사) (동사) (전치사) (명사)
```

RNN은 이와 같이 이전 입력값을 고려해서 현재 입력값에 대한 출력값을 계산할 수 있는 딥러닝 모델입니다. 다음 그림을 통해 RNN이 어떤 방식으로 각 단어의 품사를 결정하는지 볼 수 있습니다. 첫 번째 문장에서 'work'가 입력값으로 들어올 때 이전 단어였던 I의 상태값(hidden state)을 고려해서 'work'를 동사로 결정하는 모습을 볼 수 있습니다.

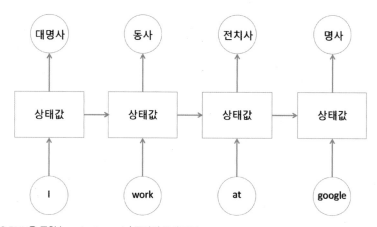

그림 6.2.22 RNN을 통한 'I work at google' 문장의 품사 구분

두 번째 문장에서 'work'가 입력값으로 들어올 때 이전 단어들의 상태값(hidden state)을 함께 고려해서 'work'를 명사로 결정하는 모습을 볼 수 있습니다.

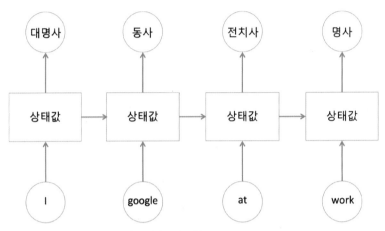

그림 6.2.23 RNN을 통한 'I google at work' 문장의 품사 구분

RNN의 기본 구조는 다음과 같이 입력값(x), 출력값(output), 상태값(state), 가중치(W), 편향값(b), 활성화함수(tanh)로 구성돼 있습니다.

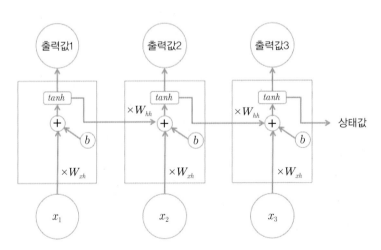

그림 6.2.24 RNN의 기본 구조

출력값과 상태값의 차이점

각 RNN 셀은 tanh 활성화함수를 가지고 있으며, 활성화함수는 동일한 값을 출력값과 상태값으로 리턴합니다. 즉, 기본적으로 출력값과 상태값은 동일한 값입니다. 단 출력값은 각 RNN 셀의 고유한 출력값으로 존재하지만 상태값은 다음 RNN 셀로 전달되어 매번 W_{hh}와 곱해지게 됩니다. 결과적으로 RNN 셀이 한 개 이상 존재할 경우 상태값은 맨 마지막에 있는 RNN 셀의 출력값과 동일한 값이 됩니다.

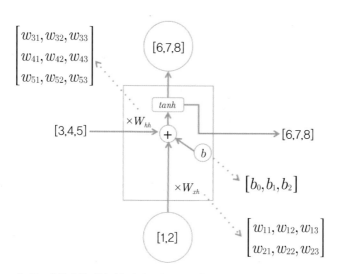

그림 6.2.25 RNN 네트워크에 셀이 한 개일 경우의 가중치, 상태값, 출력값

위 그림을 통해 RNN에 대해 많은 것을 알 수 있습니다.

1. RNN 셀이 한 개일 경우, 그 출력값과 상태값이 동일합니다.

2. 입력값이 1*2 행렬이고, RNN의 상태값이 1*3 행렬일 경우, W_{xh}는 2*3 행렬을 갖게 됩니다.

3. 상태값이 1*3 행렬일 경우, W_{hh}는 3*3 행렬을 갖습니다.

4. 입력값이 1*2 행렬이고, RNN의 상태값이 1*3 행렬일 경우, 편향값은 총 3개가 필요합니다.

RNN 텐서플로 코드 구현

RNN의 입력값, 출력값, 상태값, 편향값을 텐서플로의 SimpleRNN을 사용해 확인해보겠습니다.

```
import tensorflow as tf
from tensorflow.keras.layers import Input, Dense, SimpleRNN
from tensorflow.keras.models import Model
import numpy as np
```

다음 코드를 실행해 2차원 데이터를 받아서 3차원 데이터를 출력하는 RNN 셀을 생성합니다.

```
# 입력값의 형태를 지정합니다.
inputs = Input(shape=(1,2))
"""
RNN 셀의 속성을 지정합니다.
3: 3차원 벡터의 출력값을 지정합니다.
return_state=True: RNN 셀의 상태값(state)을 출력하도록 지정합니다.
"""
output, state = SimpleRNN(3, return_state=True)(inputs)
model = Model(inputs=inputs, outputs=[output, state])
```

생성된 RNN셀을 다음 코드를 실행해 출력합니다.

```
# 테스트 입력값
data = np.array([[ [1,2] ]])
# 출력값, 상태값 프린트
output, state = model.predict(data)
print("output: ",output)
print("state: ",state)
```

```
output:  [[-0.77005637 -0.03206512  0.72178566]]
state:  [[-0.77005637 -0.03206512  0.72178566]]
```

위 코드의 출력값을 통해 RNN 셀이 한 개일 경우 그 출력값과 상태값이 동일합니다.

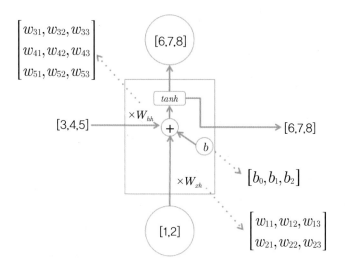

입력값에 대한 가중치 행렬의 값을 확인해봅니다.

```
model.layers[1].weights[0]
```

```
<tf.Variable 'simple_rnn_4/kernel:0' shape=(2, 3) dtype=float32, numpy=
array([[-0.73366153,  0.8796015 ,  0.28695  ],
       [-0.14340228, -0.4558388 ,  0.3122064 ]], dtype=float32)>
```

입력값이 1x2 행렬이므로 입력값에 대한 가중치 행렬은 2x3 행렬입니다.

이전 상태값에 대한 가중치 행렬을 확인해보겠습니다.

```
model.layers[1].weights[1]
```

```
<tf.Variable 'simple_rnn_4/recurrent_kernel:0' shape=(3, 3) dtype=float32, numpy=
array([[ 0.2532742 , -0.8955574 ,  0.36582667],
       [ 0.8398052 ,  0.0158366 , -0.5426569 ],
       [-0.4801869 , -0.4446641 , -0.7561047 ]], dtype=float32)>
```

상태값이 1x3 행렬이므로 상태값에 대한 가중치 행렬은 3x3 행렬입니다.

이번에는 편향값 행렬을 확인해보겠습니다.

```
model.layers[1].weights[2]
```

```
<tf.Variable 'simple_rnn_4/bias:0' shape=(3,) dtype=float32, numpy=array([0., 0., 0.],
dtype=float32)>
```

상태값이 3차원 벡터이므로 3개의 편향값이 존재합니다.

텐서플로를 이용한 단어 품사 구분

이론에서 다뤘던 'I work at google', 'I google at work'의 단어 품사를 구분하는 RNN 코
드를 텐서플로로 구현해 보겠습니다. 각 단어는 원 핫 인코딩으로 표현합니다.

```
# I        [1,0,0,0]
# work     [0,1,0,0]
# at       [0,0,1,0]
# google   [0,0,0,1]
#
# I work at google = [ [1,0,0,0], [0,1,0,0], [0,0,1,0], [0,0,0,1] ]
# I google at work = [ [1,0,0,0], [0,0,0,1], [0,0,1,0], [0,1,0,0] ]

data = np.array([
    [ [1,0,0,0], [0,1,0,0], [0,0,1,0], [0,0,0,1] ],
    [ [1,0,0,0], [0,0,0,1], [0,0,1,0], [0,1,0,0] ]
])
```

다음 코드를 실행해 결괏값을 확인합니다.

```
# 입력값의 형태를 지정합니다.
inputs = Input(shape=(4, 4))
"""
RNN 셀의 속성을 지정합니다.
3: 3차원 벡터의 출력값을 지정합니다.
return_state=True: RNN 셀의 상태값(state)를 출력하도록 지정합니다.
"""
output, state = SimpleRNN(3, return_state=True, return_sequences=True)(inputs)
model = Model(inputs=inputs, outputs=[output, state])
```

```
# 출력값, 상태값 출력
output, state = model.predict(data)

print("I work at google: ",output[0])
print("I google at work: ",output[1])


I work at google:  [[ 0.54391825  0.24354757  0.02726344]
 [ 0.2543367  -0.22151536 -0.70710266]
 [-0.0213326   0.71822613  0.06801447]
 [-0.27135777 -0.4469267   0.00939073]]
I google at work:  [[ 0.54391825  0.24354757  0.02726344]
 [ 0.17483439 -0.34557    -0.5084784 ]
 [-0.20281316  0.7054854  -0.09443939]
 [-0.2546866  -0.15914649 -0.16518137]]
```

출력된 결과를 통해 두 문장의 첫 단어 출력값이 동일한 것을 확인할 수 있습니다. 이는 첫 단어에는 이전 상태값이 존재하지 않기 때문입니다. 두 번째 단어부터의 출력값은 두 문장이 다르게 나타납니다. 이는 이전 상태값이 현재 출력값에 영향을 주기 때문입니다.

다음 코드를 실행해 RNN의 최종 상태값은 마지막 단어의 출력값과 동일한 것을 확인할 수 있습니다.

```
print("I work at google: state: ",state[0])
print("I google at work: state: ",state[1])


I work at google: state:  [-0.27135777 -0.4469267   0.00939073]
I google at work: state:  [-0.2546866  -0.15914649 -0.16518137]
```

실습 코드는 깃허브 저장소⁴에서 확인 및 실습할 수 있습니다.

---

4 https://github.com/wikibook/machine-learning/blob/2.0/jupyter_notebook/6.2_RNN_기초_텐서플로우_실습.ipynb

6.2.4 [실습] LSTM 기초

LSTM은 gradient vanishing 또는 gradient exploding과 같은 기존 RNN의 단점을 극복하고자 만들어진 조금 더 진화된 RNN 셀입니다. LSTM 셀 내부를 살펴보면 기존 RNN의 단점을 극복하기 위해 이전 정보를 지우거나 기억하기 위한 로직과 현재 정보를 기억하기 위한 로직이 구현돼 있습니다. 다음 그림에서 보면 기존 RNN에서 보지 못했던 주황색 선과 조금 더 많아진 활성화함수와 수학 기호들을 볼 수 있습니다. 주황색 선은 메모리셀이라고 부릅니다. 주황색 선상의 곱하기 기호에서, 0부터 1까지의 값인 시그모이드 출력값이 곱해져서 메모리셀의 기존 정보를 어느 정도까지 기억할지 결정하게 됩니다. 주황색 선상의 더하기 기호는 새로운 정보를 메모리셀의 기존 정보에 더하는 로직입니다. 그리고 ht 선상의 곱하기 기호에서 메모리셀의 정보와 현재 정보가 함께 계산되어 상태값을 출력하는 것을 확인할 수 있습니다.

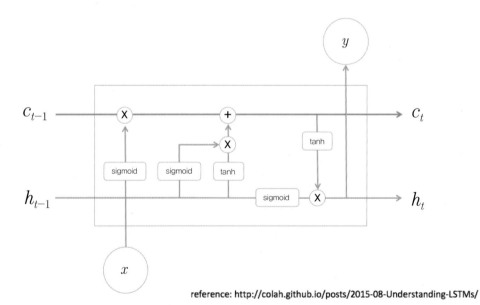

reference: http://colah.github.io/posts/2015-08-Understanding-LSTMs/

그림 6.2.26 LSTM 셀의 기본 구조

텐서플로는 이미 위 로직이 구현된 LSTM 셀을 제공합니다. 텐서플로의 LSTM 셀을 사용할 때 아래 그림만 이해해도 사용하는 데는 큰 무리가 없습니다.

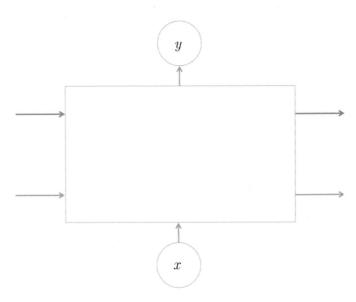

그림 6.2.27 텐서플로 LSTM 셀의 3개의 출력

다음 코드를 실행해 LSTM의 출력값(y) 및 상태값(hidden state), 메모리셀(memory cell) 값을 출력할 수 있습니다.

```
import tensorflow as tf
from tensorflow.keras.layers import Input, Dense, LSTM
from tensorflow.keras.models import Model
import numpy as np

# 입력값의 형태를 지정합니다.
inputs = Input(shape=(1,2))
"""
RNN 셀의 속성을 지정합니다.
1: 1차원 벡터의 출력값을 지정합니다.
return_state=True: LSTM 셀의 상태값, 메모리셀을 출력하도록 지정합니다.
"""
```

```python
lstm_out, hidden_state, cell_state = LSTM(1, return_state=True)(inputs)
model = Model(inputs=inputs, outputs=[lstm_out, hidden_state, cell_state])

data = np.array([
    [ [1,0] ]
])

# 출력값, 상태값, 메모리셀 출력
lstm_out, hidden_state, cell_state = model.predict(data)
print("lstm_out: ",lstm_out)
print("hidden_state: ",hidden_state)
print("cell_state: ",cell_state)
```

```
lstm_out:  [[0.06527668]]
hidden_state:  [[0.06527668]]
cell_state:  [[0.10195579]]
```

실습 코드는 깃허브 저장소[5]에서 확인 및 실습할 수 있습니다.

6.2.5 [실습] LSTM – 지문을 읽고 주제 분류하기

LSTM을 사용해 각 지문의 주제를 분류하는 예제를 살펴보겠습니다.

```python
import tensorflow as tf
from tensorflow.keras.layers import Input, Dense, LSTM, Embedding
from tensorflow.keras.models import Model
from tensorflow.keras.models import Sequential
from tensorflow.keras.preprocessing.text import one_hot
from tensorflow.keras.preprocessing.sequence import pad_sequences
import numpy as np
import pandas as pd
```

---

5 https://github.com/wikibook/machine-learning/blob/2.0/jupyter_notebook/6.2_LSTM_텐서플로우.ipynb

다음과 같은 실습 데이터를 팬더스 데이터프레임에 저장합니다. 실습 데이터는 음식 관련 지문 및 스포츠 관련 지문으로 구성돼 있습니다.

```
paragraph_dict_list = [
{'paragraph': 'dishplace is located in sunnyvale downtown there is parking around the
area but it can be difficult to find during peak business hours my sisters and i came to
this place for dinner on a weekday they were really busy so i highly recommended making
reservations unless you have the patience to wait', 'category': 'food'},
... (중략)
{'paragraph': 'then came the oh-so-familiar djokovic-nadal no-quarter-given battle for
dominance in the third set there were exhilarating rallies with both chasing to the net
both retrieving what looked like winning shots nadal more than once pulled off a reverse
smash and had his chance to seal the tie-break but it was djokovic serving at 10-9 who
dragged one decisive error from nadal for a two-sets lead', 'category': 'sports'} ]

df = pd.DataFrame(paragraph_dict_list)
df = df[['paragraph', 'category']]
```

중략된 전체 데이터는 깃허브 저장소[6]에서 직접 확인할 수 있습니다.

지문이 긴 관계로 주제가 음식인 지문을 몇 개 출력해 보겠습니다.

```
df.tail()
```

	paragraph	Category
15	the perseyside outfit finished in fourth place…	sports
16	liverpool fc will return to premier league act…	sports
17	alisson signed for Liverpool fc from as roma t…	sports
18	but the rankings during that run-in to new yor…	sports
19	then came the oh-so-familiar djokovic-nadal no…	sports

---

6 https://github.com/wikibook/machine-learning/blob/2.0/jupyter_notebook/6.2_LSTM_지문을_읽고_주제_분류하기.ipynb

데이터 전처리

LSTM 모델이 입력 데이터를 처리할 수 있도록 입력값을 수치값으로 변경하겠습니다. 텍스트인 입력값을 수치로 변경하기 위해 지문에 사용된 모든 단어들을 모아 중복을 제거한 후 단어리스트를 만듭니다.

```python
def get_vocab_size(df):
    """
    데이터에 사용된 중복 없는 전체 단어 개수를 리턴합니다.
    """
    results = set()
    df['paragraph'].str.lower().str.split().apply(results.update)
    return len(results)
# 전체 단어 개수
vocab_size = get_vocab_size(df)
# 단어를 숫자로 인코딩합니다.
paragraphs = df['paragraph'].to_list()
encoded_paragraphs = [one_hot(paragraph, vocab_size) for paragraph in paragraphs]
```

LSTM의 입력값의 벡터 크기는 동일해야 하므로 가장 긴 문장의 길이를 벡터의 크기로 설정하도록 다음 함수를 정의합니다.

```python
def get_max_length(df):
    """
    데이터에서 가장 긴 문장의 단어 개수를 리턴합니다.
    """
    max_length = 0
    for row in df['paragraph']:
        if len(row.split(" ")) > max_length:
            max_length = len(row.split(" "))
    return max_length

max_length = get_max_length(df)
print (max_length)
```

문장마다 길이가 다르므로 각 문장마다 제로패딩을 넣어서 가장 긴 문장과 길이를 동일하게 만듭니다.

```
padded_paragraphs_encoding = pad_sequences(encoded_paragraphs, maxlen=max_length,
padding='post')
```

제로 패딩이 적용된 문장의 벡터를 확인해보겠습니다.

```
padded_paragraphs_encoding
```

```
array([[258, 213, 325, ...,   0,   0,   0],
       [183, 389,  32, ...,   0,   0,   0],
       [220, 217, 207, ...,   0,   0,   0],
       ...,
       [365, 430,  46, ...,   0,   0,   0],
       [ 27, 114,  90, ...,   0,   0,   0],
       [522, 249, 114, ...,   0,   0,   0]], dtype=int32)
```

다음 코드를 실행해 분류 항목(레이블)을 인코딩합니다.

```
categories = df['category'].to_list()
def category_encode(category):
    """
    분류 항목(food, sports) 역시 수치로 변경해야 합니다. 분류 항목은 원 핫 인코딩으로 변경합니다.
    """
    if category == 'food':
        return [1,0]
    else:
        return [0,1]
encoded_category = [category_encode(category) for category in categories]
```

원 핫 인코딩으로 변경된 레이블을 확인해 보겠습니다.

```
# 원 핫 인코딩 예시
print(encoded_category[0])
print(encoded_category[19])
```

```
[1, 0]
[0, 1]
```

다음 그림 그대로 텐서플로 모델을 구현해 보겠습니다.

1. 문맥 벡터(contextualized vector) 생성 단계

   1) 단어를 인덱스로 변환합니다.

   2) 인덱스를 임베딩으로 변환합니다. 임베딩은 학습 과정을 통해 단어 유사도를 포함하게 되어 문맥 벡터를 생성하는 데 도움을 줍니다.

   3) LSTM에 임베딩된 시퀀스를 입력해서 최종 상태값을 출력합니다. 이 최종 상태값이 문맥 벡터입니다.

2. 주제(food, sports) 분류 단계

   1) 문맥 벡터를 덴즈 레이어에 입력합니다.

   2) 덴즈 레이어의 출력값을 노드가 2개인 덴즈 레이어에 입력합니다.

   3) 노드가 2개인 덴즈 레이어의 출력값을 소프트맥스에 입력시켜서 food, sports에 대한 예측값(prediction)을 구합니다.

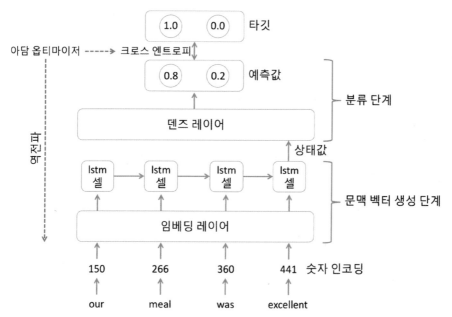

그림 6.2.28 실습으로 구현할 LSTM 네트워크 구조

앞 그림을 구현한 텐서플로 코드는 다음과 같습니다.

```
model = Sequential()
# 문맥 벡터 생성 단계
model.add(Embedding(vocab_size, 5, input_length=max_length))
model.add(LSTM(64))
# 분류 단계
model.add(Dense(32, activation='relu'))
model.add(Dense(2, activation='softmax'))

model.compile(loss='categorical_crossentropy',
              optimizer='adam',
              metrics=['accuracy'])
```

다음 코드를 실행해 전처리된 학습 데이터를 불러옵니다.

```
train_X = np.array(padded_paragraphs_encoding)
train_Y = np.array(encoded_category)
```

다음 코드를 실행해 학습을 진행합니다.

```
print('Train...')
model.fit(train_X, train_Y,batch_size=10,epochs=50)
```

```
Train...
Train on 20 samples
Epoch 1/50
20/20 [==============================] - 4s 183ms/sample - loss: 0.6947 - accuracy: 0.4000
Epoch 2/50
20/20 [==============================] - 0s 15ms/sample - loss: 0.6936 - accuracy: 0.5000
(중략)
Epoch 50/50
20/20 [==============================] - 0s 15ms/sample - loss: 0.0061 - accuracy: 1.0000
```

다음 코드를 실행해 테스트 결과를 확인합니다.

```
score, acc = model.evaluate(train_X, train_Y, verbose=2)
print('Test score:', score)
print('Test accuracy:', acc)
```

```
20/1 - 1s - loss: 0.0044 - accuracy: 1.0000
Test score: 0.004434091039001942
Test accuracy: 1.0
```

모든 지문들이 충분히 학습되어 학습 정확도가 100%인 것을 확인할 수 있습니다.

모델 요약

```
model.summary()
```

```
Model: "sequential"
_____
Layer (type)                 Output Shape              Param #
=================================================================
embedding (Embedding)        (None, 91, 5)             2680
_____
lstm (LSTM)                  (None, 64)                17920
_____
dense (Dense)                (None, 32)                2080
_____
dense_1 (Dense)              (None, 2)                 66
=================================================================
Total params: 22,746
Trainable params: 22,746
Non-trainable params: 0
_____
```

모델에 대한 간략한 요약은 다음과 같습니다.

[문맥 벡터 생성]

▪ 입력값은 단어들의 인덱스이며, 그 길이는 항상 91입니다.

▪ 임베딩 레이어는 인덱스를 받아 5차원 벡터의 임베딩을 출력합니다.

▪ LSTM 셀은 64차원 벡터의 상태값을 출력합니다.

[문맥 벡터를 사용해 지문의 주제 분류하기]

- 주제 분류는 두 개의 덴즈 레이어를 사용합니다.

- 첫 번째 덴즈 레이어는 32개의 노드를 가지고 있습니다.

- 두 번째 덴즈 레이어는 2개의 노드를 가지고 있으며, 이 2개의 노드는 소프트맥스의 입력값으로 들어갑니다.

소프트맥스는 각 분류값에 해당할 확률을 출력합니다.

참고자료

arXiv:1708.00107 [cs.CL] [https://arxiv.org/abs/1708.00107]

Learned in Translation: Contextualized Word Vectors

Bryan McCann, James Bradbury, Caiming Xiong, Richard Socher

실습 코드는 깃허브 저장소[7]에서 확인 및 실습할 수 있습니다.

6.3 오토인코더

6.3.1 [이론] 오토인코더

오토인코더는 아주 간단하면서 강력한 비지도학습 딥러닝 모델입니다. 기본적으로 입력값을 압축시킨 후, 다시 압축된 정보를 복원해서 입력값과 동일 출력값을 리턴하도록 학습되는 모델입니다. 학습 과정을 통해 최대한 입력값과 출력값이 일치하도록 모델 파라미터가 최적화됩니다. 오토인코더의 압축된 정보는 입력값에서 노이즈가 제거된 핵심 특징들로 구성된 저차원 데이터로 간주되어 주로 차원 축소의 목적으로 오토인코더가 많이 활용됩니다.

---

7 https://github.com/wikibook/machine-learning/blob/2.0/jupyter_notebook/ 6.2_LSTM_지문을_읽고_주제_분류하기.ipynb

다음 그림을 통해 실제 MNIST 데이터를 오토인코더에 입력했을 때 복원된 이미지가 출력된 것을 확인할 수 있습니다.

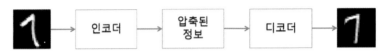

그림 6.3.1 오토인코더를 통한 이미지 복원

보다시피 오토인코더는 크게 인코더와 디코더로 구분돼 있고, 인코더와 디코더 사이에는 압축된 정보가 존재합니다. 인코더와 디코더는 덴즈 레이어로 구성돼 있고, 인코더와 디코더 사이에는 입력 원본값보다 작은 차원을 갖는 덴즈 레이어를 두어 정보를 압축합니다.

아래 그림의 예제에서는 MNIST 데이터를 3차원으로 압축한 후 다시 원본 이미지 크기로 복원하는 오토인코더를 볼 수 있습니다. 여기서 압축된 3차원 데이터를 사용해 3차원 공간에 MNIST 숫자 군집을 시각화할 수 있습니다.

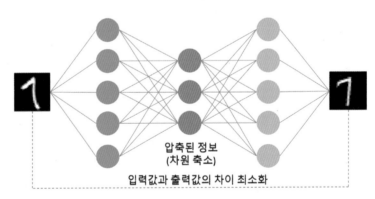

그림 6.3.2 오토인코더의 기본 구조

6.3.2 [실습] 손글씨 숫자 데이터 시각화

오토인코더란 입력값을 압축시킨 후 압축된 정보를 다시 복원해서 값을 출력하는 비지도학습 딥러닝 모델입니다. 오토인코더는 학습 과정을 통해 출력값이 최대한 입력값과 일치하도록 파라미터가 최적화됩니다. 오토인코더의 압축된 정보는 입력값에서 노이즈가 제거된 핵심 특징들로 구성된 저차원 데이터로 간주되어 주로 차원 축소의 목적으로 오토인코더가 많이 사용됩니다.

그림 6.3.3 오토인코더를 통한 이미지 복원

이번 실습을 통해 MNIST 손글씨를 오토인코더를 활용해 차원축소 후 시각화해 보겠습니다. 실습을 위해 다음 라이브러리를 임포트합니다.

```
import tensorflow as tf
from tensorflow.keras.layers import Input, Dense
from tensorflow.keras.models import Model

import matplotlib.pyplot as plt
from mpl_toolkits.mplot3d import Axes3D
from matplotlib import cm
import numpy as np
```

MNIST 데이터 획득

MNIST 데이터는 다음 코드를 실행해서 획득할 수 있습니다.

```
(x_train, y_train), (x_test, y_test) = tf.keras.datasets.mnist.load_data()
```

MNIST 데이터 전처리

획득된 학습 데이터는 오토인코더의 학습에 사용합니다. 테스트 데이터 중 300개의 데이터만 선택해서 데이터 시각화에 사용하겠습니다.

```
# 학습 데이터
x_train = x_train.reshape(60000, 784)
```

```
# 테스트 데이터 중 300개만 선택해서 테스트 데이터로 사용
x_test = x_test[:300]
y_test = y_test[:300]
x_test = x_test.reshape(300, 784)

x_train = x_train.astype('float32')
x_test = x_test.astype('float32')

# 데이터 정규화
gray_scale = 255
x_train /= gray_scale
x_test /= gray_scale
```

오토인코더 구조

텐서플로로 구현할 오토인코더는 다음 그림과 같은 구조를 지닙니다.

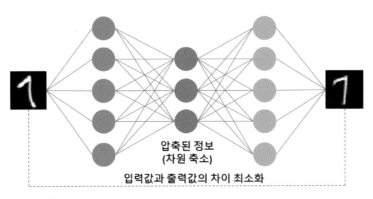

그림 6.3.4 실습으로 구현할 오토인코더 구조

텐서플로 모델 만들기

다음 코드를 실행해 텐서플로 모델을 만듭니다. 손실함수는 입력값과 출력값의 차이를 최소화하는 것으로 설정된 것을 확인할 수 있습니다.

```
# 시각화를 위해 3차원 데이터로 인코딩합니다.
encoding_dim = 3

# MNIST 데이터를 입력으로 받습니다. (28*28 = 784)
input_img = Input(shape=(784,))
# "encoded"는 3차원으로 축소된 입력값(MNIST)입니다.
encoded = Dense(encoding_dim, activation='relu')(input_img)
# "decoded"는 MNIST 차원으로 복원된 값입니다.
decoded = Dense(784, activation='sigmoid')(encoded)

# 오토인코더는 입력값과 복원값을 최소화하는 과정을 거칩니다.
autoencoder = Model(input_img, decoded)
# 3차원으로 압축된 값을 받기 위해 인코더를 따로 모델로 생성합니다.
encoder = Model(input_img, encoded)
# 디코더의 입력값을 지정합니다.
encoded_input = Input(shape=(encoding_dim,))
# 디코더 레이어는 오토인코더의 마지막 레이어입니다.
decoder_layer = autoencoder.layers[-1]
# 복원값을 시각화하기 위해 디코더를 모델로 지정합니다.
decoder = Model(encoded_input, decoder_layer(encoded_input))
# 아담 옵티마이저를 사용해 모델을 최적화합니다.
autoencoder.compile(optimizer='adam', loss='binary_crossentropy')
```

다음 코드를 실행해 학습을 진행합니다.

```
autoencoder.fit(x_train, x_train,
                epochs=30,
                batch_size=128,
                shuffle=True,
                validation_data=(x_test, x_test))
```

인코딩된 이미지와 복원된 이미지를 변수로 저장합니다.

```
encoded_imgs = encoder.predict(x_test)
decoded_imgs = decoder.predict(encoded_imgs)
```

다음 코드를 실행해 인코딩된 이미지가 3차원 데이터임을 확인할 수 있습니다.

```
encoded_imgs
```

```
array([12.051914 , 12.509476 ,  2.6665034], dtype=float32)
```

데이터 시각화

인코딩 데이터를 사용해 3d 차트에 시각화하겠습니다.

```python
from pylab import rcParams
rcParams['figure.figsize'] = 10, 8

fig = plt.figure(1)
ax = Axes3D(fig)

xs = encoded_imgs[:, 0]
ys = encoded_imgs[:, 1]
zs = encoded_imgs[:, 2]

color=['red','green','blue','lime','white','pink','aqua','violet','gold','coral']

for x, y, z, label in zip(xs, ys, zs, y_test):
    c = color[int(label)]
    ax.text(x, y, z, label, backgroundcolor=c)

ax.set_xlim(xs.min(), xs.max())
ax.set_ylim(ys.min(), ys.max())
ax.set_zlim(zs.min(), zs.max())

plt.show()
```

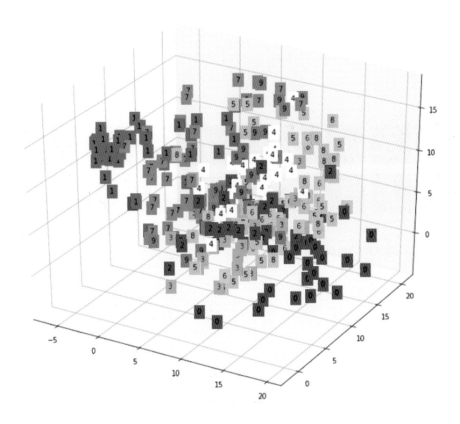

다음 코드를 실행해 원본 이미지와 복원 이미지를 함께 시각화해서 비교할 수 있습니다.

```
n = 10  # 10개의 이미지를 시각화합니다.
plt.figure(figsize=(20, 4))
for i in range(n):
    # 원본 이미지 시각화
    ax = plt.subplot(2, n, i + 1)
    plt.imshow(x_test[i].reshape(28, 28))
    plt.gray()
    ax.get_xaxis().set_visible(False)
    ax.get_yaxis().set_visible(False)

    # 복원 이미지 시각화
    ax = plt.subplot(2, n, i + 1 + n)
    plt.imshow(decoded_imgs[i].reshape(28, 28))
```

```
    plt.gray()
    ax.get_xaxis().set_visible(False)
    ax.get_yaxis().set_visible(False)
  plt.show()
```

실습 코드는 깃허브 저장소[8]에서 확인 및 실습할 수 있습니다.

6.4 단어 임베딩

6.4.1 [이론] Word2Vec

Word2Vec은 word to vector의 줄임말입니다. 딥러닝 모델은 입력값으로 수치값을 받기 때문에 자연어 처리 분야에서는 단어(word)들을 어떻게 수치(vector)로 변환하느냐가 딥러 닝 모델의 성능을 결정하는 중요한 요소입니다. 이번 단원에서는 단어를 수치로 변환시키는 데 사용되는 개념들과 함께 딥러닝 자연어 처리 발전에 큰 기여를 한 Word2Vec에 대해 알아 보겠습니다.

인코딩

앞서 설명드린 대로 딥러닝 모델은 수치값을 입력으로 받기 때문에 자연어 처리 딥러닝 모델 을 구현할 때 전처리 과정으로 단어를 수치로 변환해야 합니다. 인코딩이란 단어를 수치값으 로 변환하는 것을 의미합니다. 예를 들어, 현재 우리가 가지고 있는 데이터에 아래와 같은 두 문장이 있다고 가정하겠습니다.

"nice"

"love you"

"good job"

위 두 문장에서 발견된 단어들에 인텍스를 부여한 후, 인텍스로 문장을 인코딩하면 다음과 같은 결과가 나옵니다.

```
nice: 1 love:2 you:3 good: 4 morning: 5
```

표 6.4.1 문장을 숫자 인코딩으로 변환

문장	인코딩
nice	[1]
love you	[2, 3]
good job	[4, 5]

원 핫 인코딩

인코딩 중에서도 자연어 처리에 많이 사용되는 인코딩은 원 핫 인코딩(one hot encoding)입니다. 원 핫 인코딩이 많이 사용되는 이유는 단어를 원 핫 인코딩으로 변환할 때 각 단어들이 서로 유사도 없이 독립적인 벡터가 되기 때문입니다. 예를 들어, 위 예제처럼 단순히 인텍스 인코딩을 했을 경우 'nice'가 'job'보다 'good'과 유사한 의미를 갖지만 'nice'와 'good'의 거리는 3인 반면 'good'과 'job'의 거리는 1밖에 안 됩니다. 이는 유사도가 높을수록 가까이에 위치하게 되는 벡터 공간의 특성상 딥러닝 모델에 혼동을 줍니다. 이 같은 혼동을 주지 않기 위해 모든 단어가 서로 같은 거리를 유지하게끔 인코딩하는 방법이 바로 원 핫 인코딩입니다.

다음과 같은 두 문장으로 원 핫 인코딩을 알아보겠습니다.

"thank you"

"love you"

두 문장 안에는 총 3개의 단어가 존재합니다. 각 단어를 벡터 공간 안에서 동일한 거리 간격으로 두기 위해 각 단어를 하나의 차원으로 분리해서 동일하게 1이라는 값을 부여합니다.

원 핫 인코딩의 결과는 다음과 같습니다.

> thank: [1, 0, 0]
>
> you: [0, 1, 0]
>
> love: [0, 0, 1]

다음 그림을 통해 각 단어 벡터가 서로 동일한 거리에 있고 서로 직교하는 것을 확인할 수 있습니다.

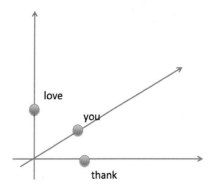

단어	임베딩
thank	[1, 0, 0]
you	[0, 1, 0]
love	[0, 0, 1]

그림 6.4.1 벡터 공간에서 동일한 거리에 존재하는 모든 단어

벡터 공간에서의 유사도는 거리 또는 코사인 유사도로 측정됩니다. 단어 벡터들의 거리가 동일하고, 서로 90도로 직교해서 코사인 유사도도 0이 나오기 때문에 원 핫 인코딩은 확실하게 모든 단어들을 유사도 없이 벡터로 변환합니다.

임베딩

원 핫 인코딩의 장점이자 단점은 모든 단어의 유사도를 0으로 만들어버린다는 것입니다. 사실 단어의 유사도를 벡터 공간에 그대로 담을 수 있다면 딥러닝 모델의 학습에 큰 도움을 줄 수 있습니다. 이처럼 데이터의 특성을 유지한 상태로 벡터 공간에 투영한 값을 임베딩이라고 합니다. 예를 들어, 단어 벡터에 유사도가 있을 경우 단어 감정 분석 모델에 입력값으로

'happy', 'unhappy', 'good'이 있을 경우 손쉽게 기쁜 감정과 불쾌한 감정을 분리할 수 있습니다.

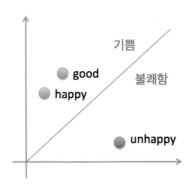

그림 6.4.2 유사도를 반영한 단어 벡터의 예

또한 단어의 유사도가 벡터 공간에 제대로 투영될 경우 다음과 같은 재미 있는 사칙연산도 가능해집니다.

왕 – 남자 + 여자 = 왕비

문제는 단어의 유사도를 어떻게 벡터 공간에 담느냐인데, 지금부터 소개할 word2vec이 바로 이 문제의 해답을 가지고 있습니다.

Word2Vec

Word2Vec은 비슷한 의미를 지닌 단어들이 벡터 공간에서 서로 이웃으로 존재하도록 변환하는 알고리즘입니다. Word2Vec은 스킵 그램(skip gram) 방식으로 각 단어별 레이블을 생성한 후, 오토인코더 구조와 비슷한 딥러닝 모델을 주로 사용합니다.

스킵 그램

딥러닝 모델을 학습하기 위해 먼저 필요한 것은 각 단어마다의 레이블을 설정하는 것입니다. 스킵 그램은 주변 단어들을 현재 단어의 레이블로 설정합니다. 그리고 word2vec 딥러닝 모델의 목적 함수는 바로 레이블과 현재 단어의 차이를 줄여나가는 것입니다. 설계자는 얼마만큼의 이웃을 레이블로 잡을 것인지를 정해야 합니다.

다음과 같은 두 문장이 있을 경우 스킵 그램의 예를 보겠습니다.

"king brave man"

"queen beautiful woman"

왼쪽 오른쪽으로 이웃 한 개씩을 레이블로 설정할 경우(윈도우 크기: 1) 각 단어에 해당하는 레이블을 다음과 같이 구할 수 있습니다.

표 6.4.2 윈도우 크기가 1일 경우의 단어와 그에 해당하는 레이블

단어	레이블
king	brave
brave	king
brave	man
man	brave
queen	beautiful
beautiful	queen
beautiful	woman
woman	beautiful

왼쪽 오른쪽으로 이웃 두 개씩을 레이블로 설정할 경우(윈도우 크기: 2) 각 단어에 해당하는 레이블을 다음과 같이 구할 수 있습니다.

표 6.4.3 윈도우 크기가 2일 경우의 단어와 그에 해당하는 레이블

단어	레이블
king	brave
king	man
brave	king
brave	man
man	king
man	brave

단어	레이블
queen	beautiful
queen	woman
beautiful	queen
beautiful	Woman
woman	Queen
woman	beautiful

위 표에서 단어는 딥러닝 모델의 입력값으로 사용되고 레이블은 딥러닝 모델의 레이블로 사용됩니다. 딥러닝 모델에 사용될 수 있도록 단어들을 원 핫 인코딩으로 변환합니다.

표 6.4.4 단어와 레이블의 원 핫 인코딩

단어	단어 원 핫 인코딩	레이블	레이블 원 핫 인코딩
king	[1, 0, 0, 0, 0, 0]	brave	[0, 1, 0, 0, 0, 0]
king	[1, 0, 0, 0, 0, 0]	man	[0, 0, 1, 0, 0, 0]
brave	[0, 1, 0, 0, 0, 0]	king	[1, 0, 0, 0, 0, 0]
brave	[0, 1, 0, 0, 0, 0]	man	[0, 0, 1, 0, 0, 0]
man	[0, 0, 1, 0, 0, 0]	king	[1, 0, 0, 0, 0, 0]
man	[0, 0, 1, 0, 0, 0]	brave	[0, 1, 0, 0, 0, 0]
queen	[0, 0, 0, 1, 0, 0]	beautiful	[0, 0, 0, 0, 1, 0]
queen	[0, 0, 0, 1, 0, 0]	woman	[0, 0, 0, 0, 0, 1]
beautiful	[0, 0, 0, 0, 1, 0]	queen	[0, 0, 0, 1, 0, 0]
beautiful	[0, 0, 0, 0, 1, 0]	woman	[0, 0, 0, 0, 0, 1]
woman	[0, 0, 0, 0, 0, 1]	queen	[0, 0, 0, 1, 0, 0]
woman	[0, 0, 0, 0, 0, 1]	beautiful	[0, 0, 0, 0, 1, 0]

딥러닝 모델을 학습할 때 입력값은 단어 원 핫 인코딩이고 레이블은 레이블 원 핫 인코딩을 사용합니다.

준비된 입력값과 레이블으로 학습할 Word2Vec 딥러닝 모델의 구조는 다음과 같습니다.

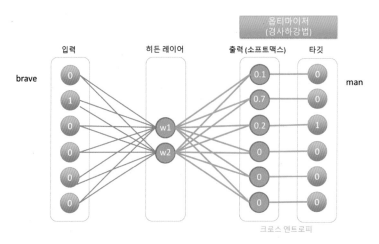

그림 6.4.3 Word2Vec 딥러닝 모델의 구조

구조가 오토인코더와 상당히 유사한 것을 볼 수 있습니다. 입력값은 한번 히든 레이어에서 압축된 후 다시 입력값과 동일한 차원의 벡터로 복원됩니다. 여기서 비교 대상인 레이블이 오토인코더에서는 본인 자신인 것과 다르게 Word2Vec에서는 이웃된 단어들, 즉 스킵 그램으로 선택된 레이블을 사용합니다.

윈도우 크기가 2일 때, 'king'이라는 단어는 스킵 그램에 의해 (king, brave), (king, man)이라는 두 개의 (입력값, 레이블) 쌍을 얻고, 학습은 다음과 같이 이뤄집니다.

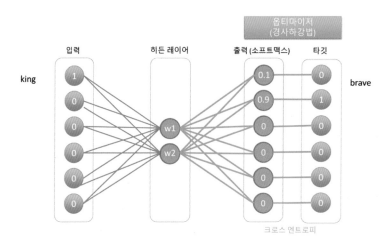

그림 6.4.4 레이블(타깃)이 'brave'인 입력값 'king'에 대한 Word2Vec의 학습 과정

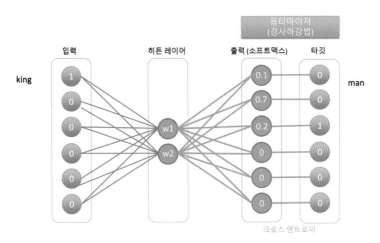

그림 6.4.5 레이블(타깃)이 'man'인 입력값 'king'에 대한 Word2Vec의 학습 과정

스킵 그램으로 구한 모든 (단어, 레이블) 쌍은 이 같은 방법으로 Word2Vec 모델을 학습시킵니다.

오토인코더와 마찬가지로 Word2Vec에서 중요한 레이어는 바로 압축된 가운데에 있는 히든 레이어입니다. 히든 레이어의 가중치 행렬(W)이 바로 Word2Vec이 생성한 단어 임베딩 모음입니다. 즉 첫 번째 단어의 임베딩은 가중치 행렬의 첫 번째 행, 두 번째 단어의 임베딩은 가중치 행렬의 두 번째 행의 벡터입니다. 이것이 가능한 이유는 입력값이 원 핫 인코딩이기 때문입니다. 다음 그림을 통해 그 이유를 알아보겠습니다.

'king'의 원 핫 인코딩은 [1,0,0,0,0,0]입니다. 이 값이 히든 레이어의 가중치 행렬과 곱해지면 결국 가중치 행렬의 첫 번째 행과 동일한 값을 리턴하는 것을 확인할 수 있습니다.

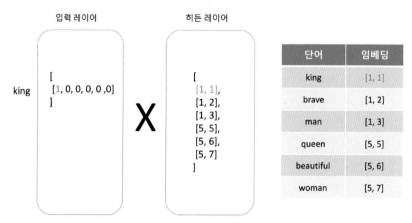

그림 6.4.6 word2vec 룩업 테이블 역할을 하는 히든 레이어(king: [1,1])

마찬가지로 'brave'의 원 핫 인코딩은 [0,1,0,0,0,0]입니다. 이 값이 히든 레이어의 가중치 행렬과 곱해지면 결국 가중치 행렬의 두 번째 행과 동일한 값을 리턴하는 것을 확인할 수 있습니다.

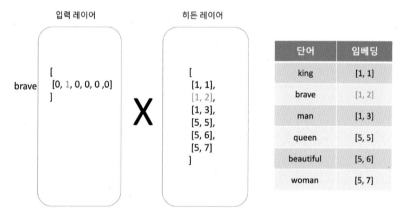

그림 6.4.7 word2vec 룩업 테이블 역할을 하는 히든 레이어(brave: [1,2])

Word2Vec 모델에 의해 구한 각 단어의 임베딩을 시각화하면 다음 그림과 같은 결과를 얻을 수 있습니다.

단어	임베딩	word2vec 임베딩
king	[1, 0, 0, 0, 0, 0]	[1, 1]
man	[0, 0, 1, 0, 0, 0]	[1, 3]
queen	[0, 0, 0, 1, 0, 0]	[5, 5]
woman	[0, 0, 0, 0, 0, 1]	[5, 7]

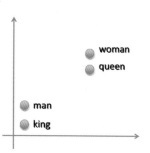

그림 6.4.8 word2vec의 시각화

원 핫 인코딩에서는 없던 단어의 유사도가 Word2Vec으로 생성한 임베딩에서는 존재하는 것을 시각화를 통해 확인할 수 있습니다.

이번 장에서는 Word2Vec[9]의 핵심 알고리즘을 알아봤습니다. 실습 과정을 통해 텐서플로로 Word2Vec을 직접 구현해보고 시각화해 보겠습니다.

6.4.2 [실습] Word2Vec

앞에서 word2vec은 "word to vector"의 줄임말이라고 했습니다. 즉, 단어를 벡터로 변환한 값이라고 볼 수 있습니다. word2vec의 장점은 크게 두 가지로 볼 수 있습니다.

1. 의미가 비슷한 단어는 벡터 공간에서 서로 가까운 위치에 존재한다.
   (king − man + woman = queen)
2. 특별히 데이터에 레이블이 없더라도 말뭉치 데이터만 있으면 쉽게 word2vec 임베딩을 얻을 수 있다.

이번 실습에서는 텐서플로를 활용해 아주 간단한 word2vec을 만들어 보겠습니다.

9   Efficient Estimation of Word Representations in Vector Space. Tomas Mikolov, Kai Chen, Greg Corrado, Jeffrey Dean. arXiv:1301.3781 [cs.CL]
    McCormick, C. (2016, April 19). Word2Vec Tutorial – The Skip–Gram Model. https://arxiv.org/pdf/1301.3781.pdf

먼저 다음과 같은 라이브러리를 임포트합니다.

```
import tensorflow as tf
import numpy as np
import pandas as pd
import matplotlib.pyplot as plt
```

데이터 획득

아주 간단한 실습을 위해 아래 10개의 문장을 사용해 보겠습니다.

```
corpus = ['king is a strong man',
          'queen is a wise woman',
          'boy is a young man',
          'girl is a young woman',
          'prince is a young king',
          'princess is a young queen',
          'man is strong',
          'woman is pretty',
          'prince is a boy will be king',
          'princess is a girl will be queen']
```

불용어 제거하기

불용어(stop words)는 학습에 도움이 되지도 않으면서 빈번하게 발생하는 단어를 의미합니다. 효율적인 학습을 위해 불용어를 데이터에서 제거하겠습니다.

```
def remove_stop_words(corpus):
  stop_words = ['is', 'a', 'will', 'be']
  results = []

  for text in corpus:
    tmp = text.split(' ')
    for stop_word in stop_words:
      if stop_word in tmp:
        tmp.remove(stop_word)
```

```
    results.append(" ".join(tmp))

  return results

corpus = remove_stop_words(corpus)
```

불용어가 제거된 문장을 확인해 보겠습니다.

```
for text in corpus:
  print(text)
```

```
king strong man
queen wise woman
boy young man
girl young woman
prince young king
princess young queen
man strong
woman pretty
prince boy king
princess girl queen
```

불용어를 제거한 후 문장 속에 등장한 단어들은 다음과 같습니다.

```
words = []
for text in corpus:
  for word in text.split(' '):
    words.append(word)

words = set(words)

words
```

```
{'boy', 'girl', 'king', 'man', 'pretty', 'prince', 'princess', 'queen', 'strong',
 'wise', 'woman', 'young'}
```

단어별 인덱스 매핑 테이블 만들기

단어를 원 핫 인코딩으로 변환하기 위해 가장 먼저 인덱스로 인코딩해야 합니다. 이때 키는 단어이고, 값은 인덱스인 딕셔너리를 만듭니다. 이 딕셔너리는 단어를 손쉽게 인덱싱하는 데 사용됩니다.

```python
word2int = {}
for i,word in enumerate(words):
  word2int[word] = i
```

각 단어의 인덱스를 확인해 보겠습니다.

```python
word2int
```

```
{'woman': 0, 'young': 1, 'girl': 2, 'wise': 3, 'strong': 4, 'prince': 5, 'man': 6,
'princess': 7, 'king': 8, 'pretty': 9, 'boy': 10, 'queen': 11}
```

레이블 생성

스킵 그램 방식으로 각 단어별 레이블을 생성하겠습니다.

```python
sentences = []
for sentence in corpus:
  sentences.append(sentence.split())

WINDOW_SIZE = 2

data = []

for sentence in sentences:
  for idx, word in enumerate(sentence):
    for neighbor in sentence[ \
        max(idx - WINDOW_SIZE, 0) : \
        min(idx + WINDOW_SIZE, len(sentence)) + 1] :
      if neighbor != word:
        data.append([word, neighbor])
```

각 단어별 레이블을 살펴보겠습니다. 윈도우 크기가 2이므로 각 단어별로 두 개의 레이블을
확인할 수 있습니다.

```python
df = pd.DataFrame(data, columns = ['input', 'label'])
df.head(10)
```

	input	label
0	king	strong
1	king	man
2	strong	king
3	strong	man
4	man	king
5	man	strong
6	queen	wise
7	queen	woman
8	wise	queen
9	wise	woman

텐서플로로 word2vec 모델 구현하기

다음과 같은 모델을 텐서플로로 구현해 보겠습니다[10].

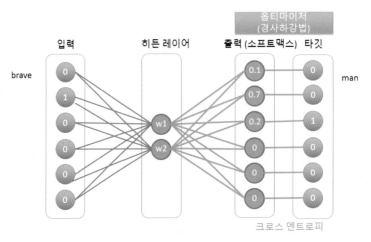

그림 6.4.9 실습을 통해 구현할 word2vec 모델의 구조

```python
ONE_HOT_DIM = len(words)

# 숫자를 원 핫 인코딩으로 전환
def to_one_hot_encoding(data_point_index):
  one_hot_encoding = np.zeros(ONE_HOT_DIM)
  one_hot_encoding[data_point_index] = 1
  return one_hot_encoding

X = [] # 입력 단어
Y = [] # 레이블

for x, y in zip(df['input'], df['label']):
  X.append(to_one_hot_encoding(word2int[ x ]))
  Y.append(to_one_hot_encoding(word2int[ y ]))

# 학습 데이터를 지정합니다.
X_train = np.asarray(X)
Y_train = np.asarray(Y)

# 시각화를 위해 2차원으로 인코딩합니다.
encoding_dim = 2
```

```python
# 입력값은 원 핫 인코딩입니다. 단어의 개수만큼 차원을 가진 벡터입니다.
input_word = Input(shape=(ONE_HOT_DIM,))
# 가중치를 그대로 word2vec으로 사용하기 위해 편향값을 주지 않습니다.
encoded = Dense(encoding_dim, use_bias=False)(input_word)
# 디코더는 전달된 값을 원 핫 인코딩으로 전환합니다.
decoded = Dense(ONE_HOT_DIM, activation='softmax')(encoded)

# word2vec 모델을 지정합니다.
w2v_model = Model(input_word, decoded)

# 크로스 엔트로피를 손실함수로 쓰고, 아담 옵티마이저로 최적화하도록 설정합니다.
w2v_model.compile(optimizer='adam', loss='categorical_crossentropy')
```

학습하기

다음 코드를 실행해 학습을 진행합니다.

```python
w2v_model.fit(X_train, Y_train,
              epochs=1000,
              shuffle=True, verbose=0)
```

word2vec 추출

학습이 완료된 모델에서 히든 레이어의 가중치를 추출합니다. 히든 레이어의 가중치가 우리가 찾고자 하는 word2vec입니다. 입력값이 원 핫 인코딩이어서 히든 레이어의 가중치와 곱한 값이 그대로 word2vec이 되는 것입니다.

word2vec의 좌푯값

다음 코드를 실행해 2d 차트에서의 각 단어의 좌푯값을 볼 수 있습니다.

```python
w2v_df = pd.DataFrame(vectors, columns = ['x1', 'x2'])
w2v_df['word'] = words
w2v_df = w2v_df[['word', 'x1', 'x2']]
w2v_df
```

	word	x1	x2
0	queen	-1.408916	0.674225
1	king	1.680090	-0.044916
2	wise	-1.088773	1.343256
3	man	2.134815	0.921214
4	boy	1.224067	-0.709491
5	girl	-0.622637	1.109488
6	pretty	-0.766475	1.920426
7	woman	-1.158469	-0.570587
8	prince	1.461625	-0.028782
9	young	0.027778	-0.137467
10	princess	-0.621767	0.221932
11	strong	0.723239	-1.757583

word2vec을 2차원 공간에 시각화

좌푯값을 활용해 2차원 공간에 word2vec을 시각화하겠습니다.

```
fig, ax = plt.subplots()

for word, x1, x2 in zip(w2v_df['word'], w2v_df['x1'], w2v_df['x2']):
    ax.annotate(word, (x1,x2 ))

PADDING = 1.0
x_axis_min = np.amin(vectors, axis=0)[0] - PADDING
y_axis_min = np.amin(vectors, axis=0)[1] - PADDING
x_axis_max = np.amax(vectors, axis=0)[0] + PADDING
y_axis_max = np.amax(vectors, axis=0)[1] + PADDING

plt.xlim(x_axis_min,x_axis_max)
plt.ylim(y_axis_min,y_axis_max)
plt.rcParams["figure.figsize"] = (9,9)

plt.show()
```

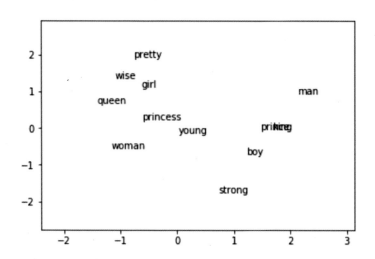

시각화를 통해 비슷한 단어들이 서로 가까운 위치에 있는 것을 확인할 수 있습니다. 예를 들면 prince, man, boy, king이 서로 비슷한 위치에 군집해 있고, princess, girl, woman 역시 서로 비슷한 위치에 군집해 있는 것을 확인할 수 있습니다.

단어의 의미론적 유사도를 가지고 있는 word2vec은 딥러닝을 활용한 자연어 처리 분야에서 큰 발전을 이끌어나가고 있습니다.

실습 코드는 깃허브 저장소[11]에서 확인 및 실습할 수 있습니다.

참고자료

McCormick, C. (2016, April 19). Word2Vec Tutorial – The Skip-Gram Model.

https://arxiv.org/pdf/1301.3781.pdf

---

11 https://github.com/wikibook/machine-learning/blob/2.0/jupyter_notebook/ 6.4_word2vec_텐서플로우.jpynb

6.4.3 [실습] 사전 학습된 Word2Vec 맛보기

이번 실습에서는 이미 학습이 완료된 Word2Vec을 다루겠습니다. 실제 임베딩을 학습하려면 많은 시간과 데이터가 필요한 반면, 이미 학습이 잘 된 Word2Vec을 내려받아 사용할 경우 임베딩 학습에 필요한 많은 시간과 데이터를 절약할 수 있습니다.

다음 코드를 실행해 구글에서 잘 학습된 Word2Vec을 다운로드합니다.

```
!wget -P . -c "https://s3.amazonaws.com/dl4j-distribution/GoogleNews-vectors-
negative300.bin.gz"
```

gensim을 임포트합니다.

gensim은 임베딩을 활용한 유사한 단어 검색 및 임베딩의 덧셈, 뺄셈을 지원합니다.

```
import genism
```

다음 코드를 실행해 word2vec을 gensim으로 불러옵니다.

```
model = gensim.models.KeyedVectors.load_word2vec_format('GoogleNews-vectors-
negative300.bin.gz', binary=True)
```

커피와 유사한 단어를 확인해 보겠습니다.

```
model.most_similar(positive=['coffee'], topn=5)
```

```
[('coffees', 0.721267819404602),
 ('gourmet_coffee', 0.7057087421417236),
 ('Coffee', 0.6900454759597778),
 ('o_joe', 0.6891065835952759),
 ('Starbucks_coffee', 0.6874972581863403)]
```

이번에는 더 재미있는 실습을 해보겠습니다.

(왕) - (남자) + (여자)는 무엇일까요?

```
# 왕 - 남자 + 여자 = 왕비
model.most_similar(positive=['king', 'woman'], negative=['man'], topn=1)
```

```
[('queen', 0.7118192911148071)]
```

실습 코드는 깃허브 저장소[12]에서 확인 및 실습할 수 있습니다.

6.4.4 [이론] FastText

딥러닝 자연어 처리는 Word2Vec의 등장과 함께 크게 성장했습니다. 지금도 여전히 임베딩에 대한 연구는 꾸준히 이뤄지고 있고, 이번 장에서는 Word2Vec보다 조금 더 발전된 형태인 FastText에 대해 알아보겠습니다.

FastText는 페이스북이 공개한 임베딩이며, Word2Vec과 기본 아이디어는 동일합니다. 다만 Word2Vec의 큰 단점인 OOV(out of vocabulary: 학습 시 사용되지 않은 단어는 임베딩을 갖지 못하는 이슈)을 극복하고, 형태학적 유사성을 보존하는 방법을 제시함으로써 Word2Vec을 한 단계 발전시켰습니다.

예를 들어, word2vec 학습 시 "smart", "phone"이라는 단어가 있었다면 두 단어에 대한 임베딩은 존재하지만 "smartphone"에 대한 임베딩은 존재하지 않습니다. 또한 "friend"라는 단어와 "friends"라는 단어는 형태학적으로 상당히 비슷하지만 word2vec 임베딩은 형태학적 유사성을 담기 힘든 단점이 있습니다.

이에 반해 FastText는 학습 시 단어를 n-gram으로 분리한 후 word2vec을 학습합니다. 3-gram으로 예를 들면, "smart"라는 단어를 학습할 때 sma, mar, art 각각 임베딩을 가지게 되고, "smart"의 임베딩은 3개의 임베딩을 더한 값이 됩니다. "phone" 역시, pho, hon, one 각각 임베딩을 갖게 되고, phone의 임베딩은 pho, hon, one의 임베딩을 더한 값이 됩니다.

---

12 https://github.com/wikibook/machine-learning/blob/2.0/jupyter_notebook/6.4.3_사전학습된_Word2Vec_맛보기.ipynb

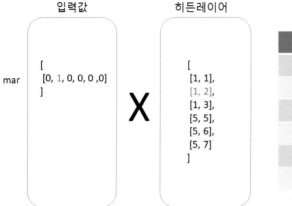

그림 6.4.11 FastText n-gram 임베딩 예제

위 그림의 임베딩으로 예를 들면 smart의 임베딩은 다음과 같이 계산됩니다.

smart = [1,1] + [1,2] + [1,3] = [3, 6]

"smartphone"이라는 단어가 FastText 학습 데이터에 없었더라도 sma, mar, art, pho, hon, one이 학습 데이터에 존재하고, "smartphone"의 임베딩은 n-gram의 합으로 이뤄지기 때문에 rtp, tph가 존재하지 않아도 "smartphone"에 유사한 임베딩을 제공하게 됩니다.

참고 자료

Enriching Word Vectors with Subword Information

arXiv:1607.04606 [cs.CL], https://arxiv.org/abs/1607.04606

6.4.5 [실습] 사전학습된 FastText 맛보기

gensim을 사용해 FastText를 실습해 보겠습니다.

```
from gensim.models.fasttext import FastText as FT_gensim
```

간단한 학습을 위해 아래 실습 데이터를 생성합니다.

```
# 샘플 텍스트
texts = [
    ['smart', 'student', 'college'],
    ['phone', 'call'],
    ['phone', 'talk', 'friend'],
    ['phone', 'chat', 'friend'],
    ['smart', 'girl', 'intelligent'],
    ['smart', 'idea']
]
```

다음 코드를 실행해 FastText를 학습합니다.

- size: 임베딩 벡터 사이즈

- window: 레이블을 생성하기 위한 윈도우 크기(word2vec의 윈도우와 동일)

- min_count: min_count 이하의 단어는 학습에서 제외

```
# FastText 학습
model = FT_gensim(size=2, window=2, min_count=1)  # instantiate
model.build_vocab(sentences=texts)
model.train(sentences=texts, total_examples=len(texts), epochs=100)
```

실습 데이터에 없던 'smartphone'도 FastText 모델을 통해 임베딩을 생성할 수 있음을 다음 코드를 통해 확인할 수 있습니다.

```
model.wv['smartphone']
```

```
array([ 0.01219219, -0.08907053], dtype=float32)
```

'smartphone'과 유사한 단어는 무엇이 있는지 확인해보겠습니다.

```
# 학습되지 않은 단어 테스트
model.wv.most_similar(positive=['smartphone'], topn=3)
```

```
[('chat', 0.9482211470603943),
 ('phone', 0.5245809555053711),
 ('smart', 0.07587411254644394)]
```

학습 데이터에 없던 'friends'와 형태학적으로 유사한 단어인 'friend'가 유사한 단어로 나타나는 것을 다음 코드를 통해 확인할 수 있습니다.

```
학습되지 않은 단어 테스트
model.wv.most_similar(positive=['friends'], topn=3)
```

```
[('friend', 0.999731719493866),
 ('idea', 0.900657057762146),
 ('student', 0.7965735793113708)]
```

물론 학습된 단어와 유사한 단어도 다음과 같이 확인할 수 있습니다.

```
# 학습된 단어 테스트
model.wv.most_similar(positive=['girl'], topn=3)
```

```
[('intelligent', 0.9979459047317505),
 ('student', 0.9972007274627686),
 ('idea', 0.9625569581985474)]
```

실습 코드는 깃허브 저장소[13]에서 확인 및 실습할 수 있습니다.

6.4.6 [실습] 사전 학습된 Glove 맛보기

Word2Vec의 유사도는 사용자가 지정한 window 크기에 영향을 받는 반면 Glove의 가장 큰 특징은 단어가 문장에 함께 출현할 경우 window크기에 영향 없이 단어 유사도가 높아진 다는 특징이 있습니다. Glove의 목적함수에서 두 단어의 내적은 두 단어가 함께 등장한 횟수의 로그값으로 정의돼 있습니다. 이번 실습은 사전 학습된 Glove를 내려받아 진행하겠습니다.

---

13 https://github.com/wikibook/machine-learning/blob/2.0/jupyter_notebook/ 6.4.5_FastText_맛보기.ipynb

먼저 실습에 필요한 라이브러리를 임포트합니다.

```
from gensim.test.utils import datapath, get_tmpfile
from gensim.models import KeyedVectors
from gensim.scripts.glove2word2vec import glove2word2vec
```

Glove를 다음과 같이 다운로드합니다.

```
# Glove 다운로드
!wget -P . "http://nlp.stanford.edu/data/glove.6B.zip"
```

다음 코드를 실행해 압축을 풉니다.

```
# 압축 풀기
!unzip glove.6B.zip
```

실습에 사용될 Glove를 저장할 임시 파일을 생성합니다.

```
# 임시 파일 생성
tmp_file = get_tmpfile("test_word2vec.txt")
```

임시 파일에 Glove를 저장합니다.

```
# 임시 파일에 Glove 벡터 저장
_ = glove2word2vec("glove.6B.300d.txt", tmp_file)
```

Glove 모델을 생성합니다.

```
# Glove 모델 생성
model = KeyedVectors.load_word2vec_format(tmp_file)
```

다음 코드를 실행해 커피와 유사한 단어를 찾아봅니다.

```
# 유의어 찾기
model.most_similar(positive=['coffee'], topn=5)
```

```
[('tea', 0.6692111492156982),
 ('espresso', 0.5902244448661804),
 ('cocoa', 0.5677695274353027),
 ('starbucks', 0.5497761964797974),
 ('drinks', 0.5467038750648499)]
```

커피의 임베딩을 확인해 봅니다.

```
# coffee 백터값 출력하기
model['coffee']
```

```
array([-0.34681 ,  0.53702 ,  0.17779 ,  0.38572 , -0.49062 ,
        0.56544 ,  0.14207 , -0.12881 ,  0.32263 , -0.77287 ,
        …이하 생략)
```

실습 코드는 깃허브 저장소[14]에서 확인 및 실습할 수 있습니다.

참고 자료

Jeffrey Pennington, Richard Socher, and Christopher D. Manning. 2014. GloVe: Global Vectors for Word Representation. [pdf] [bib]

6.5 전이 학습

6.5.1 [이론] 전이 학습

전이 학습(Transfer Learning)이란 학습이 잘 된 모델을 비슷하지만 다른 목적의 모델에 재사용하는 학습 방법입니다. 딥러닝 모델을 학습하는 데는 보통 많은 데이터와 시간이 필요하지만 이미 잘 학습된 모델을 활용함으로써 상대적으로 적은 데이터와 시간으로 성공적인 모델을 기대할 수 있습니다.

이미지 분류 전이 학습

이미지 분류 딥러닝 모델의 핵심은 이미지 분류에 영향을 주는 특징을 최대한 많이 추출하는 것입니다. 만약 전이 학습을 사용하지 않는다면 이미지 특징을 추출하는 레이어를 학습하기 위해 많은 데이터와 시간이 필요할 것입니다. 이미지 처리 전이 학습에 많이 사용되는 모델들은 보통 ImageNet[15]의 '1000 종류의 사진 분류하기 대회'에서 우수한 성적을 거둔 모델(VGG, Inception, ResNet…)입니다. 이 모델들은 이미 방대한 데이터와 시간을 통해 이미지 안의 특징을 너무나 잘 찾아내는 모델이기 때문에 이 모델들의 특징 추출 레이어를 재사용한다면 적은 데이터로도 훌륭한 이미지 분류 딥러닝 모델을 빠른 시간 내에 학습할 수 있습니다.

---

15 http://www.image-net.org/

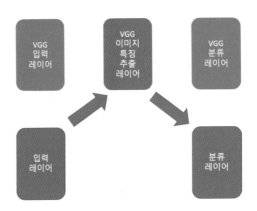

그림 6.5.1 이미지 분류 전이 학습의 예

자연어 처리 전이 학습

데이터가 부족할 경우 임베딩 학습이 충분히 이뤄지지 않을 수 있고, 학습 데이터에 충분한 단어가 제공되지 않아 OOV(out of vocabulary) 문제가 발생될 수 있습니다. 이에 반해, Word2Vec, FastText, Glove처럼 이미 임베딩의 성능이 검증된 사전 학습된 임베딩을 사용할 경우 적은 데이터로도 성능 좋은 자연어 처리 모델을 기대할 수 있습니다.

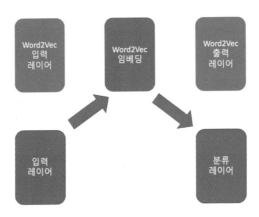

그림 6.5.2 자연어 처리 전이 학습의 예

전이 학습으로 모델을 학습할 경우 사용자는 전이된 레이어를 그대로 사용할 것인지, 아니면 모델 학습 간에 전이된 레이어도 학습시킬지 결정합니다.

전이된 레이어를 그대로 사용할 경우 전이된 레이어의 일반성이 유지되는 장점이 있습니다.

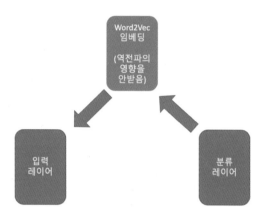

그림 6.5.3 임베딩 trainable = False

모델을 학습할 때 전이된 레이어도 함께 학습시켜서 사용자의 목적에 맞게 전이된 레이어를 튜닝할 수 있습니다.

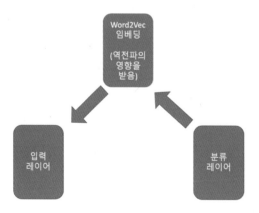

그림 6.5.3 임베딩 trainable = True

6.5.2 [실습] 사전 학습된 임베딩으로 사용자 리뷰 분류하기

이번 실습에서는 6.2.5절의 "지문을 읽고 사용자 리뷰 분류하기"를 Glove 임베딩을 활용해 실습해 보겠습니다. 참고로 6.2.5절에서 사전 학습된 임베딩 없이 모델을 학습할 경우 30번 이상의 에폭 이후 1.0의 정확도가 나왔습니다.

먼저 필요한 라이브러리를 임포트합니다.

```python
import os
import sys

import numpy as np
import pandas as pd
from numpy import array
from numpy import asarray
from numpy import zeros

from tensorflow.keras.preprocessing.text import Tokenizer
from tensorflow.keras.preprocessing.sequence import pad_sequences
from tensorflow.keras import models, regularizers, layers, optimizers, losses, metrics
from tensorflow.keras.models import Sequential
from tensorflow.keras.layers import Dense, Embedding, LSTM, Flatten
from tensorflow.keras.utils import to_categorical
from tensorflow.keras.datasets import imdb
from tensorflow.keras.preprocessing import sequence

# 항상 같은 결과를 갖기 위해 랜덤 시드 설정
import tensorflow as tf
tf.random.set_seed(1)
np.random.seed(1)
```

실습 데이터는 6.2.5절과 동일합니다. 실습 데이터는 음식 관련 지문 및 스포츠 관련 지문으로 구성돼 있습니다.

```
paragraph_dict_list = [
{'paragraph': 'dishplace is located in sunnyvale downtown there is parking around the
area but it can be difficult to find during peak business hours my sisters and i came to
this place for dinner on a weekday they were really busy so i highly recommended making
reservations unless you have the patience to wait', 'category': 'food'},
... (중략)
{'paragraph': 'then came the oh-so-familiar djokovic-nadal no-quarter-given battle for
dominance in the third set there were exhilarating rallies with both chasing to the net
both retrieving what looked like winning shots nadal more than once pulled off a reverse
smash and had his chance to seal the tie-break but it was djokovic serving at 10-9 who
dragged one decisive error from nadal for a two-sets lead', 'category': 'sports'} ]

df = pd.DataFrame(paragraph_dict_list)
df = df[['paragraph', 'category']]
```

문장과 카테고리를 리스트에 저장합니다.

```
docs = df['paragraph'].tolist()
categories = df['category'].tolist()
```

먼저 문장을 인코딩합니다. LSTM 모델을 사용할 것이므로 가장 긴 문장의 단어 개수에 맞춰
동일하게 모든 문장에 대해 패딩을 채웁니다.

```
# 토크나이저로 단어들을 정수로 인코딩합니다.
t = Tokenizer()
t.fit_on_texts(docs)
vocab_size = len(t.word_index) + 1
encoded_docs = t.texts_to_sequences(docs)

def get_max_length(df):
    """
    데이터에서 가장 긴 문장의 단어 개수를 리턴합니다.
    """
    max_length = 0
    for row in df['paragraph']:
        if len(row.split(" ")) > max_length:
```

```
            max_length = len(row.split(" "))
    return max_length

max_length = get_max_length(df)
print (max_length)

# 모든 문장에 패딩을 넣어 가장 긴 문장과 같은 길이의 문장으로 만듭니다.
padded_docs = pad_sequences(encoded_docs, maxlen=max_length, padding='post')
```

정수로 인코딩된 첫 번째 문장을 출력해봅니다.

```
# 정수로 인코딩된 첫 번째 문장입니다.
padded_docs[0]
```

```
array([162,  16, 163,   5, 164, 165,  56,  16, 166, 167,   1, 168,   9,
         6,  91,  25,  92,   2, 169,  40, 170, 171,  57,  26, 172,   3,
        12,  41,   2,  23,  58,   8, 173,  15,   4, 174,  10,  13,  59,
        93,  17,  12, 175, 176, 177, 178, 179,  94,  42,   1, 180,   2,
        95,   0,   0,   0,   0,   0,   0,   0,   0,   0,   0,   0,   0,
         0,   0,   0,   0,   0,   0,   0,   0,   0,   0,   0,   0,   0,
         0,   0,   0,   0,   0,   0,   0,   0,   0,   0,   0,   0,   0],
      dtype=int32)
```

카테고리를 인코딩합니다. 카테고리는 음식과 스포츠로 두 종류가 있으므로 [0,1] 또는 [1,0]의 원 핫 인코딩으로 인코딩합니다.

```
def category_encode(category):
    """
    분류 항목(food, sports) 역시 수치로 변경해야 합니다. 분류 항목은 원 핫 인코딩으로
변경합니다.
    """
    if category == 'food':
        return [1,0]
    else:
        return [0,1]

labels = array([category_encode(category) for category in categories])
```

원 핫 인코딩된 카테고리를 확인해봅니다.

```python
print("first document's label:",labels[0])
```

```
first document's label: [1 0]
```

Glove를 내려받아 압축을 풉니다.

```python
# Glove 다운로드
!wget -P . http://nlp.stanford.edu/data/glove.6B.zip
# 압축 풀기
!unzip glove.6B.zip
```

내려받은 Glove 벡터를 활용해 각 문장의 단어를 Glove 벡터로 변환합니다.

```python
# 내려받은 Glove 벡터를 딕셔너리로 불러옵니다.
embeddings_index = dict()
f = open('glove.6B.100d.txt')
for line in f:
    values = line.split()
    word = values[0]
    coefs = asarray(values[1:], dtype='float32')
    embeddings_index[word] = coefs
f.close()
```

```python
# Glove 벡터로 실습 문장들의 단어를 인코딩합니다.
embedding_matrix = zeros((vocab_size, 100))
for word, i in t.word_index.items():
    embedding_vector = embeddings_index.get(word)
    if embedding_vector is not None:
        embedding_matrix[i] = embedding_vector
```

다음 코드를 실행해 모델을 생성하고 학습을 진행합니다. 임베딩 레이어의 `trainable=False`를 설정해 학습 동안에 임베딩은 그대로 유지합니다.

```python
# 모델 생성
model = Sequential()
e = Embedding(vocab_size, 100, weights=[embedding_matrix], input_length=max_length,
trainable=False)
model.add(e)
model.add(Flatten())
model.add(Dense(2, activation='softmax'))
# 모델의 손실 함수 및 옵티마이저를 정합니다.
model.compile(loss='categorical_crossentropy',
             optimizer='adam',
             metrics=['accuracy'])


# 모델 학습
model.fit(padded_docs, array(labels), epochs=5, verbose=1)
```

```
Train on 20 samples
Epoch 1/5
20/20 [==============================] - 0s 15ms/sample - loss: 0.8510 - accuracy:
0.5000
Epoch 2/5
20/20 [==============================] - 0s 206us/sample - loss: 0.5881 - accuracy:
0.6000
Epoch 3/5
20/20 [==============================] - 0s 388us/sample - loss: 0.3014 - accuracy:
1.0000
Epoch 4/5
20/20 [==============================] - 0s 462us/sample - loss: 0.1411 - accuracy:
1.0000
Epoch 5/5
20/20 [==============================] - 0s 1ms/sample - loss: 0.0897 - accuracy:
1.0000
```

단 3번의 에폭만으로 정확도가 1.0이 된 것을 확인할 수 있습니다. (참고: 6.2.5절에서 사전 학습된 임베딩 없이 학습했을 경우, 30번 이상의 에폭 후 정확도가 1.0이 됐습니다.)

이번에는 모델 학습과 함께 임베딩도 튜닝해 보겠습니다. 임베딩 레이어를 trainable=True로 설정합니다.

```
# 모델 생성
model = Sequential()
model.add(Embedding(vocab_size, 100, weights=[embedding_matrix], input_length=max_length,
trainable=True))
model.add(Flatten())
model.add(Dense(2, activation='softmax'))
# 모델 손실함수 및 최적화 정의
model.compile(loss='categorical_crossentropy',
          optimizer='adam',
          metrics=['accuracy'])

# 모델 학습
model.fit(padded_docs, labels, epochs=5, verbose=1)
```

```
Train on 20 samples
Epoch 1/5
20/20 [==============================] - 0s 19ms/sample - loss: 0.8086 - accuracy:
0.5000
Epoch 2/5
20/20 [==============================] - 0s 206us/sample - loss: 0.4276 - accuracy:
0.8500
Epoch 3/5
20/20 [==============================] - 0s 241us/sample - loss: 0.1807 - accuracy:
1.0000
Epoch 4/5
20/20 [==============================] - 0s 396us/sample - loss: 0.0999 - accuracy:
1.0000
Epoch 5/5
20/20 [==============================] - 0s 429us/sample - loss: 0.0613 - accuracy:
1.0000
```

이전 학습(trainable=False)과 비교해보면 정확도가 1.0이 된 에폭은 동일하지만 두 번째 에폭에서의 정확도를 비교할 경우 임베딩을 튜닝한 버전은 0.85, 임베딩을 유지한 버전은 0.60으로 튜닝한 버전이 조금 더 빠른 학습 속도를 보이는 것을 확인할 수 있습니다.

실습 코드는 깃허브 저장소[16]에서 확인 및 실습할 수 있습니다.

---

16 https://github.com/wikibook/machine-learning/blob/2.0/jupyter_notebook/6.5.2_사전학습된_임베딩으로_지문을_읽고_주제_분류하기.ipynb

참고문헌

딥러닝 이론/실습

- Blum, A. Rivest, R. L. (1992). Training a 3-node neural network is NP-complete. Neural Networks, 5(1), 117 – 127.

- Minsky, M. Papert, S. (1969). Perceptron: an introduction to computational geometry. The MIT Press, Cambridge, expanded edition, 19(88), 2.

- Rumelhart, D. Hinton, G. Williams, R. (1985). Learning internal representations by error propagation (No. ICS-8506). California University San Diego LA Jolla Inst. for Cognitive Science.

- Nitish Srivastava, Geoffrey Hinton, Alex Krizhevsky, Ilya Sutskever, Ruslan Salakhutdinov, Yoshua Bengio (2013). Dropout: A Simple Way to Prevent Neural Networks from Overfitting

- Yoshua Bengio. (2012). Practical Recommendations for Gradient-Based Training of Deep Architectures

- Sebastian Ruder (2017). An overview of gradient descent optimization algorithms.

- http://cs231n.github.io/convolutional-networks/

- https://www.tensorflow.org/tutorials/representation/word2vec

- McCormick, C. (2016, April 19). Word2Vec Tutorial – The Skip-Gram Model. Retrieved from http://www.mccormickml.com

- Mikolov et al. Distributed Representations of Words and Phrases and their Compositionality

- http://colah.github.io/posts/2015-08-Understanding-LSTMs/

- https://en.wikipedia.org/wiki/Autoencoder

- Tomas Mikolov. Distributed Representations of Words and Phrases and their Compositionality

- arXiv:1708.00107 [cs.CL] [https://arxiv.org/abs/1708.00107]
  Learned in Translation: Contextualized Word Vectors
  Bryan McCann, James Bradbury, Caiming Xiong, Richard Socher

파이썬 활용 데이터 과학 및 엔지니어링

- Travis E. Oliphant. Python for Scientific Computing, Computing in Science & Engineering, 9, 10-20 (2007),DOI:10.1109/MCSE.2007.58 (publisher link)

- K. Jarrod Millman and Michael Aivazis. Python for Scientists and Engineers, Computing in Science & Engineering, 13, 9-12 (2011), DOI:10.1109/MCSE.2011.36 (publisher link)

Numpy

- Travis E, Oliphant. A guide to NumPy, USA: Trelgol Publishing, (2006).

IPython

- Fernando P rez and Brian E. Granger. IPython: A System for Interactive Scientific Computing, Computing in Science & Engineering, 9, 21-29 (2007), DOI:10.1109/MCSE.2007.53

Matplotlib

- John D. Hunter. Matplotlib: A 2D Graphics Environment, Computing in Science & Engineering, 9, 90-95 (2007),DOI:10.1109/MCSE.2007.55

Seaborn

- Michael Waskom, Olga Botvinnik, Drew O'Kane, Paul Hobson, Saulius Lukauskas, David C Gemperline, … Adel Qalieh. (2017, September 3). mwaskom/seaborn: v0.8.1 (September 2017) (Version v0.8.1). Zenodo. http://doi.org/10.5281/zenodo.883859

Cython

- Stefan Behnel, Robert Bradshaw, Craig Citro, Lisandro Dalcin, Dag Sverre Seljebotn and Kurt Smith. Cython: The Best of Both Worlds, Computing in Science and Engineering, 13, 31–39 (2011)

Pandas

- Wes McKinney. Data Structures for Statistical Computing in Python, Proceedings of the 9th Python in Science Conference, 51–56 (2010)

scikit-learn

- Fabian Pedregosa, Ga I Varoquaux, Alexandre Gramfort, Vincent Michel, Bertrand Thirion, Olivier Grisel, Mathieu Blondel, Peter Prettenhofer, Ron Weiss, Vincent Dubourg, Jake Vanderplas, Alexandre Passos, David Cournapeau, Matthieu Brucher, Matthieu Perrot, douard Duchesnay. Scikit-learn: Machine Learning in Python, Journal of Machine Learning Research, 12, 2825–2830 (2011)

- API design for machine learning software: experiences from the scikit-learn project, Buitinck et al., 2013.

scikit-image

- St fan van der Walt, Johannes L. Sch nberger, Juan Nunez-Iglesias, Fran ois Boulogne, Joshua D. Warner, Neil Yager, Emmanuelle Gouillart, Tony Yu and the scikit-image contributors. scikit-image: Image processing in Python, PeerJ 2:e453 (2014)

Jupyter Notebook

- @conference{Kluyver:2016aa, Author = {Thomas Kluyver and Benjamin Ragan-Kelley and Fernando P{₩'e}rez and Brian Granger and Matthias Bussonnier and Jonathan Frederic and Kyle Kelley and Jessica Hamrick and Jason Grout and Sylvain Corlay and Paul Ivanov and Dami{₩'a}n Avila and Safia Abdalla and Carol Willing}, Booktitle = {Positioning and Power in Academic Publishing: Players, Agents and Agendas}, Editor = {F. Loizides and B. Schmidt}, Organization = {IOS Press}, Pages = {87 − 90}, Title = {Jupyter Notebooks −− a publishing format for reproducible computational workflows}, Year = {2016}}

Keras

- misc{chollet2015keras, title={Keras}, author={Chollet, Fran₩c{c}ois and others}, year={2015}, howpublished={₩url{https://keras.io}}, }

Tensorflow

- Martin Abadi, Ashish Agarwal, Paul Barham, Eugene Brevdo, Zhifeng Chen, Craig Citro, Greg S. Corrado, Andy Davis, Jeffrey Dean, Matthieu Devin, Sanjay Ghemawat, Ian Goodfellow, Andrew Harp, Geoffrey Irving, Michael Isard, Rafal Jozefowicz, Yangqing Jia, Lukasz Kaiser, Manjunath Kudlur, Josh Levenberg, Dan Man , Mike Schuster, Rajat Monga, Sherry Moore, Derek Murray, Chris Olah, Jonathon Shlens, Benoit Steiner, Ilya Sutskever, Kunal Talwar, Paul Tucker, Vincent Vanhoucke, Vijay Vasudevan, Fernanda Vi gas, Oriol Vinyals, Pete Warden, Martin Wattenberg, Martin Wicke, Yuan Yu, and Xiaoqiang Zheng. TensorFlow: Large-scale machine learning on heterogeneous systems, 2015. Software available from tensorflow.org.